博悟空间

博物馆展陈设计与实践

《博悟空间：博物馆展陈设计与实践》
编委会 主编

清华大学出版社
北 京

图书在版编目（CIP）数据

博悟空间：博物馆展陈设计与实践 /《博悟空间：博物馆展陈设计与实践》编委会主编.— 北京：清华大学出版社, 2021.9

ISBN 978-7-302-59009-5

Ⅰ. ①博… Ⅱ. ①博… Ⅲ. ①博物馆 – 陈列设计 – 研究 – 中国 Ⅳ. ①G265

中国版本图书馆CIP数据核字(2021)第172552号

责任编辑：冯 昕
装帧设计：杨明俊
责任校对：赵丽敏
责任印制：杨 艳

出版发行：清华大学出版社
网 址：http://www.tup.com.cn，http://www.wqbook.com
地 址：北京清华大学学研大厦 A 座 **邮 编：**100084
社 总 机：010-62770175 **邮 购：**010-62786544
投稿与读者服务：010-62776969, c-service@tup.tsinghua.edu.cn
质量反馈：010-62772015, zhiliang@tup.tsinghua.edu.cn
印 装 者：小森印刷（北京）有限公司
经 销：全国新华书店
开 本：160mm × 240mm **印 张：**24.75 **字 数：**327 千字
版 次：2021 年 9 月第 1 版 **印 次：**2021 年 9 月第 1 次印刷
定 价：168.00 元

产品编号：093568-01

序　一

安来顺
国际博物馆协会副主席
上海大学文学院教授

陈列展览是博物馆向社会奉献的最重要的精神文化产品，也是博物馆发挥社会职能的主要载体和手段。近十几年来，伴随着我国博物馆事业一路高歌猛进，陈列展览数量快速增长，接待观众的数量逐年刷新。国家有关部门的统计显示，2015—2019 年间，全国博物馆每年举办的陈列展览均在 2 万项以上，年均接待参观数量先后突破 9 亿人次、10 亿人次，更在 2018 年超过了 11 亿人次。更值得注意的是，博物馆所举办的这些不同类型、不同题材的陈列展览，在社会上营造了丰富多彩的博物馆文化氛围，其中一些出类拔萃的展览项目甚至成为颇具轰动效应的文化事件。这种由陈列展览带来的新的“博物馆现象”，引起了政策制定者、运行管理者、相关学术界、新闻媒体乃至社会公众的更多关注和研究兴趣。

相较于其他一些成熟的学科，博物馆专业化的历史是比较短的，只有大约 150 年的时间。纵观这段不长的历史，人们不难发现其中一条清晰的轴线：博物馆在不断优化调整其与公众的关系，努力使自身同时运行好“封闭”和“开放”两个并行的系统（前者主要指博物馆的收藏、保存、研究；后者则主要指诠释、呈现、传播、教育、互动），而陈列展览就处于开放系统的最前端。追溯到博物馆专业化的初期，也就是 20 世纪 20—30 年代，有大量研究就是围绕陈列展览展开的，尤其是展览设计体系与观众博物馆体验之间的关系（诸如参观疲劳等问题），而且这些研究是由博物馆专业人员与大学的心理学专家合作完成的。如果把博物馆专业化最初阶段的这些研究，与今天热议中博物馆策展和策展人等话题放在一起比较的话，我们便发现，二者本质上都是博物馆专业化进程中的逻辑结果，即博物馆要努力为社会公众提供更高品质、更优体验的陈列展览作品，只是今天与100年前的专业语境、社会驱动力、要解决的问题不同而已。所以，陈列展览的研究，确实事关博物馆专业化达到了怎样的阶段以及是否成熟的问题。

我赞同这样的观点：策展人作为陈列展览创作者，也是博物馆文化的工程师。他们基于一种普遍的价值观和世界观，从浩如烟海的博物馆文化世界中选取有价值的展品和信息，通过有秩序的组合、展示，赋予展品全新的文化意义，并与观众分享。近年来，伴随着博物馆体制机制改革的不断深入，源于西方的博物馆策展人制度，作为现代博物馆制度的重要组成部分，开始被中国博物馆界所普遍接受，一批又一批年轻的中国策展人，开始在博物馆的广阔舞台上崭露头脚，为广大公众奉献出精彩纷呈的陈列展览作品。

与此同时，策展能力建设和策展人制度近年来得到了政府主管部门、行业组织和相关机构的高度重视。2015年1月，国家文物局印发《关于提升博物馆陈列展览质量的指导意见》，明确提出“建立博物馆陈列展览策展人制度”，2018年12月全国博物馆工作座谈会明确要求：博物馆要树立“策展能力是核心竞争力”的理念，进一步提升博物馆展陈水平，将藏品和展览变成群众听得懂、愿意听的故事。2018年年底，中国博物馆协会等单位共同举办了首届“当代中国博物馆策展人论坛”，在博物馆业界获得了良好的反响。为了推动中国博物馆策展人制度的建立和完善，促进策展人和策展机构间的学术交流，构建有利于发挥策展人和策展团队学术水准、业务能力、创意水平的内部环境机制，中国博物馆协会、中国文物报社、中国文物交流中心在2019年国际博物馆日期间举办了“当代中国博物馆策展人论坛（2019）”，30多家机构的100多位专业人士分享了他们的理念和实践。从以上努力中，我们感受到了我国博物馆陈列策划研究所形成的浓厚政策和学术氛围。

宽松的政策环境和学术氛围，所催化的是更加丰富多元的理论思辨和实践探索。在此过程中，既有博物馆机构专业人士自身的不懈努力，也有博物馆相关产业领域的深度介入。今天，我们欣喜地看到了《博悟空间：博物馆展陈设计与实践》这样一部集展览文化、策划设计、组织管理和思辨探索为一体的文集的付梓。它所收集的30余篇文章，有的属于博物馆与展览研究专家、学者的理论思考，有的是基层博物馆馆长的艰苦探索，而更多的则是身处博物馆展陈一线的年轻策划师、设计师基于他们自身实践而形成的具有一定广度和深度的感悟。我们不应期待本书不同贡献者的所有观点和方法都是无可挑剔或是具有普适性的，尤其是在展览策划和设计这样一个本来就是不断接受创造和创新挑战的领域。本书在专业上所秉持的开放、多元和包容的理念是令人尊重的，特别是在当下中国博物馆的陈列展览特别需要正常的学术批判、需要百家争鸣、需要与同质化抗争的背景下，这种理念甚至是难能可贵的。衷心希望本书的出版发行，能成为推动博物馆陈列展览专业化发展的一次积极有益的尝试，让大批源于社会、源于思辨、源于实践的好展览如雨后春笋，层出不穷，让博物馆更好地满足人民群众对美好精神文化生活的新期待。

2020年3月

序　　二

崔学谙
北京博物馆学会首席专家

中国当代博物馆的发展在世界文化史上是个奇迹。从 20 世纪 90 年代至今的 30 年中，中国建成了 5354 座各级各类博物馆，每年举办的展览达 22000 余项，观众人数超过 10 亿人次。无论是馆舍建筑、设备设施等硬件，还是展览、社会教育等软件产品，都有了质的飞跃，有些已经接近或赶上了世界一流博物馆的水平。除了经济的超速发展、政府的空前重视和支持之外，大众旅游的兴起、公民终身教育的渴求、生态环境保护意识的觉醒、保护人类文化遗产的呼吁，成为博物馆当代发展的四大驱动力。这些有利条件筑就的良好基础将会推动中国博物馆的持续发展，但发展的形态和模式将会发生转变，即由数量的续增转为质量水平的提升。这个判断既有自第二次世界大战后欧美西方国家及苏联、日本等国博物馆发展的规律作为依据，也为中国近几年来博物馆发展的事实所证实。中国博物馆理论权威苏东海先生说，今后中国博物馆的发展任务是“巩固提高”。这是立足于中国博物馆发展的实际而得出的结论。就此，本人想附议两点学习心得。

一、勿忘来路，勿忘初心

在人类社会，博物馆诞生已有两千余年的历史，中国人自己创办的博物馆也有 115 年的历史。回顾博物馆的发展史，可以看到博物馆最原始的职能就是收藏文物，包括人类创造的文化遗产和自然界的标本。后来在文艺复兴和资产阶级革命的推动下，陆续出现了科学研究和社会教育功能，博物馆成为三种职能的复合体。这依次出现的三种职能构成了同心圆的逻辑关系。圆心是“物”（博物馆藏品），外圈是科研，最外圈是教育。科研职能是以“物”的存在为前提和基础，并以“物”为研究对象。最外圈的教育以圆心“物”和第二圈的科研为存在的前提和基础，并以“物”为对象阐释其内涵来进行教育。没有“物”，科研和教育则失去了对象，自身也就失去了存在的意义。所以，“物”或曰“藏品”是博物馆文化区别于其他文化的本质特征。现在有一些说法，如“博物馆正从‘以物为本’向‘以人为本’转化”；有人认为“教育是博物馆最本质的属性”；还有人认为，信息时代，在虚拟空间即可获取博物馆藏品的各种信息，何须文物藏品，等等。这些说法不恰当之根本，就在于丢弃了博物馆为人类收藏、保存、保管文化遗产和自然遗产的职能。文物收藏的目的在于使用，这只是收藏的目的之一。更重要的是为收藏而收藏的目的。双重目的所形成的收藏和教育两个中心，才是对博物馆职能正确的理解和定位。当前博物馆职能的泛化甚或走偏已出现了苗头，这对博物馆事业的健康发展是不利的。因此，很有必要回望博物馆的来路，寻觅博物馆举办的初心。

二、加强专业化，是巩固提高博物馆质量和水平的根本措施

在中国博物馆 30 余年的蓬勃大发展中出现的主要矛盾是数量和质量的矛盾，这与第二次世界大战后世界博物馆发展中出现的问题大致相仿。膨胀之后的收缩，想必是客观规律。我国目前的 5354 座博物馆，如果以规范的博物馆标准衡量，有不少馆在基本功能上欠缺，还不是一个完整意义上的博物馆。这其中最主要的是收藏功能薄弱和专业水平偏低，而这两项恰恰是一个博物馆是否有价值、有水平的关键。所谓专业化，从根本上说就是看这两条够不够标准。如果再细化的话，则起码有以下 4 个小项：

（1）文物的收藏数量和质量以及对其研究、内涵的阐释；

（2）博物馆最主要的产品——展览的内容和形式研究，包括基本要

素、设计元素、诠释原则；

（3）教育活动，包括目标、对象和基本要求；

（4）工作实践的总结和理论升华。

专业化当前最难解决的问题是专业人才的培养、专业队伍的建设。须知，文博行业是一个专业性很强的行业，没有相当时间的实践，光有理论不行。许多大学文博专业的博士在博物馆担当某个业务领域的挑大梁角色，没有十年八年的亲身实践肯定是不行的。这已被30余年的行业事实所证实。现在的问题是，行业内部对此问题有共识，或曰有深刻的经验和教训，而主管部门对此认识不足，严重地说是忽视。把文博行业混同于一般的文化事业单位（这里不否认各行都有专业特殊性），认为只要“政治正确”就行，这实在是一种误解。所幸的是，文博事业大发展趋势催生了一批从事文博事业建设的专业企业。他们辨识大势，充分发挥企业在体制和机制上的优势，汲取行业智慧，在专业化的道路上奋力前行，积累了相当丰富的实践经验，并有理论提升，为文博行业的专业化做出了榜样，成为博物馆专业化的助推力，为中国博物馆事业大发展做出了贡献，成为一支备受称赞的生力军。他们锐意进取，勠力同心，奋力拼搏，创造了不凡业绩，积累了相当多的经验。这本书中，不少是来自这些专业企业作者的文章，这也是最好的证明。本书出版前夕，王卓见女士嘱我写几句话。盛情难却，冒昧写了以上一些想法，算作对本书出版的祝贺吧。愿“博悟空间”在奋飞之路上再攀高峰！

崔学谙

2020年5月

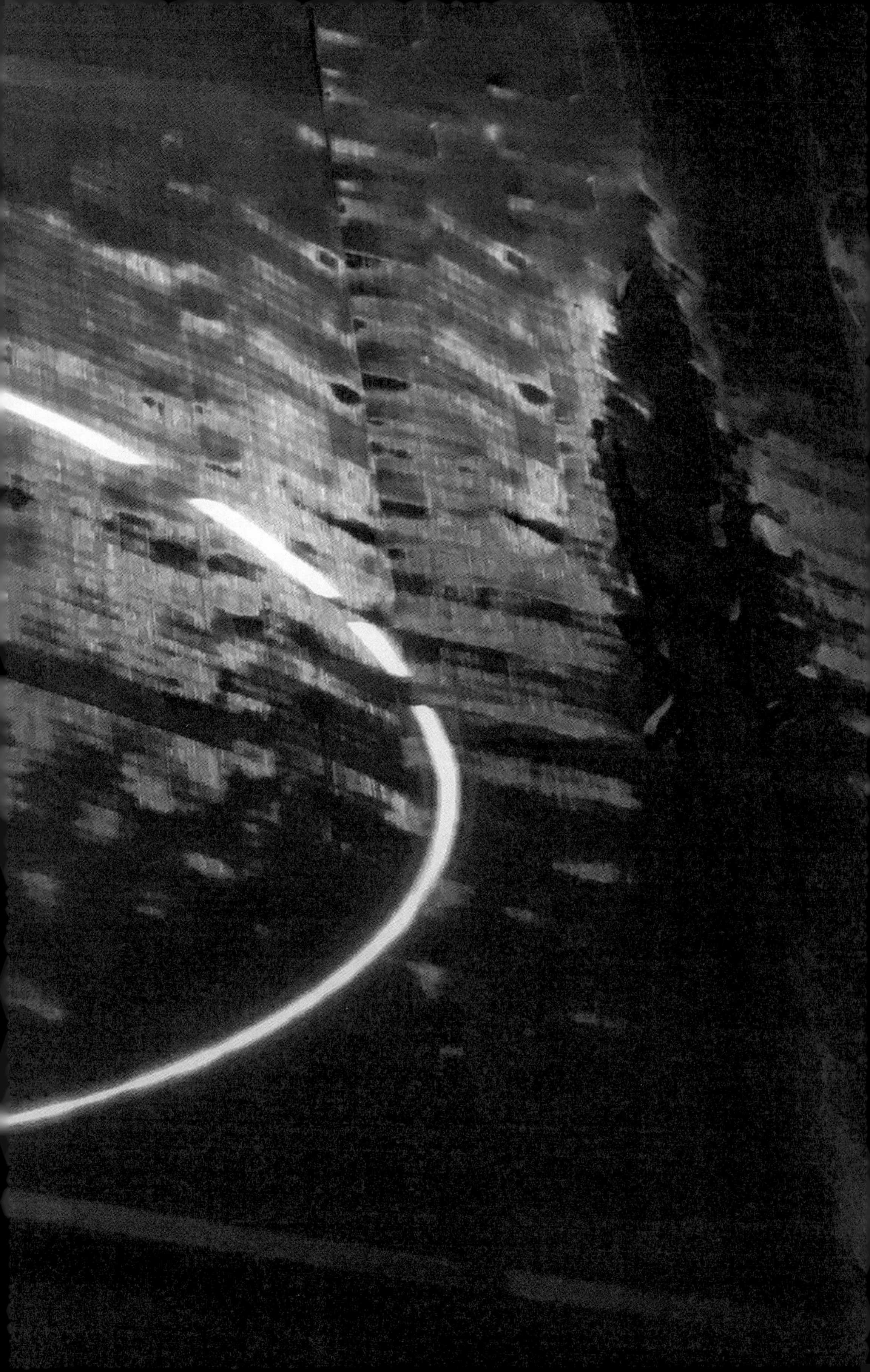

题　　记

《博悟空间：博物馆展陈设计与实践》一书顺利完成了终校，即将由清华大学出版社正式出版。“博悟空间”作为一家从事博物馆展览文化传播的新媒体公司，以线下方式从事图书的出版，对他们来说还是第一次。从一定意义上讲，这既是一种新的尝试，更是一个新的起点。相信由此为开端，他们又将跨入一个全新的媒介传播领域。

作为处女作，本书将镜头聚焦定格在“深入探讨博物馆的展陈文化”这一主题之上。这在很大程度上，可以说是他们希望自己能够把好当前中国博物馆事业建设的脉搏，跟上时代发展的步伐。因为随着中国博物馆事业的迅速发展，如何将更多、更好的展览奉献给观众、奉献给社会，服务于新时期中国特色社会主义文化事业，是当下中国博物馆人所共同面对的现实问题。同时，博物馆展陈自身也正处在一个逐步走向社会化与专业化的变革中。新思维、新视角、新方式、新技术的涌现，正不断带来新问题与新挑战。而更多参与到展陈中的新力量，也在不断接受着新考验。“温故而知新”与“历阶而上”，可以视为编撰这本书的初衷。今年国际博物馆日的主题是“博物馆的未来：恢复与重塑”。国际博协希望全球博物馆一起行动起来，共同设想和分享应对未来社会、经济、环境挑战的新方法、新模式和新方案。这或许也可以说是和编撰者初衷的一种不谋而合吧！

这本书所收录的内容丰富多彩，纵观全书架构，围绕主题分为两大部分，分别从对博物馆展陈文化多样性的思考和在实践中对展陈策划、设计等工作的解析，对项目实施和管理的认知等方面入手。其中序言与第一部分的撰稿者和受访者均为博物馆界著名专家、学者，凭借其全面的学术素养和扎实的学术功底，每篇文章读来都令人受益匪浅；第二部分的作者多为目前正活跃在展陈工作一线的年轻策展人和设计师以及管理者们，得知本书的计划，他们也欣然受命，找出多年来从事的项目资料并融入其中。这部分文章，大多思路清晰，有理有据，所表达的虽多属个人观点，但却不乏普遍性；所选之例虽属不同类型的展陈项目，但却不乏代表性。尽管其中有些文章所表达的观点尚不够成熟，想法也略显稚嫩，但却不乏创新的勇气和胆识。虽是“新秧初出水”，但假以时日，在不断的实践历程和持之以恒的学习探索中，定能带动整个博物馆展陈行业呈“渺渺翠毯齐”之貌。

相信未来的“博悟空间”必将随中国博物馆事业的繁荣发展，为传播、丰富博物馆文化，担当起自己应有的使命，笃定前行。也正所谓：一花独放不是春，百花齐放春满园。

仅作此记，试以祝贺。

孙五一

原首都博物馆展览策划部

信息研究部主任

2020 年 5 月

前　言

博物馆在践行“四个自信”的发展道路上，特别是在筑基“文化自信”的过程中，发挥着越来越重要的作用。近年来，习总书记已亲自莅临数十座博物馆视察指导工作，足迹遍布大江南北。这是中国博物馆发展从未有过的最好时代！其中，除了国家政策支持之外，更主要体现在社会和人民大众对博物馆的关注在大幅提升。就博物馆展陈行业而言，围绕着展陈而发散开来的对策划、设计、实施、运营、媒体宣传等方面的学习讨论，如春起之苗，日见其增。专业的激情也从来没有像现在这样得以热烈地绽放。

正是基于这样的背景，本书集结而生。出版这本书的目的，一是旨在给博物馆展陈行业提供一些我们在实践中总结出来的行之有效的解决问题的思路和具体方法；二是希望能够让更多喜欢博物馆的人们，通过形形色色的展览，更深入地了解博物馆，了解一个好的展览是如何百炼成钢的；更重要的是，让我们在未来有所借鉴，不断完善自己，跟上时代的步伐，努力让我们的事业更好地满足广大人民群众对美好精神文化生活的新需求和新期待。

坦率地讲，作为文化企业，出版一本关于博物馆展陈设计方面的理论性图书并非易事。我们遇到的最大的问题是，设计师们将自己的设计实践操作转化为可供理解的概念性文字语言，要有一个提升的过程。值得庆幸的是，我们请到了清华大学美术学院的博士生导师聂影教授，她为我们设计师的每篇文章都进行了悉心指导。这为读者快速理解文章的主要内容、主要观点，找到了一条相对便捷的路径。通过文章编写的过程，让我们这样一个服务于博物馆事业发展的社会文化机构，不仅为自身发展看到了更广阔的发展空间，更看到了中国博物馆事业充满了希望的美好前景。

借这个机会，我还要特别感谢许多文博行业的著名专家、学者出于对博物馆展陈事业的关心，出于对我们企业的关爱，不吝赐教、亲撰文稿，着实令本书增色不少。其中，国际博物馆协会副主席、上海大学文学院安来顺教授，北京博物馆学会首席专家崔学谙研究员，原首都博物馆展览策划部信息研究部主任孙五一分别为本书撰写了序言；业内熟悉的吴宏堂、杨玲、李黎、潘力、祁庆国等知名教授、学者，分别从不同专业视角畅抒己见，令我们受益匪浅。我不能不说的还有本书最大的撰稿群体：我亲爱的同事们。大家虽经历、背景各有不同，探讨问题各有所长，但没有他们的智慧、学识与奉献，就不可能撑起今天我们事业的一片蓝天。还有一个在书中不能忘记的名字：清华大学庄惟敏院士。他对博物馆、美术馆等建筑空间与展陈的认知，字字珠玑。而本书的出版者——清华大学出版社，同样功不可没。

在本书飘出最后一缕印刷墨香之际，我的前言也蹦出最后一段文字。那就是，希望广大的读者能够以最大的包容来关注我们，支持我们。关注我们的公众号——“博悟空间”。我们的事业从来就不能没有你们的支持。

王卓见
2021 年 4 月

目　录

展览漫笔：革故鼎新 大象小叙

“千淘万漉虽辛苦，吹进狂沙始到金。”

—— 唐 刘禹锡 《杂曲歌辞·浪淘沙》

基本陈列策划与实施的关键在创新

文 | 吴宏堂
长江文明馆（武汉自然博物馆）名誉馆长

习近平总书记指出："抓创新就是抓发展，谋创新就是谋未来。"这充分说明了创新是支撑事业发展的第一动力。做基本陈列也是一样，只有牵住了创新这个"牛鼻子"，才能最大限度地"让收藏在禁宫里的文物，陈列在广阔大地上的遗产，书写在古籍里的文字都活起来"。长江文明馆的基本陈列《长江之歌　文明之旅》和武汉自然博物馆的基本陈列《大河之旅　生命之歌》之所以深受广大观众的赞扬并分别荣获全国博物馆十大陈列展览精品奖和优秀奖，关键也在创新，这种创新重点反映在以下五个方面。

一、在展览构思上围绕"巧"字动脑筋

所谓展览构思，是指对展览的总体设计和构想，构思是纲，是灵魂。从某种意义上说，一个好的展览构思，等于展览成功了一半。因此，我们在策划《长江之歌　文明之旅》和《大河之旅　生命之歌》两个基本陈列时，策展团队在深入调查和研究的基础上，坚持一切从观众愿望和需求出发，一切为观众着想的办展原则，在展览构思上突出了一个"巧"字。

1. 巧妙确立展览理念

为了歌颂长江，基本陈列《长江之歌　文明之旅》巧妙地运用“以水孕育人类，人类创造文明，文明融入生态”为策展理念，坚持“以人为本”与“以物为主”相结合。《大河之旅　生命之歌》则以大河为背景，以生命为主题，以贝林先生捐赠标本为基础，以长江对话世界大河为策展理念，始终秉承自然博物馆的科学属性，兼顾人文知识的传播。

（1）展览选题新。2014 年，我们将长江作为选题做展览，在国内尚属第一次，此前歌颂长江的大多是文学、影视、绘画等文艺作品，所以说，将长江作为选题做展览，填补了当时我国 3658 座博物馆中没有展示大江大河流域博物馆的空白。2016 年，我们选择亚马孙河、密西西比河、叶尼塞河、黄河、多瑙河、湄公河、恒河、墨累河、尼罗河、马拉河等世界十条大河的生物多样性作为展览的选题，这在我国乃至世界博物馆界也是第一次，填补了我国乃至世界自然博物馆行业没有以此作为展览选题的空白。

（2）展览主题突出。主题是展览的旗帜，也是展览的核心，是展览主要内容的概括。只有展览主题新颖、奇特、一目了然，才能抓住观众的眼球。为了全方位、多视角、立体化地展现长江的旖旎风光、悠久历史与璀璨文明，长江文明馆基本陈列的主题为《长江之歌　文明之旅》。武汉自然博物馆基本陈列的主题则为《大河之旅　生命之歌》，这一主题是对世界十条大河流域的生物多样性以及生态演替与生命演化等自然规律展览内容的高度凝练与概括。

（3）展览目的明确。博物馆展览的主要目的是弘扬中华优秀传统文化，服务好党和政府的中心工作，培育和践行社会主义核心价值观，满足人民群众对美好文化生活的需要。《长江之歌　文明之旅》为了服务好长江经济带建设的国家战略，加强了经济长江展示的内容，突出了“共抓大保护，不搞大开发”的展示重点。《大河之旅　生命之歌》更多地是通过展示世界十条大河流域的生物多样性，进一步唤起人们认识大河、热爱大河、保护大河和建设大河的意识，不断增强人们投身生态文明建设的自觉性。

2. 巧妙确立展览定位

展览定位是指办展单位根据自身的资源条件和优势，使自己举办的展览能在观众心中形成一个鲜明而独特的印象。长江文明馆（武汉自然博物馆）两个基本陈列的主要受众定位于国内外游客、中小学生以及专家学者等。因此，展览在加强思想性、科学性、知识性的同时，更加突出观赏性、趣味性、参与性、体验性，巧妙地设计了一系列严格基于科学原理的展项，传播科学知识，弘扬优秀传统文化，陶冶人们的情操。

（1）坚持在展览中讲好故事。如《长江之歌　文明之旅》主要讲好长江自然生态和历史文明的故事，《大河之旅　生命之歌》主要讲好生命演化的故事、大河流域典型生态和动植物标本的故事。

（2）坚持利用先进科技巧妙设计展项进行科普。如《长江之歌　文明之旅》设置了电子互动展项普及水能资源发电的知识；在反映瓷器制造上，设计了互动展项让观众动手感受瓷器烧制、拉坯、上色的技术。《大河之旅　生命之歌》更是与中学课本相结合，利用全息技术设计了朱鹮于飞展项，普及保护朱鹮的重要性。

（3）开辟专栏和独立展厅进行科普。《长江之歌　文明之旅》开辟水情教育专栏，展示世界水日、中国水周，宣传加强水情教育的重要性。《大河之旅　生命之歌》设置独立的“大河探秘”展区进行科普，这个展区的所有展项都可以让观众在动脑、动手过程中增长科学知识。

3. 巧妙确立展览结构与布局

长江文明馆是一个倒三角形、空高 9 米的建筑，建筑面积 3.1 万平方米，展览面积 1.28 万平方米。武汉自然博物馆是一个长方形的下沉式建筑，入口处空高 4.8 米，负一层 11 米，一层、二层 3 米多，建筑面积 2.9 万平方米，展览面积 1.8 万平方米。根据两个展馆的建筑特点，下功夫确立展览结构与布局。

（1）反复优化展览结构。长江文明馆基本陈列结构为序厅、走进长江厅、感知文明厅和梦幻长江厅。其中走进长江厅以长江自然生态为轴，将八个单元的内容进行组合，构成“一轴八点”的展览结构。感知文明厅将八个单元的内容规划出文明之源、生活之道、精神之魂、融合之美、未来之思五大空间模块，重点展示了长江在波澜壮阔的中国历史舞台上勇立潮头，不断书写传奇的史实。武汉自然博物馆基本陈列的结构为贝林荣誉墙、序厅、大河沧桑、大河珍灵、大河沉思、大河探秘，全面展示了世界大河流域的生物多样性。

（2）反复优化展览布局。《长江之歌　文明之旅》将序厅布局在馆南边的入口处，序厅左边为走进长江厅，右边为感知文明厅，后边为梦幻长江厅。《大河之旅　生命之歌》将贝林荣誉墙放在一层的入口处，将序厅、大河珍灵放在负一层，将大河沉思、大河探秘放在一层。

（3）反复优化展馆功能布局。两馆的办公区放在长江文明馆北边的东西二层，报告厅、多功能厅放在西边一层，文物库房放在东边一层。而武汉自然博物馆的标本库房、标本修复室、电影院放在负一层，文创商店、丛林餐厅放在一层，教育教室、临展厅放在二层。

（4）反复优化参观线路。长江文明馆的参观流线是从南边入，按顺时针方向参观走进长江厅、感知文明厅、梦幻长江厅，然后从北边出。但几个展厅又相对独立，观众可以自由选择优先参观哪个展厅。因此，采取的是开放式的自由参观模式。武汉自然博物馆则是从东边一层的贝林荣誉墙入，拾阶而下到达负一层的序厅、大河沧桑、大河珍灵展厅，然后通过电梯上到一层后参观大河沉思、大河探秘展厅，最后从西南边贝林商店出。采取的是“限制性”参观路线。

二、在展览内容上围绕“特”字做文章

所谓特点，是指人或事物所具有的独特的地方。为了改变博物馆建设中“千馆一面”、陈列展览中“千展一面”的现象，长江文明馆的《长江之歌　文明之旅》将长江的自然生态与历史文明联袂在一个展馆里展出。其中走进长江厅分八个单元重点展示了长江的形成与气候、水源与水系、资源与生态、水利工程与黄金水道、长江的陆生动物和水生动物。感知文明厅分八个单元重点展示了长江的人类起源与文明发端、青铜时代与民生物用、思想道德与文学艺术、科技教育与少数民族、对外文化交流与长江情·中国梦。梦幻长江厅围绕雪域高原、巴蜀奇观、高峡平湖、飞越名楼、赤壁之战、江南盛景、神奇纬度展示了长江最经典的自然、人文景观，以及北纬 30 度的神奇。武汉自然博物馆的《大河之旅　生命之歌》为了突出特色，没有按一般自然博物馆那样面面俱到，也没有全面地展示大河的历史文明，而是集中展示了大河自身的生命史和世界十条大河流域经典的自然生态和最珍稀的动物标本，重点向观众介绍动物与生态的关系、生命与环境的关系、人与自然的关系。这种特色主要体现在以下三个方面。

1. 展示了一批特色文物标本

一是《长江之歌 文明之旅》展出了反映长江流域最经典的珍稀动植物标本500多件，其中不乏憨态可掬的国宝大熊猫，濒临灭绝的中华鲟、野牦牛、藏羚羊、亚洲象、华南虎、朱鹮、江豚以及东方剑齿象、黄果树安顺龙、鹦头贝等古生物化石标本等。二是重点展出了反映长江流域的精品文物500多件，包括藏滇文化的唐卡、铜鼓，巴蜀文化的柳叶剑与青铜錞于，荆楚文化的曾侯戾剑、铜尊缶，吴越文化的良渚玉琮等。三是《大河之旅 生命之歌》共展出特色古生物与动植物标本3000多件。包括一条化石含量超过40%的24米长的中加马门溪龙，水中高压线电鳗，懒得不能再懒的树懒，还有“水坝工程师”之称的河狸，地球上迁徙距离最远的黑脉金斑蝶，北极霸主北极熊，澳大利亚的袋鼠与考拉，被称为“沙漠之舟”的单峰驼，草原“智多星”黑背胡狼，陆地上最大的哺乳动物非洲象，与人类血缘关系最近的黑猩猩，等等。

2. 展示了一些特色生态系统

世界大河流域的生态系统丰富多彩，有河流生态系统、森林生态系统、草原生态系统、农田生态系统、湖泊生态系统、湿地生态系统、海洋生态系统等。这里仅重点介绍三个生态系统，第一个是高原生态系统：《长江之歌 文明之旅》设计了青藏高原生态场景，展示了青藏高原的生物多样性；《大河之旅 生命之歌》展示了落基山脉与安第斯山脉的自然生态景观，彰显了其生物多样性的特点。第二个是森林生态系统：《长江之歌 文明之旅》通过展示神农架森林生态系统，向观众普及神农架是世界同纬度地区唯一的一块绿色宝地，对森林生态学的研究具有全球性意义；《大河之旅　生命之歌》营造逼真的热带雨林生态系统，目的在于让观众了解热带雨林才是真正的“地球之肺”。第三个是湿地生态系统：《长江之歌　文明之旅》展示了鄱阳湖湿地生态系统场景，说明鄱阳湖湿地是一种特殊的生态系统，它不同于陆地生态系统，也有别于水生生态系统，是介于两者之间的过渡生态系统；《大河之旅　生命之歌》展示了密西西比河流域的湿地生态系统，告诫人们不要出于农业和商业目的对湿地进行排水和转化，否则在大量湿地消失的同时相关功能也会随之失去。

3. 展示了一些特色文明元素或符号

《长江之歌　文明之旅》感知文明厅集中展示了长江的历史文明，包括藏滇文化、巴蜀文化、荆楚文化、吴越文化所彰显的长江流域史诗般文明之大成以及长江文明在中华文明中的显著地位。《大河之旅　生命之歌》则将各条大河最典型的文化遗产或符号作为一条暗线展示来深化展览主题，如亚马孙河的马丘比丘遗址复原墙、密西西比河的印第安图腾柱、湄公河的吴哥窟艺术等。

三、在展览形式设计上围绕“新”字出奇招

为了使展览雅俗共赏、老少咸宜，既好看又好玩，我们在展示形式设计上，始终追求最新的科学展陈技术，让展览生动活泼。

1. 展馆空间设计求新

一般来说，博物馆的建筑由陈列空间、公共空间、藏品库房空间、

办公空间等组成。在陈列空间设计上，《长江之歌　文明之旅》充分利用序厅空间高、采光好的特点，在正立面展墙布局了一幅 60 多米长的反映长江流域地形地貌的石浮雕“长江万里图”，地面设置了两个球形铜质地雕，左侧展示北纬 30 度诞生四大文明古国的神奇，右侧展示长江在中国的地理位置，正立面展墙反面墙展示的是书法长卷诗歌《父亲江》，为观众科学认识长江提供了形象的展示语言，庄重典雅，大气磅礴。《大河之旅　生命之歌》在序厅设计上，让观众从浩瀚宇宙与璀璨群星的设计中见证蓝色星球上大河源流生命破茧的律动，从岩层上的巨幅投影体会 46 亿年的时间长河中地球与生命协同演化的画卷。

在展厅的空间设计上，《长江之歌　文明之旅》的走进长江厅利用长江流域大沙盘“河谷”式空间两侧的展区，将八个单元的内容布局在其周围。感知文明厅采取点线相结合的方式，将八个单元的内容巧妙地布局在 5000 多平方米的展厅中，然后通过声、光、电的完美组合，使展厅的文物与展项都活了起来。《大河之旅　生命之歌》利用展馆高大狭长的特点，以山、河、海为元素，通过高低起伏的设计将整个展览空间虚拟成一座山，供十条大河共享，从而避免了空间的碎片化，使展览主题开合有度，和而不同。

在展台和场景设计上，两个展览巧妙地设计了一些沉浸式大场景和开放式大展台，如走进长江厅的鱼标本大展台、亚马孙河流域的沉浸式大场景等，使观众能更好地欣赏展览与标本。

2. 色、温、光设计求新

展厅通过色、温、光的协调过渡，串连起高原、江河、森林、湿地景观，让观众在参观过程中体会长江与世界大河的五彩斑斓与冷暖变化。在色的运用上，《长江之歌　文明之旅》走进长江厅以蓝绿色为主色调，清新自然；感知文明厅采用的是冷棕灰，选这个色，是因为它来自大地，而且在视觉上具有韧度，谦和优雅，与长江文明深沉浩瀚、生生不息、绵长不绝的内质很是契合。《大河之旅　生命之歌》根据世界十条大河流域的生态特点，选取绿、黄、蓝、白为主色调。

在温度的控制上，《大河之旅　生命之歌》针对叶尼塞河冰雪世界的特点，尽最大可能降低了这个单元的温度，夏天观众步入此展区时，明显感觉要比其他展区凉爽得多。在光的运用上，合理地解决了自然光与人为光的关系。《长江之歌　文明之旅》对序厅的玻璃顶棚做了遮阳处理，增强了序厅《长江万里图》浮雕的立体感。《大河之旅　生命之歌》将非洲之南的玻璃顶棚进行贴膜处理，适度引入自然光，不仅增添了几分大自然的气息，还给观众带来更为舒适的视觉及心理感受。

3. 展陈技术求新

两个展览充分运用了 3D 炫景、4R 技术、幻影成像、互动投影、体感互动游戏、全息音像小屋、“互联网 +”等动静结合、科技感十足的互动展项，使展览接地气，有温度，方便广大青少年下载、发朋友圈。首先，利用动漫、全息技术让文物标本活起来。其中《长江之歌　文明之旅》利用动漫技术让漆奁合的车马出行图活了起来，《大河之旅　生命之歌》利用全息技术让朱鹮标本栩栩如生。

其次，利用体感互动让展览活了起来。《长江之歌　文明之旅》利用这一技术设置了人类进化图谱，普及了人类进化的知识。《大河之旅　生命之歌》设置了“鲑鱼洄游”体感互动游戏，让展览变得既好看又好玩。梦幻长江厅利用“黑暗骑乘”让观众在 10 分钟的时间内体验了长江的自然之美和人文之最，“大河探秘”则利用各种先进的展陈技术让观众在动脑、动手，甚至动脚时增长科学知识。

四、在展览速度上围绕“快”字趟新路

做展览工作千万不能朝九晚五、按部就班，更不可以“三天打鱼两天晒网”，而必须只争朝夕、一气呵成，只有这样，才能实现两个效益的双丰收。因此，甲乙双方必须精诚团结，集中人、财、物一切优势；必须吃苦耐劳，发扬“5+2”“白＋黑”的工作作风；必须大胆创新，探索一套科学的运作机制。

1. 建立法人治理机构，实行理事会领导下的馆长、总经理负责制，为确保展览速度与质量提供保障

馆长与总经理互不隶属，相互协作，各司其职，各尽其责，相互配合，相互支持。馆长全身心致力于长江文明馆的业务建设，包括展览策划与实施、藏品征集与保管、科学研究与宣传等，在近五年的工作时间，没有休过一个公休假。总经理负责行政工作。凡是与业务有关的所有经营及行政人事管理工作全部由总经理负责，默默无闻，甘当人梯。这种管理模式极大地提高了办展效率。

2. 建立高层次的布展机构，实行市长领导下的分管市长负责制，为提高展览速度与质量保驾护航

首先，成立以市长为组长的布展领导小组。其中长江文明馆布展领导小组由武汉市人民政府、长江水利委员会和武汉大学的主要领导组成。武汉自然博物馆布展领导小组组长也是由市长担任。由分管文化的副市长亲自抓，从而使布展工作一路绿灯，要钱有钱，要人有人。其次，成立了高规格的布展专家团队（武汉大学的资深教授冯天瑜，中国地质大学的院士殷鸿福，长江水利委员会的院士钮新强），实行策

展人领导下的专家负责制，为促进展览速度与质量提供了极大的技术支持。专家团队负责为展览的策划与实施提供全程跟踪服务，包括对展览内容和形式的设计、展览图文版与文字的审查与把关等。还须组建精明强干的布展专班，实行馆长领导下的分工负责制，为确保展览速度与质量排忧解难。人员包括馆长、总经理、副馆长，以及展陈教育部、典藏研究部、安全保障部、财务管理部骨干人员等。为了确保布展速度与质量，大家心往一处想，劲往一处使，兢兢业业，勤勤恳恳，任劳任怨，有的人主动推迟婚期，有的父母住院也不能床前尽孝。特别在文物标本征集上，利用 1.1 亿元人民币征集了各种文物标本 1.2 万件，为两个基本陈列的成功举办提供了坚实的物质基础。

3. 建立高效率的运行机制，实行质量上一票否决制，加快了展览的速度与质量

专家团队与设计施工单位共同打磨展览内容大纲，畅所欲言，各抒己见，如《长江之歌　文明之旅》的展览内容大纲由长江文明馆、湖北省博物馆、湖北省社科院、长江水利委员会的专家经过近一年的时间共同完成编制，并经过领导小组审查。布展设计施工单位中标后又与专家团队进行了 3 个月的深化设计，对展览内容逐字逐句进行打磨，才有了“走进长江”“黄金水道　互联互通”“感知文明”“人类起源　文明发端”等展标，通俗易懂，一目了然。同样，《大河之旅　生命之歌》展览内容大纲由长江文明馆、华中农业大学、中国地质大学（武汉）、中科院水生生物研究所专家联合编制完成后，同样由专家与中标单位进行字斟句酌，才有了“大河沧桑”“珍爱生命　守护家园”“什么是进化？”等展标，朗朗上口，便于记忆。

专家团队与设计施工单位共同深化展览形式设计，升华了中标方案。如武汉自然博物馆的基本陈列由中科院水生生物研究所、中科院

古脊椎与古人类研究所、中国地质大学（武汉）、华中农业大学专家组成的专家团队与设计施工单位，对展览的图文版，多媒体展项，色、温、光等进行了严格的审查与把关，有时为了一个展项争得脸红脖子粗，甚至拂袖而去。

展出的文物标本由国家专门的鉴定机构负责组织专家鉴定，并与设计施工单位共同筛选，从而确保了入展文物标本的真实性、珍贵性和观赏性。由业主单位的安保部与招标精选的专业展览监理、审计单位全程跟踪审计与监理，既提高了展览的速度，又确保了展览的质量。

五、在展览效果上围绕“好”字使力气

所谓“金杯银杯，不如消费者的口碑；金奖银奖，不如消费者的夸奖”，说的是质量的重要性，展览也一样，如果没有质量，一切都是负数。因此，在布展中始终把质量放在一切工作的首位，实行零容忍。凡是发现展览质量问题，不管事情大小，无论单位强弱，一律进行返工、整改，决不姑息迁就，才赢得了社会效益和经济效益的双丰收。

1. 社会效益显著

长江文明馆自 2015 年 9 月 25 日开放以来，已免费接待观众 290 万人次，被水利部列为全国水情教育基地。武汉自然博物馆从 2018 年 7 月 18 日开放至今，已免费接待观众 120 万人次，被教育部列为全国中小学生研学实践教育基地。此外，还研究出版了反映长江与世界大河流域的各类著作 10 多本，为宣传长江与世界大河流域的历史文明与生物多样性发挥了积极作用。两个博物馆已经成为武汉市文化旅游和科普教育的新热点。

2. 经济效益颇丰

为了让观众把博物馆带回家，我们还自主研发了一系列文创产品，至 2019 年 6 月底，长江文明馆（武汉自然博物馆）已实现文创收入 462 万元。

3. 国际反响凸显

建馆以来，我们还成功举办了 2016、2018 两届大河对话国际论坛，与全球几十个国家的政府、管委会、专家学者一同探索长江与世界大河文明的 21 世纪走向，聚焦全球不同地域和民族关于大河文明传承发展的经验和智慧，推动了全球大河流域生态和文化环境的高质量发展。“2016 大河对话”发表了《2016 大河对话武汉宣言》，签署了《大河流域博物馆合作备忘录》，武汉市还缔结了两个新的友好城市。“2018 大河对话”更上升至武汉市人民政府与联合国教科文组织（UNESCO）联合主办的层面，使大河对话成为武汉市国际文明论坛的重要品牌。同时，我们还被联合国教科文组织授予特别嘉许状。

“一所博物馆就是一所大学。”长江文明馆（武汉自然博物馆）以其独特的展览构思、丰富的展览内容、新颖的展示形式、珍贵的文物标本，为观众认识长江的自然生态与历史文明以及世界大河流域的生物多样性、感受生命真谛架起了一座沟通的桥梁，已经成为武汉文化旅游的新景点，城市生态的新地标，科普教育的新高地，精神文化建设的新家园。

以展为鉴
通过国家一级博物馆运行评估浅析中国博物馆展览现状

文 | 李　黎

研究馆员　上海大学现代城市展陈设计研究院执行院长

每座城市都有自己特定的历史文化背景和传统记忆，博物馆历史类展览是这些城市记忆最坚实的载体。博物馆作为人类文明记忆、传承、创新的重要基地，承担着记录过去、反映现代和未来发展的重要职责。下面，我们从部分国家一级博物馆基本陈列、临时展览、教育项目三个基本方面进行简单剖析，以寻找启示，辨析优劣，一同品鉴中国博物馆的展览历程。

一、现状与问题

基本陈列是博物馆的灵魂，用体现本馆特点的展品组织的科学的陈列体系常年对外开放。尽管博物馆被认为是社会教育场所之一，但观众选择参观博物馆的标准与其他文化商品无异。高密度、高质量、高品位的休闲性，是观众对包括博物馆在内的任何文化产品的要求。对于第一次参观博物馆的观众而言，无论是行走路径，还是每一件展品，都可能意味着全新的知识和体验。但博物馆一成不变、十年不动的基本陈列，如何能吸引观众的再次光临？从资料上看，绝大多数博物馆在基本陈列完成后都安于现状，基本上就是做一点修修补补的事，没有投入精力去对目前的最新研究结果和观众的反馈意见进行研究、分析和跟进，造成使用国家巨额资金投入完成的各馆基本陈列很快落后于时代的脚步和社会的需求，最终被观众唾弃。

临时性展览是博物馆的活力。其最大特点在于任务下达的突然性和任务完成的紧迫性，筹备时间非常短。从展品来源看，临展可分为两大类：本馆藏品展览和引进外馆藏品展览。大馆或综合性博物馆能以本馆藏品经常不断地举办不同主题的临时展览，而小型博物馆、专题类博物馆的临时展览大多依靠引进兄弟博物馆展览。纵观评估申报材料，大约有三分之二的博物馆直接把从其他馆引进的展览作为自己的原创临时展览进行申报，甚至有部分馆没有任何临时展览资料，这直接说明了目前部分一级馆热衷于利用免费开放补助资金大量引进展览，而将自己馆内的藏品视为无物，让库房沦为文物的墓地。这当然首先要总结我们政策上是否有疏漏，比如免费开放补助资金的使用规定是否是造成这种重外展轻原创的主要原因；更重要的是，要让各馆领导都高度重视对馆藏文物的研究和利用，原创和外展并举，真正做到在每一个临时展览中都能把事情按事业去做。同时，应该注意的是，国家文物局审核各个博物馆临时展览主题时，不必过分强调与本馆性质和任务相适应。综合类博物馆如南京博物院、上海博物馆这样的博物馆，临展选题选择自由度很大。无论举办什么主题的临时展览，都不存在与本馆性质和任务不相适应的问题，且由于自身知名度较高，与之合作的国内外博物馆较多，临展资源丰富。而像专题类博物馆，如中国煤炭博物馆或西柏坡纪念馆、大庆铁人王进喜纪念馆等纪念类博物馆，其本身的藏品种类有限，利用馆藏文物举办临时展览十分困难：其一，展览选题有限；其二，同一主题的展览不可能反复举办。因此，国家文物局审核各博物馆举办的临时展览，应该不受该博物馆“性质”“任务”的约束，更重视各博物馆临展选题是否贴近百姓生活，与各馆的业内地位是否匹配。

教育是博物馆三大职能之一。2008年全国博物馆免费开放政策的实施，给中国博物馆教育职能的发展带来了新契机。审视博物馆教育现状与发展方向，是博物馆教育工作研究的重要课题。目前，全国博物馆教育部门名称不统一，有群工部、群教部、社教部、宣教部、教育部、教育推广部、展教部、展示部和公共教育部等多种称谓，主要负责开放接待、社会教育、营销和对外宣传等工作。从事博物馆教育的人员包括在编人员、编外讲解员和志愿者。其中在编人员主要由讲解员组成，学历从原来的高中生，发展到现在的大学本科生、硕士研究生。全国博物馆宣教界综合素质和专业化水平有了整体提高。但是各个博物馆讲解工作停滞不前，各馆都满足于现有的中英文讲解员加志愿者加语音导览的背书模式，缺乏人性化的讲解服务，缺乏配合展览进行的成系列的有一定深度的讲解服务，缺乏有感情的讲解服务。这几点在临时展览中尤显突出。同时，各博物馆教育项目处于初级模仿阶段，相当数量的博物馆，其教育模式仅仅停留在流动展览与讲座、发放导览说明书等缺乏互动性与延续性的方式上。家庭、社区教育活动，教师、志愿者和博物馆之友的管理与培训等具有广泛持续性的教育活动严重缺乏。博物馆是终身社会教育机构，行使着社会教育的职责，不能简单地把博物馆教育理解为讲解和组织活动。快速发展的经济和博物馆全球化，为博物馆教育的发展提供了更多的机会和更广阔的空间，同时也对博物馆教育提出了更高的要求。只有顺应时代发展需要，及时调整发展方向，才能为更多的人提供社会教育服务，全方位、多角度地发挥博物馆的社会教育职能。各博物馆应该在这方面好好向故宫博物院、上海博物馆、南京博物院、首都博物馆、苏州博物馆等教育项目办得有声有色的馆学习，思考如何推出紧扣社会热点问题和时代脉搏的有责任感的社会教育项目。

二、危机与思考

1. 推陈不出新的基本陈列

博物馆的基本陈列本质上是在博物馆的“物”与“人”之间构建起一座互动的桥梁，满足社会公众对不同时代社会历史和文化艺术、考古发掘、环境自然的探求欲望。随着博物馆陈列展示数量越来越多，展览变化的周期也在缩短，为吸引观众对博物馆陈列展示的注意，陈列的更新和完善已成为博物馆事业的重中之重。

在过去五年间，部分博物馆开始关注自己的观众，通过调查了解博物馆的游客是谁，他们为什么要参观博物馆，甚至具体到是博物馆的什么东西吸引了观众。通过这些信息发掘潜在观众群，关注观众个人需求。以观众为核心的展示方法取代以藏品为核心的传统手段，无疑是中国博物馆人在展示方法乃至服务理念上的一场革命。然而，纵观中国历史类博物馆的基本陈列，相当一部分博物馆投入了大量财力制作场景，营造气氛，使用大量声、光、电设备，力图改变以往堆砌式的陈列方式，进入到对文物的诠释阶段，然而与西方发达国家博物馆在展览与观众之间的真正交流互动上还有明显差距。大部分基本陈列，无论是静态展示还是动态展示，观众始终处于被动接收的位置，既不能从本质上改变传统基本陈列的“教科书”模式，也不能从观众接收信息的过程中得到观众的反馈。其根本原因有主要三点。其一，学术研究滞后，展览缺乏亮点。目前大部分博物馆的科研工作处于一种自发、无序、无计划状态，研究人员对展览需求没有针对性研究，展览内容设计没有科研成果支撑，直接导致陈列内容缺乏深度，没有亮点。其二，展览形式大于内容。或许由于博物馆上级主管部门过度干涉展览制作，限制博物馆专业人员的自主性；或许由于展览主创人员不熟悉最新展陈方式，展览理念老套，展览内容设计者与形式设计者缺乏有效沟通。展览公司设计师没能充分理解展览主题和内容，无法确保展览形式契合展览主题和内容，最终展览形式大于内容。其三，展览缺乏再创新。历史陈列不论是立项、内容设计，还是形式设计，都把重点放到了文物本身上，理念上依然还是让文物说话，基本不会从一开始就把观众在参观过程中的参与、交流、互动和体验作为一个重要内容来考虑，更遑论展览完成后根据观众的意见反馈对基本陈列进行深入细致的再创新过程，展览推陈不出新的现状值得思考和改进。

2. 多而滥的多媒体设备

早在 20 世纪 60 年代，美国博物馆界率先在展览中使用多媒体设备，帮助初次参观博物馆的观众从展览中获取信息，增加博物馆体验感受。最近十年，国内各大博物馆历史陈列普遍注重展览体验，通过配备多媒体展示刺激观众的视觉、听觉和触觉，旨在帮助观众将展览信息群组化，提升观众对展览的理解力。然而，目前历史陈列普遍存在多媒体设备过度使用或使用不当的问题。部分博物馆为节省运行维修费用，多媒体设备自安装完成验收后就不再使用。还有部分博物馆不惜耗巨资购买多媒体硬件设施，由于馆方与多媒体制作团队缺乏沟通，导致软件制作粗糙，内容设计牵强生硬，没有发挥增加观众展览体验的作用。与动辄上百万元的 4D 影院、幻影技术相比，博物馆应该更多地关注于具有安全性、易用性和可恢复性的小型多媒体展陈设备，帮助观众了解展品内涵，这样的辅助展具要求博物馆与展览公司通力合作，根据研究成果定制个性化内容，深入地诠释、引申某个具体展品，实现“展览经费小投入，展览效果大收益”。新技术的运用是对展览的完善，展览适度使用多媒体，诠释展品背景信息的同时，必须突出展品的自身特点和文化内涵，发挥文物展品组合的魅力，而不应成为展览的禁锢。

3. 少而稀的社会教育

当教育成为博物馆的基本和主要功能时，西方学者将理想的博物馆描述成“一所可以自学的学校”，教师可以得到辅助教育的场所。在这种目标的指引下，博物馆开始注重与社会公众的交流，将博物馆藏品的研究最终归结到博物馆研究人员与观众的交流互动上。近年来，国内博物馆价值取向由“博物馆本位”转移到“观众本位”上来，但相当数量的博物馆教育项目仍然处于初级模仿阶段，其教育模式停留在流动展览与讲座、发放导览说明书等缺乏互动性与延续性的方式上。家庭、社区教育活动，教师、志愿者和博物馆之友的管理与培训等具有广泛持续性的教育活动严重缺乏。在各博物馆开展的教育活动中，针对学生的活动较多，而针对成年人的活动偏少，针对不同年龄、不同知识层面和不同文化背景的不同组合的教育活动更是稀缺。博物馆之所以能够发挥其社会效应，关键原因是它能够为大众所用，只有被公众接受，建立与观众之间相互了解的桥梁，才能实现博物馆的社会教育功能。博物馆历史类展览承担着社会通史教育的主要职能，然而博物馆对社会的影响能力和社会对博物馆的认同程度普遍偏低，与国家文化部号召的加快建设公共文化服务体系和深化博物馆免费开放的时代背景极不协调。博物馆是终身社会教育机构，行使着社会教育的职责，不能简单地把博物馆教育理解为讲解和组织活动。如故宫博物院开展的“霓裳彩绘——参考宫廷服饰纹样绘制环保帆布包”“朝珠DIY——了解朝珠的构成、功能、种类等知识，制作一串朝珠模型”“皇帝的新衣——清代宫廷服装及配饰知识介绍，为石膏小皇帝或皇后彩绘服饰”“乾隆诗句我来集——介绍古体诗、集句诗及乾隆御制诗相关知识，根据集句材料自己创作集句诗，并用软笔或硬笔完成古体诗书法作品”等活动，以中小学生为对象，教育项目办得有声有色。快速发展的经济和博物馆全球化，为博物馆教育的发展提供更广阔空间的同时，也对博物馆教育提出了更高的要求。只有顺应时代发展需要，及时调整发展方向，才能全方位、多角度地发挥博物馆的社会教育职能。

三、趋势与展望

改革开放 40 年来，中国博物馆事业发生了历史性变革，呈现出良好发展态势，“博物馆热”成为中国社会文化的新时尚，“博物馆 +”跨界融合创新成为推进高质量发展的新引擎，博物馆为国家文明交流互鉴提供了新空间。截至 2018 年年底，全国博物馆达 5354 座，比上年增加 218 座。2018 年全国博物馆举办展览 2.6 万个，教育活动近 26 万次，观众达 11.26 亿人次，分别比上年增长 30%、30% 和 16%，博物馆成为人民向往的美好生活的重要部分。近五年内举办文物进出境展览近 500 个，博物馆成为展示中国国家形象、促进世界文明交流互鉴、增进相互理解认同的“国家客厅”。

今天，博物馆在组织陈列展览时，可以通过大纲、招标、设计、施工、监理和审计预算展览成本，知道展览需要多少藏品、展柜、多媒体设备和时间、经费来完成一个陈列，但完成之后却极少有人再去考虑观众的需求和行为特点，从博物馆自身和观众这两个不同的角度不断审视我们的基本陈列。国家文物局出台博物馆展览陈列评估，旨在促进博物馆不断改进工作方法，提升陈列展览质量，增强博物馆和公众之间的沟通，对博物馆的发展起到积极的促进作用。倘若博物馆展览在对外开放过程中不能时常关注观众在参观前、参观中和离开时都需要什么，无论这个展览拿到怎样一个行业高分，都只为博物馆界的“自恋”而存在。博物馆人需要认真考虑我们的陈列除了在每年为评估工作重复提交公文式“基本陈列保养或更新计划”外，能给公众一个什么样的回报。

信息技术的发展促成了博物馆陈列展示信息流量飞速增加，博物馆陈列展示传播空间发生了巨大的变化。陈列展示的表现形式由以往单纯的展柜、灯光、辅助展品的色调一致，展线清晰，满足文物保护要求，向展览设计艺术化、人情化方向，展品信息组群化方向发展。

今天，中国博物馆的硬件设备逐渐与西方博物馆接轨，部分新建博物馆甚至超越西方发达国家的博物馆，然而我们的博物馆经营管理理念以及策展思路，与西方博物馆相比仍有差距。中国博物馆界的每一位同仁需要思索博物馆在新时代中面临的挑战与机遇。中国博物馆走可持续发展道路，贴近百姓生活创新内容与形式是条件，自我完善与国际接轨是根本。

以铜为鉴，可正衣冠；以人为鉴，可明得失；以展为鉴，可知中国博物馆事业之优劣。笔者身为工作在第一线的博物馆展览设计师，与诸君共勉。

鞭辟入里　洞见底蕴
解析中国传媒大学传媒博物馆展陈设计

文 | 潘　力　陈继东
中国传媒大学传媒博物馆

国内首家以传媒为主旨的中国传媒大学传媒博物馆，填补了博物馆类别和传媒行业的两个空白，对于这样一座传媒特色鲜明博物馆来说，应如何建构策展思路、展陈场景、流线导引、实物呈现，又以怎样的全景图再现国内外传媒行业和传媒教育的发展轨迹，进而在见人、见物、见事、见精神上，凸显展陈核心理念和传播价值？本文旨在探讨专业性博物馆如何在传统展陈框架内进行新的探索和实践，冲破以往的展陈制作定式，激发更多的创作灵感和无限创意，开启策展人对展陈设计、展览呈现、展示空间、灯光照明、历史文化等策展元素的深度解读。

一、沉浸式体验让观众感受智媒迭代效应模式

传媒博物馆的定位是以科普方式传播专业理念和知识的博物馆，关于传媒行业的展示主要围绕广播、电视、电影、传输这四大主题展现。传媒是一个技术驱动的新领域，不断经历着日新月异的变革，如何让不同层级的受众能够理解主流媒体的发展变革？传媒博物馆通过四大主旨场景让受众获得身临其境的交互体验。

场景一：20 年世纪 40 年代的延安新华广播电台。电台利用旧窑

洞搭建而成，里面的广播设备是一个话筒、一部留声机和一台放大器，受众可以在窑洞门口感受到我国红色广播事业最初始的传播状态。场景二：20 世纪 90 年代北京广播学院新闻学院广播直播间。将直播间设备植入展览空间，受众可进入直播间触摸和感知模拟时代的广播设备。场景三：21 世纪初电视台新闻演播厅现场。受众可以走到摄像机前，看着题字器，模拟电视主持人现场播报新闻录制节目场景。场景四：融媒体直播间全面展现。“青春调频 FM”将音视频网络直播集于一体，拥有绿幕抠像、三机位导播即时切换，受众可在观影区体验智媒时代的融媒传播全过程，通过网络实时直播与受众互动交流。通过四个沉浸式体验场景构建，让受众在短时间内对我国广播电视技术的发展与变革有了切身感悟，在参观体验进程中实现了角色的转换：由被动变为主动，由观看变为体验，由旁观变为实践，在沉浸式体验中得到极大的满足和享受。

二、对话式思维开启与受众的超级链接

在传媒教育展示主题——校史馆展陈设计中，策展人运用对话式思维来构筑展览语境，将展览目的从“准确的知识传递”拓展为“激发受众的自主思考与自由表达”，将受众视为平等的认知主体，使展览更符合当今的社会文化形态与公众交往需求，让对话式思维贯穿校史展陈设计理念之中，呈现学校早期历史时刻。策展人将当时的老校址——真武庙二条 9 号的一栋五层灰楼作为展示重点，在有意放大灰楼背景的同时，特意打造出两扇窗，窗内用两块高清电子画屏轮播 20 世纪 50 年代学生的黑白照片，当受众尤其是那个年代的大学生走到灰楼窗前，通过对熟悉灰楼内的注视，不约而同地将展开一场跨越时空的对话，灰楼外大学生的现实与理想、灰楼内大学生的使命与责任，

在这一目光交汇的瞬间，实现了彼此交流与心灵解读。

三、科技赋能让展览展示更加开放与多元

在传媒博物馆展陈中运用了很多新科技传达手段，展示内容并不是现成技术的复制粘贴，而是基于传媒教育主旨进行专门定制和研发，因此设计公司在博物馆主导下做了很多基于叙事层面上的技术创新。对展示学校全景的沙盘模型，策展人提出利用物理沙盘和虚拟现实结合的方式，让受众既可以通过物理沙盘看到学校的全貌和主体建筑，还可以手动用 Pad 扫描热点，通过 VR 投影的方式观看学校建筑实景、了解查询校园地图和位置功能与用途。在分众化、智能化、信息化时代，注重受众的个性化需求，用更高的诠释水准来服务受众，满足需求。

时代与社会的进步为博物馆提供了机遇与挑战，设计好一个展览不仅需要很高的学养，还需要恰当与合理的阐释方法、解读方式以及把自身置于受众视角的思维方式与策展体验。以物为中心的展示已不能满足博物馆用户的需求，在新理念与新技术的驱动下，博物馆展览展示将更注重全景式展现与交互，不断满足受众个性化需求，策展人顺应新时代要求，奏响中国文博创新的新乐章。

固本培元，筑牢博物馆策展的支撑

文 | 祁庆国
北京博物馆学会副理事长

近几年来，我国博物馆事业发展非常快，新馆越来越多，展览也越来越丰富；在展览的内容策划和形式设计上可谓多姿多彩。展览策划和展览设计，得到了各方面人士的高度关注；十大展览精品的评选，就很充分地体现出业内关注重点之所在。还有，近年来政府主管部门、博物馆都在探讨策展人制度的推行。

在各方面都在热烈讨论策展和策展人的时候，大家也都一直认为策展要基于学术研究；没有学术研究，展览就不会做得很深入。可是，对于今天国内博物馆界来说，这所谓学术研究究竟是什么样的内容和体系？也许是有必要进行讨论的。

有学者认为，博物馆是生产意义的空间。面对相同的文化遗产，在不同的时期，人们基于不同的理念、不同的理论，认识往往是不同的。以孔夫子为例，不出百年，从“至圣先师”跌落为“孔老二”，还与林彪挂在一起被批判；仅十余年后，又被推崇到无以复加的程度；国学班之兴盛，使人们难免疑惑究竟该学什么了。那么今天的博物馆，借助什么样的学术理论、什么样的方法论，对历史、对遗物，给出有启发意义的认识？即赋予博物馆的研究对象以意义，而这个意义可以给予今天的人们以文化精髓的传承，包含着智慧、精神特质和行为方式，而且是以支撑今天的人们走向未来为前提的。因此，扎实地持续

地进行学术建设就是非常必要和迫切的。

信息技术的高速发展和广泛应用，也给博物馆带来了福音。这不仅仅是使博物馆的展示和服务有了新花样，信息化建设的深入推进，将全面改变博物馆的面貌，全面提升博物馆的品质；其中，数字人文研究、文化计算等逐步成熟、逐步深入，博物馆的治学方法将大大丰富，挖掘文化遗产内涵，重构表述文化遗产的知识体系，将远远超出以往所达到的水平。

以上仅仅言及博物馆基础学术研究层面的工作，即知识生产层面的问题；而如何实现有效的知识解读，则是博物馆另一层面的规模庞大、专业性极强的任务。暂不赘述。我想强调的是，探讨国内博物馆的展览策划和展览设计，需要基于博物馆发展的整体谋划，国内博物馆展览策划和展览设计的真正提升，需要基于实现从经验型转向学术型，从传统型转向现代型，从机关型转向服务型。

“为有源头活水来”
让当代艺术介入博物馆空间

文 | 杨　玲
博士　博物馆学者　策展人

提及“博物馆”，对时间洪荒之力的敬畏油然而生，这是公众心中的最常见、最普遍的一种心理感受。作为征集、典藏、陈列和研究代表自然和人类文化遗产的实物的场所，在传统意义层面，博物馆仿佛是“古老”或“古代”的代名词，博物馆此番境遇长期以来深深根植于大众头脑之中，仿佛博物馆与当代人的当下生活有着一条天然的鸿沟。

21 世纪以来，“博物馆热”是中国正在发生的一个典型的文化景观现象，筹建博物馆之事方兴未艾，种类繁多的博物馆如雨后春笋般在全国各地落成，各地方都希望通过博物馆，建立文化地标，抢占制高点。但是，如果仅仅还是以征集、典藏、陈列和研究古代藏品的经营模式为主，各地的博物馆如何展现自身的亮点，与故宫博物院、国家历史博物馆等知名场馆相较？因此，转变理念是当前博物馆界亟需思考的一个问题。在当代语境下，“当代性介入”是各大博物馆不能回避的一个话题，因为现代意义层面上的博物馆应该是当代社会的文化坐标，它应该记录并参与当代文化创造的进程。在展示传统、古代文化的同时，博物馆应加强与当代社会、当代文化、当代艺术、当代人的互动，关注时事、反应现状，这样博物馆才能成为当下社会最活跃的文化生活的重要组成部分。

当代艺术介入博物馆，对于转变当代博物馆的发展理念、焕发当代中国博物馆的活力有着极大的推动力量。首先，当代艺术介入博物馆，博物馆的角色将发生改变，有助于改变公众意识深处对博物馆的认知。“古老”或“古代”是过去公众给博物馆贴上的标签，要把公众心中这个标签拿掉，当代艺术是一件很好的、可运用的利器。博物馆是最接近历史与过去的地方，它的藏品为公众提供了广阔深远的文化空间背景。然而，当代艺术的介入也会使得博物馆成为一个关注时事、反映现状、最接近现实的地方。如果当代艺术成功介入博物馆，由于当代艺术自身的特质，博物馆将成为一个引发社会问题讨论的平台，公众可以通过使用该平台来关注并且参与其所面对的社会问题的讨论。其实，博物馆和公众的关系正在不断发生变化，一方面表现在参观人数、博物馆展览主题等；另一方面表现在，当下的公众期望和要求能与博物馆展开更直接的对话。当下的公众具有维权时代的自主思维，传统博物馆的那种居高临下的单线传授知识和文化的模式，已经满足不了现代大众走进博物馆的求知心理诉求。当代艺术的开放性、对话性、互动性，有助于解决当代博物馆所遭遇的这一难题。博物馆是我们这个时代的公共文化平台，通过当代艺术的介入，博物馆在公众心中的定位将被重新定义。

其次，为当代博物馆注入新鲜血液——新文化空间的营建，促进当代博物馆空间的变革和发展。空间的维度决定着人们思想的维度。当代的博物馆作为公共教育平台，不仅要典藏和展示中华民族优秀的古代文明遗存，而且应该重视普及和传播当代的优秀文化和艺术。古代藏品在博物馆占据空间的方式往往是中规中矩的、模式化的，很大一部分公共空间不在其考虑范围之内。现实中，当代博物馆的公共空间确实并没有得到有效利用。当代艺术展示方式的多变性、多样性、灵活性，对空间利用的拓展性，使得博物馆的公共空间承载的意义不断地增大，因此，应该考虑有当代艺术品参与和介入博物馆。这种介入不仅仅在视觉效果上起到移步换景、吸引和驻留观众视觉的功能，当代艺术还会以其独特的思考和视觉组构手段成为博物馆空间的激活要素，通过其艺术思想性对观众习惯性认识和思维方式进行“空间拓展”。空间观念的改变，将带来全新的感知。有了当代艺术的介入，当代博物馆的“时空空间”将被进一步拉开，置身于馆内，公众可以感受过去、当下，思索未来。

最后，从文化属性上丰富和拓展当代博物馆的展览面貌，提升博物馆在当代社会中的吸引力和影响力。就当前博物馆呈现的展览面貌来看有两种展览形式：一种是常设展览，它凝聚和代表着各个博物馆的文化属性和特色；另一种是流动性展览，此种展览往往是采用亮出各大博物馆镇馆之宝，寻求轰动效应的方式的“特展”，以及为了惠及更多的公众所举办的“巡展”。这种形式的流动展览，从本质上来讲，还是隶属传统文化的范畴，内容是单一的，只是以相对灵活多样的方式向公众展示了各大博物馆的藏品，即便是展览呈现方式上采用了当代新技术手段，视觉呈现效果花样百出，但对公众头脑深处的“文化记忆”来说，它依然是一场关于传统作品的展览。当代艺术展览作为博物馆的另一种“流动展”，在本质上，它的文化基因和文化属性与传统展览截然不同。如果当代博物馆每年的“流动展”项目计划考虑举办一些当代艺术展览，通过具有特定语境的当代艺术的博物馆叙事，博物馆对公众的吸引力将大大增强，因为当代艺术作品的参与性、新奇性与体验感，公众将喜欢来博物馆，愿意来博物馆，在博物馆逗留的时间将更长。当代艺术展览的介入，有助于当代博物馆真正成为多元的公共文化载体。

当代博物馆如何才能成为社会和文化的灯塔，如何在当代社会中成为增加社会价值、人文关怀，满足公众不断增长的丰富需求的公共文化平台成为重要的课题。当代艺术介入博物馆空间为解决此课题提供了一个出口，具备重要的现实意义和价值。

始于乡土，走向世界
一场有关中国美术馆扩建改造的对话

文 | 宿利群　张宇春

本文通过对建筑师、结构工程师、室内设计师、技术支持专业人员的采访，详细说明了中国美术馆改造工程如何在各方的协同配合下，既保持了建筑的原有风格，又有效提高了材料和工程品质。改造装修工程工作包括梳理功能分区、完善总平面设计以及其他专项设计，如交通流线设计，展陈空间功能完善，结构加固设计，外立面装修材料改造，水、暖、空调、电气系统改造设计，等等。面对中国美术馆这样一项特殊的改造项目，设计师、工程师团队显然成功运用了一种全新的人员组织方式和工作安排模式，成效显著，值得借鉴。

【嘉宾主持】

宿利群　中国美术馆改造设计项目室内设计与管理负责人

【特邀嘉宾】

庄惟敏　清华大学建筑学院院长

中国美术馆改造设计项目总建筑师

殷忠生　清华大学建筑设计院第四分院院长

中国美术馆改造设计项目总结构工程师

【嘉宾】

兰　海　中国美术馆改造设计项目室内实施技术支持

林　洋　中国美术馆改造设计项目室内设计师

王志勇　中国美术馆改造设计项目室内设计师

出自名师戴念慈先生之手的中国美术馆主楼设计，整体建筑吸收了敦煌密檐造型，是民族文化和现代建筑结合的成功典范。受建馆时期建筑理念、技术水平和社会条件所限，美术馆的建设标准较低，应对当代展陈要求明显不足。

随着社会的发展，中国美术馆曾经历过多次改造：1980 年代末进行过抗震加固和局部改造，1995 年加建 4143.5 平方米的画库，2001 年 12 月，对中国美术馆进行第三次改造扩建。此次，清华大学建筑设计研究院通过设计方案竞赛中标，作为此次中国美术馆改造设计项目的总建筑师，清华大学建筑学院院长庄惟敏在采访中说："此次中标，专家认为我们的方案尊重了环境、原作。但事实上，接到这个项目我们非常不安，我不敢妄说改造大师的作品，但这确实是一个非常好的机会，让我们在里面学到了大师的东西。"

本次工程是一次需要建筑师、室内设计师、结构工程师、施工工人等高度配合的精彩呈现。此次，请到了项目的室内设计与管理负责人宿利群作为嘉宾主持，项目改造设计总建筑师庄惟敏、总结构工程师殷忠生作为特邀嘉宾，同时也请到了本项目室内实施技术支持兰海，项目室内设计师林洋、王志勇，共同讲述他们各自负责的具体工作以及之间的工作配合，分享其中的成功经验。

宿利群：庄院长先给我们聊聊中国美术馆改造的成功之处吧？

庄惟敏：首先，业界能证明这个项目成功的是取得建筑界国家金奖，几年评一次，很隆重。它包括建设的各个行业在内一起参评，矿山、港口、铁道、水坝、桥梁等。美术馆改造在具体工作上比三峡大坝工程简单很多，但为什么这个项目可以得奖，是因为它有时代意义和文化意义。首先，在建筑大师戴念慈先生的设计之上进行老建筑改造，本身就是一种文化延续，改造理念本着保持风格、提高标准、完善功能的原则，充分利用科学技术成果，结合现代人文思想、环保理念，使之达到国内一流美术博物馆的水平。

当时，大家觉得建设新建筑更重要，但慢慢明白，老建筑改造更难。在西方，老建筑从增量变成存量，我们国家刚起步，之后关注老建筑改造的就越来越多，因此中国美术馆改造是很有示范性、代表意义的。

宿利群：对，在老建筑上动刀肯定很有难度，再谈谈改造的重点、难点吧。

庄惟敏：这次改造，受原有建筑制约，改造难度极大。我从建筑外形改造说一说，它是用十大工程做完后剩余边角料完成的。当时，在材料廉价的情况下，能把房子的品质做好，其实很难。整个建筑造型仿照敦煌莫高窟密檐，檐口的处理很令人感动。保持原来的造型，檐口挑出来的部分和墙体有一定距离，密檐上面圆口是空的，在里面放有一圈一圈的混凝土预制构件，是一个单元一个单元焊接起来的预制圆环。圆环一方面支撑着密檐的口；另一方面放在檐口里，光线照下来可以产生光影变化，形成非常美妙的光晕。戴念慈先生最简单、最朴素的设计理念，都是非常重要的切入点。

另一个简单的例子是单层的 4 个角厅，每一个角厅里有 8 根柱子，已经不能符合展陈需要，柱子非常影响观展视线，空间体验感极差。之后我们和设计师、结构师商量，打掉其中 8 根，改为大跨梁屋顶加玻璃天窗，使得展厅通体宽敞，空间效果更佳。这些天窗沿周边墙加百叶，可以自由活动，侧面能够感受到自然采光，当时很多专家特别认可。

还有很麻烦的一件事是保持风格。当时接到文化部的任务，面砖换石材，想了很多办法，尽量争取做到换材料不换效果，用现在的技术尊重原作。经过反复比较，最后选择了一种名叫锈石的花岗岩。这种石材经人工凿毛处理后，光泽和色彩接近原来面砖的效果。在实际操作上，也遇到了难题。原建筑外墙面全是砖，比一般的砖大，当时的砖空鼓得厉害，而且有一些已经剥落，再烧制这样的砖实际上有难度。为了保持原貌，在砖混结构的 62 砖墙上，开成燕尾槽，宽度 180 厘米，深度 180 厘米，而后上下植筋，将混凝土灌进去做埋件，这个间距不允许小于 1 米。考虑到对原墙的保护，我们选的是 0.6 米 ×1.2 米的比例关系，内部做错缝处理。有一些原来条件的限制，汉白玉花饰用混凝土改做，有些地方还做了创造。顶层的通廊和角厅的月洞门，做了石材套。原来的琉璃也下了很大决心，重新烧。烧琉璃很费劲，颜色都是人工刷上去，才有深浅变化。琉璃有一点是不能按照原来样式烧，因为石材胀，需要琉璃按照原样放大两倍，一点点对照、磨合，才能和石材找平，这一点非常难。

之后，因为资金和工期的压力，比较遗憾的是没有坚持所有的仰角、转角用 L 形。如果都能做成 L 形就更理想。现在是 45 度密封打胶，看起来耐久性还是有些问题，存在点儿危险性。但是总体来说还是很成功的，尤其是大圆厅、角厅。我最大的愿望就是美术馆全面升级，而外观看上去跟以前的感觉差不多，这就达到目的了。

宿利群：对，还包括空间的扩建、优化都是很成功的。

庄惟敏：美术馆改造装修包括主楼、新建地下用房和地上职工餐厅三部分，新增建筑面积 5328 平方米。有空间与新增空间在功能划分上的重新组织。

主楼原建筑面积 17051 平方米。在圆厅两侧新扩建出两个多功能展厅；在圆厅和角厅之间增设新的连廊，使原来 7 个展厅与新增的两个多功能厅形成展线环状贯通，使参观流线循环连续；在东西门厅原有两部电梯的基础上增设两部大型双门无机房电梯，改善了艺术品跃层运输和观众垂直交通条件。四层改建一座 240 平方米的学术厅。过去室内没有厕所，这次在各楼层增设了 12 座卫生间。还有残疾人专用坡道、电梯、厕位，实现了无障碍通行。

北侧新建地下室二层，建筑面积 3920 平方米，作为设备用房和办公用房，将原主楼中的设备和办公功能移入，同时用于展品准备、包装、贮藏，并设有地下通道与主楼展厅相连。

主楼西北角的画库形成均衡对称，使美术馆整个建筑群空间对称性趋于完整。改造中另一重要措施是将原封闭的主楼东西两侧的长廊彻底打开，露出原设计中的竹园。

宿利群：您再说说参与的新中国美术馆的事情，与老馆的联系、定位等。

庄惟敏：在鸟巢后面是三个大项目，6 万平方米考古馆、12 万平方米中国美术馆新馆和北边工艺美术及非物质文化遗产馆。三个馆世界瞩目，全球公开招标。

我比较有幸，参与了美术馆新馆的第二轮评标。投标团队一共 5 家晋级，我就说说最后被评为第一的让·努维尔团队的方案。就在这条轴线上，大家都在研究中国美术馆命题作文怎么做的问题。新美术馆需要和鸟巢、水立方和谐共处，绝不是简单的、具象的中国传统的形式。同时还要求诠释什么是中国当代美术馆，体现中国。

让·努维尔做了什么呢？在汇报片开始没有文字，也没有配乐，只有人走路的声音，之后出现一根毛笔写了个“一”字，天下化一，墨分五色，最后幻化出一个建筑形态，这就是他的创意。建筑材料选用 34 个省、市、自治区不同的黑石头做成，立面玻璃窗的做法是通过丝网印刷的玻璃、石材、金属融合起来，拼成一个自然的花纹。这个创意很像他在伦敦百货大楼建筑的做法。玻璃给人感觉是梦幻的，像传统水墨画的意境。评委一致觉得这个方案很好。大家提出一些修改意见，就开始了第二轮修改。60 天后，他把原来的黑色改成了全反射。全反射我个人觉得不如全黑，像一块金属，显得体量更厚重。如果采用之前的黑色，在阳光照射下也不会呈现那么黑的效果，那一笔墨色写在天空既诠释了中国艺术，也很有中国意境。但是之后改的方案，也是得到了评委们的认可。

宿利群：我们接下来请殷院长讲讲中国美术馆结构改造方面的事情。

殷忠生：当时结构改造是一个难题，1995 年的建筑规范已经达不到我们现在的国家建筑规范标准，其中有一项是结构配筋率，按照现在的标准，改建前的中国美术馆算是危房。新建及改造的展厅均用框架结构，对柱、梁、楼板分别采用包钢、 碳纤维、钢绞线等新技术进行了加固处理，使工程的抗震性能达到 8 度设防。

第二个难题是在面砖改石材的处理上，做法上采用砖上打构造柱，每 1.2 米打一个构造柱，预留混凝土预埋件，把石材干挂上去，这在砖混结构上是很有难度的。美术馆旧馆改造项目，其结构、硬件设施均达到国内一流美术博物馆水平，所以改造算是很成功的。

宿利群：志勇再给我们聊聊室内设计，包括与结构设计之间的配合，林老师也可以帮我们做补充。

王志勇：美术馆改造在现在看来，它的建设流程也是个典型例子，值得借鉴。从室内的角度，改造的前提和基础就是与结构的配合，所有的设计都要和结构设计提前沟通和讨论，这也为之后的工作积累了很多经验。

在改造入口大厅时，与结构工程师商量、讨论了很久，把两柱之间 5 米地方的加固横梁去掉，以保证大厅空间高度控制在 8~9 米。期间磨合了很久，横梁其实很关键，有或没有对于空间的感受有很大差别。大厅中的石材选取也很费周章，希望和建筑外立面是统一的浅米色，所以最合适的石材是冻石。当时国内几乎没有这种石材和范例，在我们设计师一再的坚持和领导的支持下，最后选择了这种石材，让整个美术馆室内既不失典雅古朴，又具有现代化气息，显得庄重大方。但唯一的遗憾是地面，容易把面层压坏，所以就用其他材料代替。

在改造的一系列过程中，和领导层、结构师、工程师配合得很紧密，这是项目做得完整的一个重要的方面。

宿利群：再谈谈参观路线和工作人员的流线变化。

王志勇：参观路线设计主要的原则是不让观众走回头路，同时可以和库区分开，方便使用，符合安保等需求。我们把主楼北侧半圆展厅进行扩建，形成多功能展厅，通过连廊将参观人流形成环状流线，以保证参观路线便捷顺畅。展品运输是沿东门外墙路线进出，货运车辆不进入参观区域，与参观人流没有交叉。在东北侧新建部分首层进行装卸，通过垂直交通运输到地下展览准备间。

宿利群：兰总再聊聊设备、灯光、声学、安防这一系列在施工过程中的难点。

兰海：这个里程碑式的项目改造定位是保持风格、提高品质。我先说几个装饰上的亮点，其中一个亮点是所有的门。1995 年设计的展厅门是普通门，没有防火要求。这次改造，按照防火规范，必须做成防火门。为了提高品质，所有外门和各展厅门均按原样式翻新为花饰防火铜门。铜门整体重量比原来重 3 倍。一个铜门包括防火框架、外表装饰铜、铜花饰和防火玻璃，增加了难度，我们找了 5 家工厂才组合做成这样一个折叠门。

第二个亮点是照明采光设计。照明采光是提高展陈质量和改善观展环境的核心问题。改造后的照明系统达到了国际水准。自然光与人工光均采用滤红外线、滤紫外线设备以保护展品，并可以智能调节照度，使参观者达到最舒适的视觉效果。难点在于，自然光的引入如何配合人工光使用。过程中我们研制了智能光控制系统，利用墙面控制光源，以日光为优先的控制模式。原理是最大程度地保证日光进来，利用调光百叶调节室内灯光作为补充，形成一个闭环的控制器。

整个照明系统的人工光有三种类型的光源，一是延墙的洗墙灯，二是射灯照明，三是发光顶棚。三种形式相互组合，形成三种照明场景：高调场景，所有灯打开，适用于国画照明；低调场景，只开射灯，一般用于雕塑、油画；灰调场景，所有灯处于调整状态，根据设计师、艺术家个性需求，调整到最合适的照度。

总结

中国美术馆的改造是国家美术博物馆工程承上启下的任务。在各方通力配合下，建筑师在一个老建筑里面，既做到外观继承原貌，又完成了空间优化整合、建筑结构加固、硬件设施智能升级。既尊重了历史，又做到了与时代结合。中国美术馆作为国家级世界一流美术馆，始于乡土，走向世界，更是一代代建筑师、设计师的智慧与心血。

展览思辨：金无足赤　见微知著

“近水知鱼性，近山识鸟音。”——明《增广贤文·上集》

一、意在笔先　策划心语

共鸣、对话、思辨
传媒教育发展历程展的当代表述

文 | 陈继东

【推荐语】

中国大学的校史馆是文博展陈领域非常独特的一景：校史展到底应展现大学的教育教学历史，还是行业专业的发展史？毕竟中国许多著名大学的发展与新中国相关行业的发展难以分割；校史馆的主要参观者到底是兄弟院校教师、刚入校的年轻学生、返校毕业生，还是希望了解某一行业专业的普通民众？显然其各自需求不同且多有矛盾；大学和行业的重大事件及其与师生个人回忆之间的关系值得研究，前者是国家大事，后者是个人情感，校史展应如何表现二者的互相交融和影响延伸？中国传媒大学的校史馆设计，不仅需要解决上述若干议题，还需充分运用多种“传媒”手段来展现“中国传媒”的教育史和行业发展史。这既是挑战也是契机！

中国传媒大学校史馆于2019年6月18日建成开放，这座校史馆从筹建到落成历时3年，展览规模并不恢弘，但是它以鲜明的个性和独特的气质显著区别于国内其他大学的校史陈列，给观众留下了深刻印象和富有意义的体验。笔者作为主要策展人之一，亲历了展览的生产全程，从主题创意、空间构思、叙事风格、展览内容到形式创意，这其中既饱含着策展团队的心血、智慧，也历经无数次否定、推翻与重建，在打破与重构之中，策展的思维进一步打开，对校史展览的意义建构和功能建构产生新的理解，并将它运用到策展实践中。

校史馆作为学校记忆的保存机构，与博物馆有着相同的教育使命，不同的是，校史馆不仅关乎历史与事实，还是一种价值、情感、态度的表达，是学校身份建构与校友身份认同的重要场所。诺伯格 - 舒尔茨的场所精神理论认为，身处何处是由场所本身留有的历史记忆来表达的，通过知道自己身处何处而和这个独一无二的场所发生联系，这种联系可以更深刻地认识自己，了解自己或者自己所归属的群体的过去和未来。每所学校从创设一路走来，都拥有时代所铸就的独特命运与性格， 校史馆需要向观众阐释学校的发展道路、教育理念与核心价值，并得到广泛认可。对广大校友而言，校史馆保存着与自己息息相关的记忆与实物，能够唤起内心的价值归属，是具有情感和温度的空间。校史馆不仅仅是关于过去的，也是关于今天和未来的，它不应游离于当代之外，而应以建设者的姿态融入学校的教育活动中，积极参与学生的心理发育和思想成长。

在策展的最初阶段，如何呈现校史，呈现什么样的校史，是摆在策展团队面前的重要问题，这关系到展览所秉持的态度与构筑的语境。自新博物馆学诞生以来，博物馆工作目标与价值取向实现了由物到人的巨大转变，越来越多的博物馆人认识到，展览所产生的意义在于观众对内容的理解与建构，而不是博物馆单方面的价值输出，观众的心理需求和情感需求逐渐成为博物馆关注的重点，意义体验成为博物馆的核心追求。但遗憾的是，目前大多数校史展览仍采用传统博物馆学的叙事视角，从机构史的单一维度讲述学校的发展、成就与杰出人物，带有浓重的宣讲色彩，广大观众（大部分是学校的亲历者）被排斥在展览之外，造成展览与观众之间的情感隔离，策展人想表达的观点和内容无法直抵观众内心。

为此，策展团队抛弃以往校史陈列居高临下的姿态，将目标观众（也就是学校的亲历者）的感受作为展览关注的重点，以塑造观众体验为中心，以对话和思辨作为展览语境，设计出若干装置与场景，将观众带入历史现场，消解与校史人物和事件的距离，通过学生自发产生的认识与思考，完成身份认同与记忆建构。

中国传媒大学的历史开启于20世纪50年代，在北京良乡的一间旧厂房里培养出新中国第一代广播技术人员，他们利用广播这种新兴的媒体将中国共产党的主张与行动传遍千家万户。这是学校的起点，也昭示了教育者的初心和使命——培养为党和人民发声的人才是传媒教育矢志不渝的目标。良乡教室成为展览重要的开篇，也是学校进行身份建构的关键环节，它告诉观众：我是从这里来的。策展团队通过一个场景化的空间再现这段历史：两面隔断墙和落地窗围合出一个开放的教室，十二张简单的木制桌椅、一张用旧门板搭建的讲台、几组无线电仪表构成了学校最初的模样。一侧的展柜中，标明身份的学员证书和实物陈列其中，早期教学的详细信息也在教室外的展板上一一呈现。除装置之外，空间没做任何特殊处理，保持和展厅一样的装修结构和风格，通往室外的落地窗充分营造出场景的通透感，这显然是一个写意的场景，策展人希望通过这样的处理为历史和现实之间留出一条通道，避免因刻意追求效果而在两者之间竖起高墙。设计表达出欢迎参与的态度，鼓励观众走进教室，也就是走进历史，当观众坐在课桌前，桌上的仪表仿佛还散发出使用者的气息，这一刻，历史是可以感受和触摸的。当观众抬头望向讲台方向，那里并不是黑板，而是一整面落地窗，窗内是带着余温的历史，窗外是今天校园里正在发生的人和事。此时，展览的空间由室内延伸至室外，窗户既是界面，也是通道，它将历史与现实勾连起来，呈现出学校65年的巨变，观众在理解校史的过程中也实现了身份的切换：由被动者变为主动者，由旁观者变为参与者。

北京广播学院是中国传媒大学另一个广为人知的校名，作为学校

1. 良乡教室
2. 灰楼照片墙

1

2

的前身，它成立于1959年，当时校址位于北京市真武庙二条9号一幢五层灰色大楼里，学生亲切地称之为灰楼。1959—1966年在灰楼办学的时期是学校历史上重要的发展阶段，其奠定的教育理念和形成的校风影响至今，成为今天学校发展的基石。在校史馆中，灰楼时期的实物、资料和照片按照当时三个系别（新闻系、无线电系、外语系）分组展示，这其中包括著名播音员雅坤、虹云、夏青和前国际广播电台台长张振华在校期间的照片与实物，策展人在展品摆放和说明中并未特别强调名人效应，名人展品是服务主题的物证，而非展览中的明星。展览用这种方式消解普通观众与偶像之间的距离，并传达出平等的意义。

今天，灰楼在现实中已不复存在，但因为安放了一代人关于青春的集体记忆，它已成为一种精神的符号。策展人在校史馆中用一张巨幅照片铺陈出一整面展墙，照片上是拍摄于20世纪60年代的灰楼，这是一栋高大方正的苏联式建筑，上面分布着整齐划一的窗户，与当时北京大多数建筑有着相似的外观。在建设社会主义的火红年代，大批学子从四面八方聚集到这里，又从这里启程奔向祖国最需要的地方。照片墙正面，有两扇打开的窗户，窗内用电子设备静静播放着当年学生的照片，有单人照，也有集体照，不同的个体代表着同样的青春和历史。今天的大学生观众走到窗前，自然而然地会与灰楼内的“同学”形成跨越生命、跨越时空的对视。通过观察这些面孔，他们会联想到这些人身上发生的故事，并对不同时代大学生的理想与现实进行比较、反思。

在博物馆展览中，用具有视觉冲击力的巨幅图片作为展陈手段，是博物馆营造氛围、构建话语的手段。校史馆中，灰楼作为一代人集体记忆的表征，其照片作为主要展品构成了展览叙事中的一个高潮。不仅如此，策展人通过窗户这样的装置吸引观众去探索不同时代个人与历史之间的关系，调动了观众的情感参与。正如博物馆一直强调的，观众在参观过程中应主动地去建构自己的知识体系，形成自己的情感体验，这种阐释方式不再是单纯的传递和灌输，而是以一种艺术的方式去引导和交流。

除此之外，策展人还积极邀请观众参与构建关于校史的集体记忆，展厅中设计了一个互动项目，校友可以通过交互设备上传自己当年的毕业合影，并注明年级和专业，上传后的照片会在电子大屏上展示和分享。这个展览项目将观众参与纳入展览制作，体现出校史馆的多元与包容。中国传媒大学发展到教育部直属的“一流学科建设高校”、“211工程”重点建设大学、“985优势学科创新平台”重点建设高校，离不开每一代师生的努力，作为校史亲历者和创造者，每个人都拥有关于学校的个体记忆。校史馆中所呈现的集体记忆，不仅仅是校史机构人员或者是史学人员所确定的记忆，更是学校的亲历者所共同确定的记忆。策展人选取了毕业合影这一记忆主题，是在特定时间、特定地点、特定环境中群体关系的瞬间定格，拍摄于不同年代的毕业照，连贯起来就是一部影像化的集体变迁史，具有永恒的重读与纪念价值。毕业合影揭示了个人经历与共性经历之间的关系，观众在回味故地的情景与昔日的情愫过程中，也完成了个体记忆向集体记忆的过渡。毕业合影的展示一定程度上体现了校史馆的客观性，照片里的人物在身份上是平等的，作为学校发展的参与者与见证者，每个校友都如同母亲的孩子一般，是学校不可分割的一部分，展览通过这样的设计让他们确认自己的“在场”。但策展人的意图并不只是为观众营造陷入回忆的沉浸感，展览更多强调的是在群体记忆上形成的所在大学的精神与核心价值，这种价值观的认同基于观众与学校之间的紧密联系。想象一下，在校史馆中看到当年自己、同学、老师的面孔会是怎样的体验？会不会联想到：“当年那个风华正茂、意气风发的少年与现在的我有什么不同？我的初心与梦想是否还在坚持？”这样的对话与思考让当下观者与当日照者之间建立起新的联系，大学的教育理念与核心价值被再次强化，同学与师生之间的纽带连接重新紧密，校史馆凝聚与向心的作用得以实现。

校史展是一种特殊的展览类型，它所面对的主要观众是学校的亲历者，他们对于展览中呈现的历史、价值、观念是否认同决定着展览的存在意义，他们有权利接受、质疑或者否定，因此，校史馆需要去倾听相关利益群体的声音，寻求与他们更深层的互动，认识到参观者具有复杂的身份认同和情感诉求。中国传媒大学校史馆在策展实践中将关注的重点放在校史对当下产生的意义上，鼓励观众去探索历史内部的精神，通过观众的参与和共鸣去构建关于学校的集体记忆。因此在展览中，策展人将展览的目的从准确的知识传递拓展为构建历史与现实的联系，将观众视为平等认知的主体和校史的共同建构者，激发观众的自主思考与自由表达。这是一个从封闭走向开放的实验，展览在对话和互动中完成了学校的身份建构和身份认同，集体记忆在参与中变得更加鲜活生动；观众在校史馆中获得丰富而有意义的体验，从而对大学精神和历史有了新的理解，并为自己的日常生活带来新的主张。

克罗齐曾说过，一切历史都是当代史。朱光潜进一步对这个命题做过阐发："没有一个过去史真正是历史，如果它不引起现实的思索，打动现实的兴趣，和现实的心灵生活打成一片。过去史在我的现时思想活动中才能复苏，才获得它的历史性。所以一切历史都必是现时史……着重历史的现时性，其实就是着重历史与生活的联贯。"

校史馆不仅仅是关于过去的，也是关于今天，甚至是未来的，在博物馆致力于平等、提倡多元和包容的时代语境中，中国传媒大学校史馆用一种新的视角实现了校史的再书写。

没有句号
也谈展览策划的重要性

文 | 闵晓丹

【推荐语】

在展陈设计和实施过程中，展览策划是核心环节，但却常不被甲方和社会大众所理解。随着博物馆、展览馆项目的不断增长，人们也意识到其重要性。在展陈设计的整个流程中，策划是所有工作的前提和基础。为更好地说明这一问题，本文通过三种博物馆展览类型，详细说明了博物馆展览策划应如何介入和定位。文中许多内容都能为展览单位、展陈设计公司提供极好的参考借鉴。

2007 年，博物馆的国际学术组织——国际博物馆协会对博物馆的定义重新进行了修订：博物馆是一个为社会及其发展服务的、向公众开放的非营利性常设机构，为教育、研究、欣赏的目的征集、保护、研究、传播并展出人类及人类环境的物质及非物质遗产。这一定义一直沿用至今。中国的博物馆已经走过了百余年的发展历程，生根发芽，茁壮成长。尤其是近十年来，中国的博物馆事业发展突飞猛进。据国家文物局公布的数据，截至 2020 年年底，全国博物馆达 5788 座，类型丰富、主体多元的现代博物馆体系基本形成。2020 年全国博物馆举办展览 2.9 万余个，教育活动近 22.5 万次，观众达 5.4 亿人次，网络观众数以亿计，博物馆成为人民向往的美好生活的重要部分。

展览陈列是博物馆的重要功能之一，作为展示文明成果与沟通文化交流的方式，是博物馆生命力和活力的核心展现。对于一座博物馆而言，它的定位决定了展览陈列的主题方向。如今，随着社会力量参与博物馆的建设，越来越多的博物馆将展览陈列的相关工作委托给更专业的设计团队或公司。为更迅速、更有效地保障如期开展，一般包括策划、设计、施工布展以及运营等流程，而策划是所有工作的前提与基础，关乎一个博物馆的未来发展方向。

策划是现代社会的产物，美国哈佛公司管理丛书编委会给出定义："策划是一种程序，在本质上是一种运用脑力的理性行为。"策划是关于未来的，是事情未发生之前的：要做什么？什么时候做？怎么做？谁来做？有一套系统的理论支撑，并不是简单的有个想法或创意。

对于博物馆而言，"博物"作为一个词，内容包罗万象。如何按照一条合理清晰的逻辑线索，将内容整合并展示出来，既有理性思维，又有感性认识，这就需要对展览进行策划。在以往的工作经验中，经常会遇到两种情况：一种是馆方有很多想法，这里需要注意的是，他们只有"想法"，具体怎么做、做什么，他们不知道，但好在有一个比较明确的目标，需要策划帮他们提炼主题，进行策划；另一种是馆方根本没有任何想法，但要求策划会讲故事，一上来就要求给出一个高大上的创意想法，更有甚者希望直接跳到设计方案的效果图阶段，看图说话。因此，这时便需要展览策划出现，经过与馆方的沟通，引导他们产生"想法"，然后提炼展览主题。展览主题的形成过程，一般有两种方式：第一种是馆方有藏品，将现有展品进行分析、梳理后，提炼出一个合理主题；第二种是根据想法，对想要展示的内容进行了解、研究，对想法进行创意加工，形成主题。

按照博物馆的性质和需要展示的内容，展览陈列一般分为基本陈列、专题陈列和临时展览三种类型。展览的类型不同，策划主题的侧重点也会有所不同。

基本陈列是博物馆对外展示的重要窗口，它有三个特点：一是与本馆的性质、定位相关。例如，位于北京市骡马市大街上的福州会馆新馆，因民族英雄林则徐曾经参与筹建并且长期参与福州会馆新馆的活动，其展馆定位为林则徐在京活动留下的重要遗迹之一，并作为北京市禁毒教育基地对外开放，所以在此举办以“禁烟英雄林则徐”为主题的基本陈列，对林则徐的生平和成就进行展示，体现其在京从政生涯与禁毒思想形成，通过展览让观众认识到林则徐作为民族英雄，其禁毒思想与成就对中国禁毒事业的深远影响，表达后人对林则徐的敬仰和纪念，增强观众的爱国主义情感。二是有其独特的展品体系和陈列逻辑。汝窑是中国五大名窑之一，2017 年开馆的宝丰汝窑博物馆，是一座集中展示汝窑与汝瓷的专题性博物馆，因此，结合该馆的藏品特性，设置以“汝窑为魁”为主题的基本陈列，以时间为线、藏品为证，通过宝丰清凉寺汝官窑遗址出土文物与时代背景相结合，分别从釉色、造型、工艺、艺术等角度，展示汝窑自起源、发展、兴盛、衰落至清代推崇、现代保护与传承的发展历程，突出汝瓷之美。三是内容比较固定，基本以历史文化为主线。南阳是国家历史文化名城，有 2000 多年的建城历史，为楚汉文化的发源地。南阳市博物馆新馆是一座地方综合性博物馆，《南都神韵——南阳历史文化展》基本陈列以时间为线索，分为史前、先秦、两汉、三国两晋南北朝隋唐宋金元、明清、民国至新中国成立六个时期对南阳历史进行了系统的介绍。展览以南阳独具特色的“中国核心腹地”“华夏文明重要发源地”“中国始都地”“楚文化摇篮”“东汉龙兴之地”“汉文化繁荣地”“名人辈出、历代文人墨客向往赞颂之地”“明清交通商业要地”等几个方面为展出的重点、亮点，突出南阳在中国历史上的重要地位和独特的地域历史文化特色。

专题陈列的内容相对专一，可以利用优势藏品或对某些具有关联性的事件策划、组织从而自成体系，是对基本陈列的补充。例如，酒泉市博物馆是一座以展示酒泉城市历史文化为主题的综合性博物馆，为了使观众更加详细地认识酒泉，带动城市经济发展，设置了《七域同辉》专题陈列，展示酒泉市下辖的“一区两市四县”七个区域的特色产业。《忠义良犬——南阳汉代陶狗展》是南阳市博物馆新馆专题陈列展览之一，设置陶狗展的原因在于南阳地区出土的陶狗数量多、制作精良，从侧面反映了汉代南阳作为重要的政治中心，王侯将相、官僚世族定居于此，社会经济繁荣发展的历史特点。因此，展览以“犬”为展示线索，以出土“陶狗”为展示对象，讲述两个历史文化故事：“人类与犬的历史文化故事”和“南阳与犬的历史文化故事”。经人类驯化后的犬与人在长期的历史进程中形成丰富的犬文化，而汉代南阳地区大量的陶狗出土则是汉代丧葬文化观念——视死如生的真实反映。

临时展览的时效性强，主题新颖，形式多样，展品选择比较自由，没有时间限制，容易更换。例如，2014 年，为迎接南水北调中线工程全线正式通水，在首都博物馆举办的临时展览《饮水思源——南水北调中线工程建设展》，分“建设与创新”“放心用水”“移民奉献”“引水固源”四个单元，详细介绍了南水北调工程的计划、实施、环保、移民等各方面的情况，展示了南水北调中线工程的必要性、决策过程和建设运行，展览时长为 6 个月。

因此，展览策划也有针对其本身的定义：展览陈列的策划首先是一种理性思维，基础是海量资源，包括自然、人文、历史、文化、艺术、科学、藏品等；其次是按照逻辑对这些资源进行梳理整合，去伪存真，将精华应用于展览中。策划对于一个展览而言，仅仅是个开始，但它又非常重要，提纲挈领，主题明确，决定着展览的走向，能够避免走很多弯路。

当博物馆遇上讲故事
以山东小三线纪念馆为例

文 | 马 玮

【推荐语】

在博物馆展览内容乏味无新意，千展一面，不能引起观众兴趣时，山东小三线纪念馆以准确的展览主题和定位，在保证展览的真实性和科学性的前提下，运用讲故事的方式演绎山东小三线的建设、发展，再现时代记忆，引起观众情感共鸣。

目前，我国大部分博物馆的陈列展览中不乏文物精品，甚至国宝级文物，却依然面临难以吸引观众的问题。究其原因，或是展览主题缺乏新意，似曾相识，千馆一面，与观众的关注点和兴趣点不一致，不能引起参观兴趣；或是内容逻辑混乱，缺乏连贯的内容线索，面面俱到，平铺直叙；或是内容阐释学术性太浓，缺乏趣味性、通俗性，观众感觉看不懂；或是展览手段单一落后，形式设计枯燥乏味，观众感觉不好看。总之，陈列展览中传播的内容和方式是影响观众吸引力的关键原因。

事实上，博物馆包罗万象，就是一座精彩故事的宝库。依托展品和文物，利用多样的展示手段，挖掘宝库中的故事，引起观众共鸣，激励观众情感，才能达到文化传播、教育的目的。本文将以山东小三线纪念馆为例，粗略地介绍如何在博物馆讲“故事”。

山东小三线纪念馆外景（709 厂一号车间旧址）

一、展馆概况

纪念馆是博物馆的一种类型，它既有自己独特的个性，也有所有博物馆共同的属性。其与一般博物馆的不同有以下几点：第一，纪念对象与人物或事件密切相关；第二，多与历史遗迹、名人活动或出生地有关，具有特定的环境；第三，建筑本身多采取庄严肃穆格调，保持原状，强化纪念气氛；第四，展品可以不如博物馆那样丰富，甚至没有展品，突出其精神作用，容纳人们的纪念活动。

山东小三线纪念馆是莱芜市“建设红色记忆系列展馆，打造党员教育基地”的重要组成部分，是市委确定的“四个片区、六个基地”的重要节点之一。依托原山东人民印刷厂（709 厂）旧址建立，以山东汽车修配厂（17 号厂）、山东朝阳修配厂（15 号厂）、山东莱芜发电厂（674 厂）、莱芜钢铁厂（701 厂）、山东新华翻砂厂（9363 厂）等小三线工厂为内容延展，以纪念我国在 20 世纪六七十年代基于战备需要而对全国工业布局进行调整的“小三线建设”这一历史事件为主要内容，重在讲述三线故事，弘扬三线精神，再现时代记忆，达到爱国主义教育的目的。

二、主题选定

博物馆展览是向社会公众传播历史文化科学知识和社会思想的重要载体，它所面向的目标是社会不同阶层、不同年龄、不同职业的群体，受众定位直接影响博物馆展览基调和方向。因此，在确定展览主题时要充分了解目标观众的特点和要求，发挥博物馆自身优势和特色，让展览与观众“对话”，真正实现为人民服务和社会教育的目的。

山东小三线纪念馆作为党员教育基地，其定位在于通过山东小三线建设的历史和故事达到红色教育的目的，其受众群体主要为党政机关、企事业单位工作人员，其次为社会公众。基于这样的定位和受众，展览以“不忘初心，牢记使命”为主题，从时代背景引入，放眼全国大三线建设、小三线建设，聚焦山东小三线建设，重点展示泰沂山区典型小三线企业的建设、发展历程及社会贡献，再现时代记忆，彰显三线精神，引起观众情感共鸣，打造内容丰富、主题突出、特色鲜明的红色教育基地。

三、内容演绎

内容则是对主题的演绎和表达，在展览中起到引导观众的作用，是展览的核心。对于博物馆来说，展览内容主要指展品及展品背后的人和故事，以物为主，透物见人。按照展览的传播目的，可将博物馆展览分为审美型展览和叙事型展览。所谓审美型展览，是以审美为诉求的文物艺术品展示，这类展览强调展品本身的艺术价值和美学价值，一般多为艺术博物馆和收藏有精美文物艺术品的博物馆所采用，如故宫博物院。所谓叙事型展览，就是讲故事，要有明确的主题思想统领，有严密的逻辑架构和层次安排，地方历史博物馆、人物事件类博物馆、自然科技类博物馆等非艺术博物馆和收藏不够丰富的博物馆多采用这种方式，向观众传达一种文化理念，或是科学知识，或是历史故事等[1]。

讲故事的展览并不是毫无根据的漫天猜测，而是有根据的还原、创作和重构。以真实的文物标本为基础，展览的观点、知识和信息必须建立在科学的学术成果之上，保证科学性和真实性是博物馆展览的前提和原则。

---

[1] 陆建松. 博物馆展示需要更新和突破的几个理念[J]. 东南文化，2014（3）：98-101.

山东小三线纪念馆是典型的历史事件类纪念馆，展览内容的表达用讲故事的方式（叙事型）组织展览内容。从展览结构上来说，分为“序篇　翻开记忆”“背景篇　风雨如磐”“建设篇　战略后方”“精神篇　家国情怀”“启示篇　岁月如歌”五个篇章。其中，背景篇从国际、国内形势的严峻性，引出我国三线建设的重要战略决策；建设篇放眼全国三线建设，聚焦山东小三线建设，按照拓荒、建设和贡献的故事线，重点展示山东小三线建设的厂区生活、发展历程和社会贡献；精神篇从创业、创新、协作、奉献四个方面展示山东小三线建设的典型事迹和先进人物。山东小三线建设的故事从序幕到高潮再到尾声，层层递进，最后落脚到当下，发人深省。

在展品选择上，按照一定的故事线，挖掘展品及文物背后的事件及人物故事，将文物和历史、知识和信息融入情节性和故事性中，用讲故事的方式让文物活起来，做到见物、见人、见精神，引导观众的理解和互动。山东小三线纪念馆通过征集、调拨、购买等形式，收集了各厂大量历史文物、档案资料、机械设备等实物展品，并充分挖掘展品背后的人物故事，根据各厂的特色，通过不同类型展品的有机组合，讲述泰沂山区小三线工厂的感人故事。如山东人民印刷厂，在小

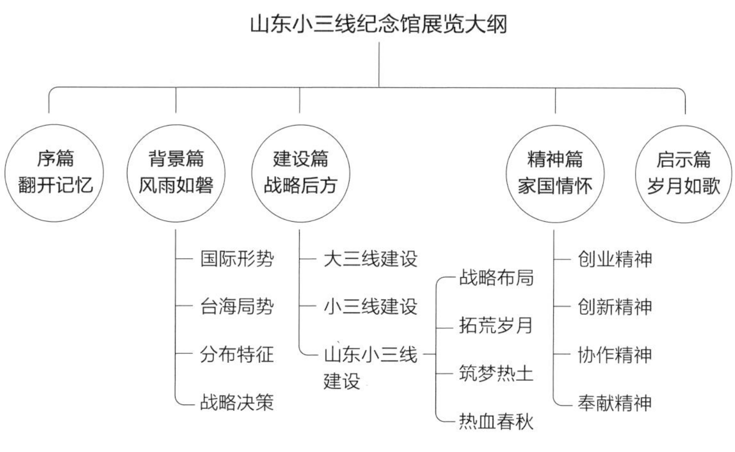

1

2

1. 山东人民印刷厂展出实物
2. 山东汽车修配厂展出汽车和机床

三线建设时期先后承印《列宁选集》、《毛泽东选集》五卷、《邓小平文选》、中小学教材、山东地区高考试卷以及四大名著、限量影印版《金瓶梅》等重要书刊，曾获全国中小学教材印刷质量“十连冠”，被评为省出版系统先进集体、全国新闻出版系统先进集体等。在该厂展区主要选取当时旧的印刷设备、主要印刷品、生产记录、荣誉奖励等相关实物展品，让观众直观地了解该厂当时的生产状况、荣誉成就和对社会的贡献。

此外对“有故事”的展品进行重点展示，通过讲解的形式传达展品背后的人物故事，如重点展示山东地区高考试卷，通过讲解的形式，展示某试卷印刷工人不向参加高考的妹妹透露考题的故事；通过《毛泽东选集》的印刷经历讲述三次停机不停歇的故事等，引起观众情感共鸣。

四、展陈形式

讲故事的展览不仅需要解决展览的思想内涵，还需要采用先进的展示手段，充分挖掘实物、图文版、辅助展品等展示元素之间的联系，从形式上解决视觉效果、情感效果上动起来、活起来的问题。为了有效地诠释展览主题和展示内容，除了文物标本、图文版外，还要综合采用二维或三维的辅助艺术展品及多媒体数字和科技装置，强调它们之间的信息组团和相互印证，共同讲述一个故事，或是传达一种知识，或是表达一种思想。

山东小三线纪念馆基本陈列基本保持了原有厂房的建筑结构和时代元素。序厅以时代记忆作为切入点，通过历史照片的组合展示，穿插三线建设时期的口号、标语等时代符号，翻开人们对三线建设时期的历史记忆，打开一扇通往岁月之谜的大门。

1

2

1. 序厅
2. 背景篇展区

背景篇讲述20世纪60年代，在国际形势风云变幻、战争因素急剧增长、国家安全受到严重威胁的局势下，中央做出三线建设的战略决策。这一部分通过异型体块的组合，营造风云变幻的展示空间，烘托国际、国内局势的紧张氛围。中心区域以多媒体结合图文展板的形式，展示党中央在紧张的局势下作出的重要战略决策。

建设篇讲述三线建设基本概念，大三线、各省小三线、山东小三线建设的基本情况，重点对山东小三线的启动、建设、生产、贡献等进行展示，综合运用地图、图表、电子沙盘、实物、场景、视频等方式。其中大三线、各省小三线建设展区，中心设置半透明造型展墙，展示全国大三线建设及小三线建设的工业体系布局及建设成就；两侧通过展板、实物等形式，展现典型三线企业的历史风貌及建设成就；空间上部通过三线建设时期的标语、口号等，烘托时代氛围，通过透明展墙、展板、实物、标语口号的组合，从形式上、情感上再现三线建设时期的热血情怀。

在“备战备荒为人民”“好人好马上三线”的时代号召下，成千上万的干部、知识分子、解放军官兵和民工打起背包，跋山涉水，走到祖国的深山峡谷中，风餐露宿，肩扛人挑，用艰辛、血汗和生命建起了一座座工矿企业、科研单位和大专院校，那段如火如荼的艰苦岁月集中展现了三线建设的时代精神。通过场景和半景画的形式，结合实物，综合展示山东小三线企业建厂之初的大会战，再现了数万建设大军风餐露宿的建设画面。

五、技术手段

随着网络化、数字化、信息化的发展，新技术、新设备的使用成为博物馆发展的重要标志。新技术手段能够通过人的所听、所看、所

1

2

1. 大三线建设、小三线建设展区
2. 674 电厂大会战场景

感来联结现实和历史，营造沉浸式、穿越式的体验空间，补充完善其他静止的展示手段，起到寓教于乐的作用。近几年，应用到博物馆的新技术包含巨幕影像、多屏幕影像、3D/4D影院、透明屏、球形屏幕、互动地幕、数字互动沙盘、幻影成像技术、全息投影技术、增强现实技术、虚拟现实技术等多种表现形式。

新技术在博物馆展览中的应用有以下几个方面：

第一，利用新技术展示文物。传统博物馆展示文物都是静态的、平面的，将文物放置于固定的展柜或展台中，观众只能远观。而利用数字化、影像化的新技术手段，可通过对文物的三维扫描、影像制作等，全方位展示文物。在同一展厅中，观众既可以看到实体文物，又能够通过动态影像、数字影像了解文物的组成结构、局部细节，给观众带来直观而强烈的视觉冲击力，在增加展览观赏性的同时，使观众对文物有更清晰的认识，实现文物活动的动态演绎。

第二，利用新技术讲述中国故事。利用成像、投影等新技术，将静态的文物与其背后的历史人物和故事有机融合在一起，逼真地还原历史场景，让文物及其主人将观众带回当时的环境中，让内容以可视化的形式呈现，使人身临其境，流连忘返，给观众带来淋漓尽致的沉浸式体验。

第三，促进观众参与互动体验。现代博物馆注重观众的交互体验，新技术采取虚拟与现实结合、传统与现代结合、接触与非接触结合的方式，以崭新的理念和全新的展示方式，改变了传统的展示效果，实现真正意义上的人与环境的互动、虚拟与现实的互动、场景与内容的互动。

在山东小三线纪念馆的启示篇，通过多媒体投影互动的形式，回顾我国在特定时期的三线建设历史，并留下签名和寄语，让观众铭记峥嵘岁月，总结历史经验，把握历史规律。结合对面的习近平语录墙，

投影沙盘

“小三线”建设沙盘

通过党性宣讲，阐释三线精神的历史意义及时代价值，教育党员干部切实落实“不忘初心，牢记使命”的誓言。

六、结语

博物馆陈列展览集学术研究、思想知识和审美于一体，目的是进行知识、文化、艺术传播和公众教育。对博物馆展览来说，主题选定和内容诠释是陈列展览的关键，形式设计则是对展览内容准确、完整、生动的表达，即内容是核心，形式是手段，形式必须服务于内容表达和传播的需要。从大众文化需求出发，结合当下社会发展和时代潮流，立足博物馆馆藏文物特点，选定陈列展览主题，综合运用静态、动态的媒介手段，通过讲故事的方式来策划组织展览，是新时期博物馆展览陈列保持个性化和创新性的最佳途径。

留住当下的记忆，讲述市民的故事
嘉峪关时代记忆展示馆的设立与策展思路

文 ｜ 程京京

【推荐语】

在老城区改造项目中嵌入博物馆建设的构想，非常具有时代特色。在推进嘉峪关酒泉钢铁公司职工宿舍的拆迁过程中，市政府决定在已规划为商业用地的区域中保留6栋职工宿舍棚户建筑，作为经历者的“时光胶囊”，也作为留给未来的历史样本。这6栋朴实的平房，成为一座连接过去、现在与未来的记忆之桥。本文详细记述了策展过程，其中对城市文化的收集和市民情感的呈现可圈可点，成效明显。

一、项目背景

1. 留存城市宝贵的印记

说起“历史”，大家的第一反应通常是悠远的古代。然而历史距离我们并不遥远，凡是过去的事实，都叫做历史。我们当下正在经历和创造的一切，对于无尽的未来而言，都将是日渐久远的历史。

城市的出现，是文明诞生的标志之一。就人类历史来说，城市是其一个不可忽略的载体。每座城市都有自己专属的故事，每个时期都会留下鲜明的城市印记。这些印记沉淀着城市的个性和记忆，记录着城市的发展和演变。

序厅入口

从 20 世纪 80 年代中期起，我国进入了城市化加速发展时期，城市人口不断增长，城市建设更是日新月盛，不出十年就是一副新面貌。时代的笔墨不断涂刷出新风景，旧时光的痕迹逐渐被覆盖消失……特别是普通市民生活的点点滴滴，往往因为司空见惯而疏于留存，直到有一天突然发现，往日以为的寻常早已难觅踪影，只能在回忆和照片中追寻一些片段。

让人欣慰的是，近些年来，留存当代记忆的重要性已经愈发受到正视。在城市飞速发展的同时，注重对旧时光留下的片段，特别是具有标志性特征的现当代建筑、构筑物等的适度保留，使其成为未来的“历史空间”和城市建设的记忆载体，避免未来出现城市历史的断代。

在这一方面，嘉峪关棚户区改造工作中的做法，具有一定的借鉴意义。

嘉峪关市位于河西走廊中部，是明代万里长城的西起点，素有“天下第一雄关”“边陲锁钥”之称。这里原本是一片“风吹石头跑，遍地不长草”的戈壁荒滩，随着 1958 年国家“一五”计划重点项目“酒泉钢铁公司”（简称酒钢）的启动建设，戈壁繁忙起来了，1965 年嘉峪关市正式设立。这是一座因钢铁企业而诞生的城市，与酒钢有着血脉相连的关系，造就了嘉峪关市与区域周边城市不同的特色和文化精神。如今，嘉峪关市已成长为一座新兴的现代化工业旅游城市。

早期建设者们刚到嘉峪关时，住的是简易的地窝棚。几十年来，他们见证了嘉峪关市的住房从帐篷、地窝子、干打垒，到平房，再到楼房的巨大变化。随着时代进步、社会发展，城市也面临着转型升级，棚户区改造即是城市发展进步过程中的一项重要举措。2008 年，全国棚户区改造工作大规模展开，嘉峪关市棚改工作也在此时开展，并取得了显著成果。至 2017 年，嘉峪关市迎来了最后一轮拆迁，建于 20 世纪 80 年代的酒泉钢铁公司职工宿舍也在拆迁的名单之内。

建筑方案效果图

这些即将拆除的老社区承载着这座城市的过去，装满了几代人的集体记忆；酒泉钢铁公司职工宿舍更是最具代表性地反映了嘉峪关工业城市的独特文化和酒钢职工的生活点滴。最后一批棚户区拆除后，嘉峪关市区的“平房时代”将成为历史，随着时光的推移变成久远的故事。老住户们在为即将乔迁新居而喜悦的同时，也对将要被拆除的老家心怀依恋。面对这种缺失和遗憾，嘉峪关市政府做出了一个令人倍感欣慰的决定：在已规划为商业用地的志强街区保留 6 栋酒钢职工宿舍棚户建筑，作为经历者的“时光胶囊”，也作为留给未来的历史样本。这 6 栋朴实的平房，成为了一座连接过去、现在与未来的记忆之桥。

2. 展示城市文化内涵

对城市景观文化，不但要保护景观的外在风貌、物质实体环境，还要保护好生活在其中人们的生活方式、价值观念、历史沿革、传统心理、文化习俗等精神内涵，才能使人触景生情、化景物为情思[1]。老

---

[1] 蒋宇. 保留城市的记忆——对当代中国城市历史景观保护的美学思考[J]. 西南民族大学学报（人文社会科学版），2012（11）：134-137.

房子之所以迷人，正是因为其中发生的故事、传承的情感和积淀的时光。青砖红瓦构建的不仅是一栋建筑，更是充满意义与联想的感知世界，装载着我们记忆中的情景和感受，能够轻易牵动我们的情怀。

因此，真正的保护“时代印记”不仅限于维护其外在形制的完好，对其内在特质的维护同样重要。如果历史景观只是空房子，或开发用作与其原本功能毫不相关的用途，就丧失了历史景观原本的氛围与韵味，也失去了它鲜活的生命力。对于保留的当代历史印记，应结合其功能性质和历史内涵，选择恰当的方式进行利用，使其成为市民生活的一部分，成为一个有生命、有个性的“机体”，成为我们找寻熟悉回忆、讲述真实过往的依托。

在这一点上，嘉峪关市对保留的6栋棚户区建筑的处理方式，可谓是恰到好处。留存的6栋建筑，建于20世纪80年代末期，属于嘉峪关市承上启下的发展时期。一批为建设酒钢、建设嘉峪关市挥洒青春的市民在这样的老房中走过了近30年的光阴，当今建设嘉峪关的年轻一辈在这样的老房中度过童年、长大成才。家是居住之所，是情感的寄托，每个小家庭生活条件的点滴变化，都是城市发展、时代进步的缩影。这6栋房屋既是从干打垒、地窝棚发展来的“豪宅”，也是为现代化社区做铺垫的“棚户”，是嘉峪关历史的见证、时代的记忆。基于建筑的这种性质，市政府决定将6栋建筑打造为“嘉峪关时代记忆展示馆”，在这些代表历史印记与时代缩影的建筑里，在充满难忘回忆与怀旧情感的空间中，向观众呈现嘉峪关市一路走来的发展足迹，展示旧时民居真实的生活状态，恰如其分地呼应了建筑自身的内涵与神髓。

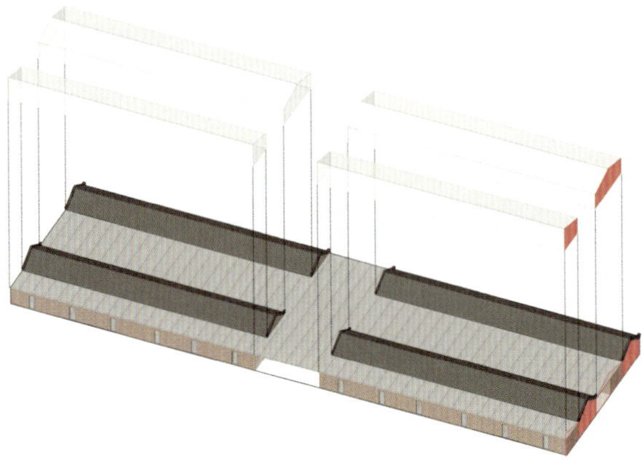

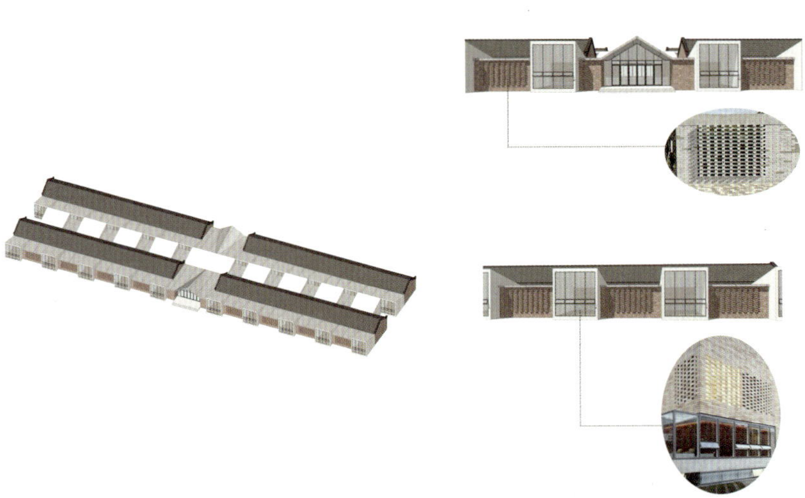

建筑设计方案分析图

二、项目理念

1. 讲述百姓故事，透视城市脉搏

“嘉峪关时代记忆展示馆”是在充分考量建筑性质的基础上做的合理规划。而早在2008年，嘉峪关就已经建有“城市博物馆”，展示这座城市的发展历史、辉煌成绩和未来展望。珠玉在前，“时代记忆展示馆”如何与城市博物馆有所区别，做出自己的特色呢？

这还要回归到场地的特性上来。“嘉峪关时代记忆展示馆”原本是民居建筑，是市民生活每天上演的舞台，它的最大的特点就是与“人”的密切关系，拥有着质朴、平凡、接地气的气质。因此，我们将“时代记忆展示馆”的展示主体定位在“人”，讲述“嘉峪关人”的故事，呈现嘉峪关市民生活方方面面的发展变化，以见微知著的思路，用最贴近观众、最能引起记忆共鸣的细节，构建一幅嘉峪关地区60年来克服种种困难、不懈拼搏发展的历史图卷。

“嘉峪关时代记忆展示馆”必须立足于嘉峪关市的城市特色，真真切切地讲述属于嘉峪关人的时代故事。这是一座因工业而兴起的新城，是一片诞生在荒滩中的绿洲，拥有着只属于嘉峪关人的时代赞歌。为了读懂嘉峪关的故事，我们深入这座城市，聆听各时代、各行业的城市建设者们的追忆，有三个字逐渐在我们心中浮现，形成了展示馆的策展思路，于是便有了“时代记忆展示馆”基本陈列的三个篇章“聚”“变”“忆”。

第一部分“聚”。嘉峪关市是伴随酒钢发展起来的现代化工业旅游城市，同时也是一座典型的移民城市。老一辈嘉峪关建设者的诗中写道：“一声令下，别离了妻子爹娘，从松花江畔来到酒钢”“告别连队，脱下军装，从‘大学校’里走进大工厂”“放下锄头，提起行囊，千里

嘉峪关时代记忆展示馆大纲

- 序厅 **聚**
  - 挥别家乡 支援大西北
  - 二次集结 力量更坚实
  - 多元发展 创造新机制
- 专题陈列 **变**
  - 第一单元 住房故事
  - 第二单元 棚户新生
  - 第三单元 时光之匙
- 专题陈列 **忆**
  - 第一单元 饮食的记忆
  - 第二单元 出行的记忆
  - 第三单元 服饰的记忆
  - 第四单元 婚礼的记忆
  - 第五单元 文体休闲的记忆
  - 第六单元 留影中的记忆
- 复原陈列 **时代样本**

序厅

迢迢，我们来自四面八方”，道出了鞍钢工人、转业军人、农民等群体支援酒钢建设的场面。展览首先以嘉峪关市民因何相聚切入，展示全国各地各行业人才汇集酒钢的历程，展现酒钢创建初期的艰辛，强调嘉峪关移民城市的特点，同时作为后续嘉峪关市民生活发展变化的引入和背景。

第二部分“变”。嘉峪关半个多世纪的变化是翻天覆地的，涵盖生活的各个方面，但我们在此部分并未面面俱到地铺陈，而是结合展馆建设背景和场地特点，选取了最贴合、最具代表性的内容——住房变化。“天当屋，地当床，帐篷里绘出蓝图一张张。我们和高楼一起成长，我们在这里收获希望。”住房条件极大地影响着城市面貌，而住所场所的变化，即“家”的变化，往往也承载了最多的生活点滴与

1

2

3

1. 第一部分“聚”
2. 第二部分“变”
3. 第三部分“忆”

回忆。加之时代记忆展示馆与棚改工作关系密切，展馆的建设以棚户区改造为契机，展馆属于棚改工作生发而来的重要成果，因此展馆以“住房”变化和棚改工作作为展示重点。

第三部分“忆”。嘉峪关城市的发展过程在市民心中留下了一抹抹难忘的回忆。本部分以“记忆”为纽带，展示了嘉峪关市民在衣、食、行、文、教、体、娱等方面的发展变化。过去的点滴，汇聚成了嘉峪关市的发展脉络，凝结成了嘉峪关人的集体记忆。

2. 收集当代藏品和口述史料

“时代记忆展示馆”有了代表时代印记的建筑，有了专属于雄关钢城的展览逻辑，还要以寄托记忆的载体作为开启历史之门的钥匙，触动经历者的回忆和情思，引领后来人徜徉先辈走过的时光。为此，我们采用了多种方式来赋予“嘉峪关时代记忆展示馆”时间之匙的神奇力量。

1）面向社会征集当代藏品

当代藏品是记忆当代、联通未来的重要媒介。2015 年，国家文物局提出了“经济社会发展变迁物证”的概念，将其定义为“1949 年以来特别是改革开放以来中国社会经济发展的相关实物物证，以及构成藏品体系必需的 1949 年以前的实物”。这一概念建立了博物馆与未来连接的新渠道。“嘉峪关时代记忆展示馆”从筹备初期，就开展了面向社会的藏品征集活动，重点针对即将搬迁的棚户区居民，征集了大量老物件、老照片。一件物品凝聚一段时光，一张照片讲述一段故事，门类丰富的当代藏品直观、生动地呈现了时代的样貌，构建起社会发展变化的时光长廊。

2）嘉峪关市民讲述家乡的故事

人是历史的剧作者，又是历史的剧中人。“嘉峪关时代记忆展示馆”将展示主体定位为“人”，讲述市民的故事，展现百姓的人生。为此，我们在展馆中引入了“口述历史”的展示方式，采访了数十位嘉峪关市发展的建设者和见证者，录制视频资料，结合展览脉络和实物展品穿插播放，真正实现了嘉峪关人讲述自己的城市故事。口述历史的讲述者涵盖上至年近八旬的老人，下至不到十岁的小学生；职业包括酒钢工人、个体户、教育从业者、医疗从业者等；身份包括转业军人、农转非工人、高级技术人才、本地原生居民等。一代人有一代人的回忆，代际间变化巨大的讲述反映着时代的力量，串联起嘉峪关市的发展脉络；而每位讲述者也流露出共同之处，就是对这座城市的喜爱与眷恋，对美好时代的感恩与信心。

3）老房子里复原曾经的家

在基本陈列的同时，我们结合建筑本身是民居老房的特点，将一栋房屋的 6 户规划用作复原陈列，根据每间房间的功能陈设老家具和老物件。置身其中，仿佛重回 30 年前的家。6 户复原都有参考的原型家庭，包括军人转业的酒钢工人与矿山工人、人才引进的工程师、本地招工的企业工人、农建十一师职工等。通过代表性市民家居的复原陈列，解读各类嘉峪关市民的家庭故事，以点带面，讲述时代的故事，讲述酒钢和嘉峪关的历史。

三、结语

2016年，习近平总书记在写给深圳国际博物馆高级别论坛的贺信中指出，“博物馆是保护和传承人类文明的重要殿堂，是连接过去、现在、未来的桥梁”“中国各类博物馆不仅是中国历史的保存者和记录者，也是当代中国人民为实现中华民族伟大复兴的中国梦而奋斗的见证者和参与者”。

留住一座城市的文化根脉，就是留住一座城市发展的根基。时代记忆展示馆对于推动嘉峪关市政治、经济和文化的发展具有积极作用；对于嘉峪关市立足当下，规划城市更长远的发展蓝图具有重要意义。

博物馆已在连接古今中发挥了重要作用，也必将在联通未来中承担时代使命。

博物馆策展中的叙事学

以《壮族历史文化展》为例

文 | 闵晓丹

【推荐语】

本文从展览策划的视角探讨了叙事学对展陈空间、展线设置的影响，并在《壮族历史文化展》中和设计团队一起做了大胆尝试，通过文化分析和总结经验，提出了一些设计原则，很有借鉴价值。

一、相关定义探究

博物馆是征集、典藏、陈列和研究代表自然和人类文化遗产的实物的场所，在博物馆中，对有科学性、历史性或者艺术价值的物品进行分类，为公众提供知识、教育和欣赏。随着社会的发展，公众的精神文化需求在不断提高，博物馆作为宣传文化知识、打造文化影响力的场所，在人们生活中占有越来越重要的位置。

20世纪60年代，在结构主义大背景下，同时受俄国形式主义影响，“叙事学”作为一门学科得以正式确立，它“研究所有形式叙事中的共同叙事特征和个体差异特征，旨在描述控制叙事（及叙事过程）中与叙事相关的规则系统”。而叙事则是一种行为，它是对故事的描述，一般指文章或者影视作品，简单说就是讲述故事。具体而言，叙事可以分为两个部分，即叙述和故事，或者说“讲什么”和“如何讲”。

1

2

1. 崇左壮族博物馆
2. 序厅中的铜鼓

二、博物馆策展中叙事学的趋势

在博物馆展览出现叙事的转向之前，叙事学已经应用到新闻、电影、图像等诸多行业中，并发挥着其独特的优势。在博物馆领域，叙事学的运用出现较晚，直到 1990 年才有极少数的研究性文章出现。在实践方面，不少展览呈现出叙事倾向，但大多数展览依然侧重于展览建筑、空间的叙事表达，而忽略了策展中文本内容上的叙事运用，导致叙事学的应用出现了不均等、不系统的现象。许多学者也开始将叙事学这一复杂的学科通俗化解释为讲故事，如今，“讲故事”成为许多展览进行宣传的噱头，但展览中实际体现出的叙事性并没有达到叙事性展览的要求。如何通过叙事学的成果讲故事，怎么能更好地讲故事，成为当今策展人所关注的主要问题。

三、叙事学的基本内容

首先，构成叙事的基本元素有事件、主题、时间和空间。在叙事过程中需要将这些基本元素按照一定的方式组合起来，形成一个完整的叙事行为，而组合方式被称为叙事语法，包括人称、时态和逻辑。在叙事表达中，人称分为第一人称、第二人称和第三人称；时态根据时间的先后顺序分为事后叙事、事前叙事和同时叙事；逻辑关系有时间关系、空间关系、功能关系等。一个完整的叙事作品是由多种叙事结构进行拼接的成果，这些叙事结构指的是叙事交流、叙事聚焦和叙事节奏。

在博物馆的策展中，讲好故事的前提是展览的大纲文本需要将叙事学的理论成果——叙事元素、叙事语法和叙事构成融入到文本的撰写中，使展览内容与之完美结合，呈现出区别于一般展览大纲的叙事

时间
空间
构成叙事基本元素
事件
主题

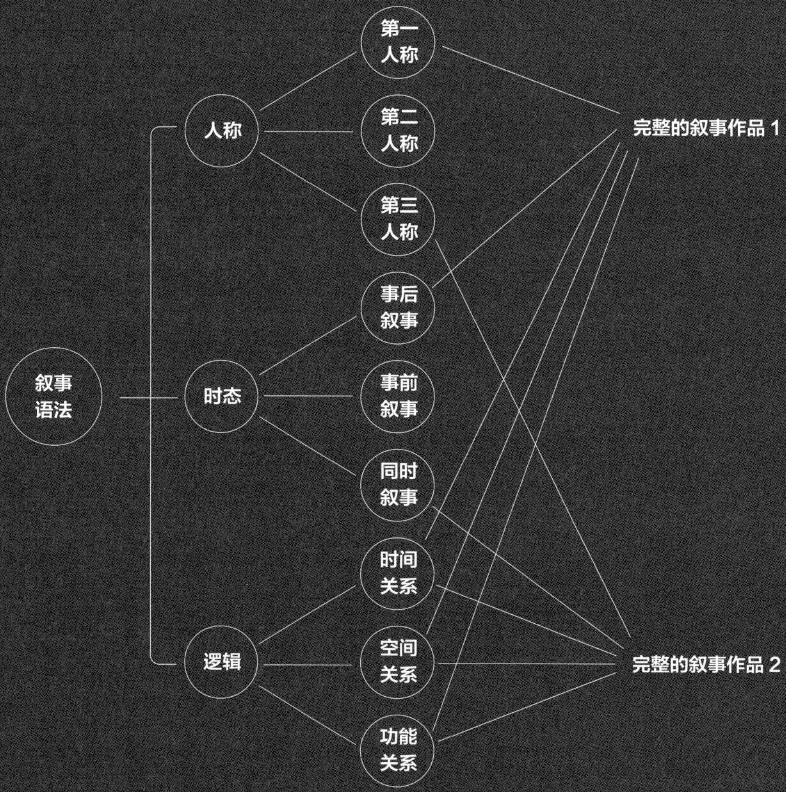
叙事语法
人称
时态
逻辑
第一人称
第二人称
第三人称
事后叙事
事前叙事
同时叙事
时间关系
空间关系
功能关系
完整的叙事作品 1
完整的叙事作品 2

性文本，从而引导空间设计进行可视化翻译工作。

四、以《壮族历史文化展》为例，分析叙事学在策展中的应用

壮族历史文化展旨在传承壮族文化，展示中华民族的多彩多姿，宣扬壮族人民勤劳智慧、热情奔放、重礼尚德、忠诚勇敢的民族性格。在我们所收集的相关资料中，有许多不同的文字故事和文物故事，共同构成文本叙事事件，事件发生的时间以及空间都是构成大纲叙事文本的基本元素。确定展览定位和主题之后，需要进行长期的资料分析和整理，所谓的资料就是上述的基本元素，它们是零散且无规律的，需要通过叙事语法和叙事构成，组合和搭建基本元素，使其成为一部完整的叙事作品。最终，大纲的框架分为了三大部分，即壮族历史、壮族文化、壮乡新貌，每个部分又分为若干单元和小节，小节之下有若干展示组，层层包含，层层递进。

三大部分代表了三个时间阶段的递进，即以时间关系为逻辑展开讲述，壮族历史讲述壮族文化的过去，壮族文化部分代表经过长期历史沉淀最终形成的文化样貌现状，壮乡新貌则是壮族在党和政府领导下建设的新成就，以及对未来的规划。三个部分的逻辑关系为过去—现在—未来，大纲全程用第三人称作为叙事人称，至此，整体叙事语法已经构建而成。一部叙事作品中不只有一种逻辑关系，它可同时满足不同逻辑关系的并存。在第一部分中，依然使用时间逻辑关系，依次讲述史前—先秦—秦并岭南后壮族文化的发展和演变。第二部分中，为了体现壮族人民的独特精神，分别以不同的精神内涵为主题，形成主题逻辑关系，将文化内容对应不同的精神进行归类，最终呈现为勤劳智慧的创造、欢欣多彩的艺术、崇礼尚德的习俗、忠诚勇敢的民族四个单元，这种方式不仅将内容展示得全面，而且突出了展览的特色，

1

2

1. “壮族历史”展区
2. “壮族文化”展区

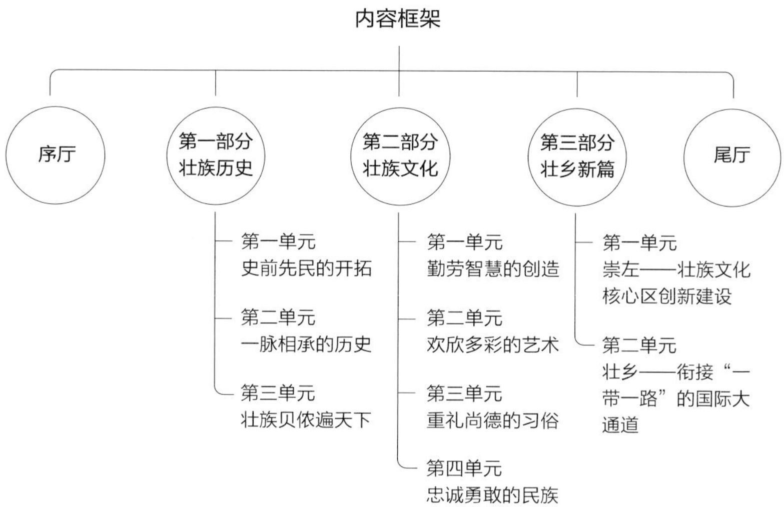

强调了壮族人民的独特内涵。第三部分主要展示壮乡的发展，包含两个单元，第一单元为壮族文化的核心区——崇左，第二单元介绍整体的壮乡，所以这两个单元的关系是包含关系，崇左是壮乡的核心和亮点，壮乡包含崇左，是内容的扩充、综合以及升级，而且与国家政策紧密联系，突出壮族在国家发展中的重要地位。

在策划过程中，为了达到叙事交流，深入挖掘文物背后的故事，通过一定的逻辑关系进行串联，注重与事件的发生空间相融合，在展厅中打造场景复原，构建故事发生情景再现，使文物不需要过多的文字描述便可“自己讲故事”，实现展品本身与观众的无障碍交流。大纲从壮族的历史讲述到现在的样貌，最终延伸到未来的发展，展示内容全面，所以该展览在讲故事的时候所呈现的视角是无所不知的“上帝视角”。作为文本的叙事聚焦，这种方式被称为“外叙事聚焦”，是国内大多数展览选择的聚焦方式，可以表现出更加广泛和丰富的知识体系，传达更多的信息。在呈现具体内容时，采用了重点内容详细讲述，非重点内容概括性讲述，强化节奏，突出重点，表现出强弱结合的叙事节奏特点。

壮族历史文化展是打造叙事性展览的一次尝试，将叙事学的理论成果应用于大纲的撰写中，取得了一定的成果，但也呈现出诸多问题，比如整体的故事性和情节性没有明显表现，仅是运用了叙事逻辑来进行串联，在部分内容细节的处理上呈现出故事情节。另外，仅有大纲上的叙事性还无法支撑起整个展览的叙事成效，需要在空间设计时遵守叙事原则，配合大纲实现叙事效果，才能达到最终的叙事目的。

理解与担当
策展人视角下的设计师角色

文 | 张振华

【推荐语】

在成熟的展陈设计项目中，策展人能起到非常重要的作用。他（她）不仅能将展览的文化价值和追求目标拆解、细化为设计工作和评价标准，还能有效地整合多专业工作团队，并与公共舆论达成良性互动。本文从设计师视角，认真研究策展人的工作模式并探究其工作规律，力图推动展陈设计工作不断向产业链上游移动，以便在工作中能更主动地保证展陈项目的顺利实施和品质达成。

2017 年第二季度，笔者接触到了刚刚翻译出版的一位资深策展人阿德里安·乔治（Adrian George）著的《策展人手册》一书，书中详细展现了策展步骤，即从最初的想法落实到最后的场地实施，其中涵盖了策展的相关知识以及如何策划展览等问题，清晰地描绘了展览实施过程中的每个阶段及多种可能性。

在策展工作中，策展人与展陈设计者的相互配合是做好展览必不可少的环节。我国现行体制下，策展人基本为国有博物馆等非营利机构专职负责藏品研究、保管或陈列的人员，各自专长于本职工作，侧重于某一主题或领域的专题策展，在《策展人手册》中称其为“主题专员”或专题策展人。而这类策展人并不一定或大多不具备展览设计及美学知识储备。因此，在展览的起步立意到落地实施过程中，展览设计者在展览策划、展陈设计中担负了重要职责。

一、展览初期

策展人大多不具备展览实施组织、费用成本、空间规划等方面的经验，这时展览设计者应该凭借自身对展览设计、实施、制作的实际操作经验来协助策展人，按照已明确的策划思路、展览素材、展览形式等因素对展览场地安排、制作实施、成本造价等环节进行预期判断，与策展人一起验证其展览思路、想法、灵感的可行性。这个阶段的展览设计工作多体现在提供咨询、协助方面。

二、展览实施阶段

1. 落实展览策划

当展览策划进行到这一阶段，策展人应该已经得到或确定了一些关于展览的必要条件——展览计划、投资金额、场地规模等，所以策展工作的重心应在于准确提炼出展览主题，梳理汇编出展品清单，继续组织好用来补充完善策展人工作的一切力量，与展览设计者加强交流对接。可以尝试去分析展览主题、清单内容，给展览空间做初步规划，研究展线数据、空间尺度，进一步落实展览策划。这些针对展览策划的前期工作对接与协作，可以促进展览设计者对展览的深度了解与解读。

2. 提案、投标和计划

设计者在提案、投标环节的主要工作不仅应包含概念设计与展览主题的对应、设计形式对展览内容的转化与表达、设计成果质量与策展预期的判断以及体现展览成本与预期投资的契合度，还应考虑策展团队及展览管理组织角色不同的需求。

展览宣传应着重说明展览相关的视觉设计元素及效果；公共教育应着重说明设计为教育活动开展及创意产品开发提供的支持与资源；展览信息化应着重说明设计中潜在的数字信息设计及交互设计；安保应着重说明展览相关展品的保护设计及对观众参观的考虑；展览实施管理则应着重说明展览制作相关工艺技术应用与展览成本控制相呼应。

由此看来，提案、投标环节虽是展览设计工作的早期环节，但要关注和解决的问题是展览工作全覆盖的，也是复杂多元的，在此环节的工作质量直接影响着展览的策划实施成效。

3. 预算与募资

现行的展览项目在概念阶段或前期产生的预算是估价性质的，范围粗犷且可细化修改，但总体预算是框定的，一般为不可动的。在展览深化阶段，为了让展览各方面达到完美，各方会提出指导建议来深化工作，原本的预算计划就很容易失去约束力。但如果一个展览需要坚守原来的总体预算计划，那么展览设计中的某些内容需要妥协。因此，展览设计者应该具有展览制作实施成本的意识和认识，了解相关展览制作环节、工艺及成本，分析制定出现实可行的展览实施预算设计建议。

4. 合同、谈判、责任和评估

展览设计者往往会忽略这一环节的工作，合同、谈判、评估向来都是商务、市场以及《策展人手册》中提到的策展人的职责范畴。但在实际工作中开展的展览合同、谈判工作要依托展览设计者提供的数据进行——项目规模、任务、数量以及需要外辅协作的定制产品或艺术品规格、样式、需求等。

评估工作的开展也离不开展陈设计者。从策展人方面得到对展览设计工作的评估，参与对展览参观者的调查统计研究及系列评估问卷调查等活动，了解参观者群体对象特点及其对展览的关注点，以及展览期间的人流数据，为将来的展览设计工作提供启发，引申出新的设计关注点，并对提升展览设计工作方式和成效做好数据支持与帮助。

5. 展览出版物与商品

一般展览惯例是将展览相关出版物与创意商品的组织、制作、经营、管理交由策展人及团队或所在机构进行。虽然展览设计与其关联度弱，但展览设计的核心理念、元素、手法需由展览设计者交由展览创意商品组织者，并协助其开展工作。有时，一些类似展览画册出版物、展览简介的设计制作会交给展览设计，这时，需要充分理解任务需求，最大化地将已成型的展览设计理念、元素、手法应用其中。

6. 整合策展资源

该阶段是展览的落地实施阶段，从确定展览设计到展览搭建，从展览宣传到展览活动的落实，从展品协调到展品运输，门类繁杂。展览设计者的工作是借助辅助工具将展览设计成果充分表达出来，并协助策展人及团队确认展览设计成果。在展览实施阶段，展览设计者除进行各项设计跟进工作（设计交底、变更、调整，基础搭建，材质选择，产品定制以及至关重要的美学指导）外，还需配合策展人及团队成员针对展览形式功能性、准确性、艺术性，视觉符号美感、质地，设备设施功能性、技术性等无数次进行展览模拟及推演，验证展览相关版块完整度与可靠性。这段工作也成为展览设计工作从平面走向立体的转化过程，其重要程度不言而喻。

三、展览开幕阶段

1. 布展

整个展览的布展过程，一般是由策展人及其团队中从事藏品管理保护的人员主导的。展览设计工作者需要与策展人及其团队针对展览设计效果及实施效果进行最终确认，并配合布展工作。比如，需要协助策展人完成重要艺术装置景观的布置安装工作；落实实际展览场地中展品的布置安排工作；核对调整展品、展具配置工作。此外，展览设计者还要对策展人及其团队开展的展品布置工作进行审美把关，组织调控展览灯光效果以及为开展展览配套活动相关的流线、布局进行指导工作。

2. 开幕前

展览设计者配合策展人进行最后调整。针对内容表达不准确、有疏漏的，形式效果不太理想的，展览参观动线设计出现不合理节点，实施环节质量疏于控制的展览相关点位进行调整完善，以达到预期效果。关注安保问题，对由观众或展品造景引发的，体现在水、火、失窃和损毁等方面的安全风险处进行整改。

四、展后及时总结经验

开展后，就展览设计而言，设计者还应配合展览周期，持续关注展览开放过程中暴露出的问题。设计者需主动跟进各媒体相关展览报道活动，践行展览设计者在展览策划中的价值作用。此外，设计者还应系统梳理展览相关资料文档。

《策展人手册》一书基本梳理出了展览设计师在面对展览项目时的具体职责。就我国展览项目的建设组织管理方式而言，展览设计工作在整个展览策划、实施、开展过程中至关重要，它与策展人的工作既是相对独立的，又是相互联系的。结合自身十余年的展览设计工作经历，笔者认为展览设计工作在我国现行的展览项目中不是单独存在的，而是作为整个策展团队的一分子来参与展览策划实施工作的。

【参考文献】

[1] 乔治. 策展人手册[M]. ESTRAN艺术理论翻译小组，译. 北京：北京美术摄影出版社，2017.

二、 相由心生　设计随笔

从《美·好·中华》特展设计看展陈设计中的美与好

文 | 张振华

【推荐语】

中国历史悠久，文物藏品丰富。随着国家软、硬实力的快速提升，最近二十年间的考古成果又成为当代中国人对祖先成就的敬仰、为中华文明而骄傲的新载体。“美”“好”的“中华”展览为我们勾勒出更恢宏、更绚烂、更优雅、更平和的古代中国新形象，鼓舞当代中国再出发。

2017年“5·18”国际博物馆日，《美·好·中华——近二十年考古成果展》作为主题展览在首都博物馆开幕。展览以时间为序，甄选近二十年间“全国十大考古发现”成果为素材，通过物化在文物上的传统美学印记，诠释中国传统美学思想，揭示当代审美意识的传承渊源，展现中华传统文化的文明基因。作为全程参与该展览设计实施的我们而言，“美·好”二字之于展览陈列设计，必然是有效传达展览的主题与内容，使展览与观众形成有机的互动，对展览成功的实施推进起着至关重要的作用。

中国传统文化中“美”的概念往往泛化为“好”，审美观中蕴含着中国古代哲学思想的精华以及对和谐的追求。《美·好·中华》是一场美的巡礼，其自身不仅包含了考古属性，而且系统展示了美学属性与历程，文物品类涵盖广泛，展品年代贯通中国古代文明。而对于展陈设计来说，为了体现这种“美·好”，利用有限的展陈空间，有效

2003
2001
2004
1998

主题走廊

1

2

1. 中心主题序厅
2. 通透性空间分割

组织展览线索，营造空间氛围，完整传达展示信息，兼顾传统与创新，便成为展陈设计工作的重中之重。

“线条”是中国美学形态中最重要的元素之一，以其营造的中国式山水意境主题走廊，开启了探寻中华民族美的历程。

随之而来的是展览核心区，是“美·好·中华”主题的直观表达，以中心概念与周边铺开的展示线索形成总分关系，是展览陈列布局设计上的创新。借助半透材质的空间营造又与周边形成视觉上的穿透、贯穿与联系，狭长的主题走廊与开阔的中心主题区，形成欲扬先抑的格局，充分调动观众以考古探索心态逐步发现“美·好·中华”，使展览兼顾美学与考古学双重特性。

主展区以时间为界分四大展区，意在体现各时期社会视角变化的同时，反映物化在文物展品上一直处于流变中的“美”的概念。对应各时空美学属性分别营造为史前·质朴之美、夏商周·神秘之美、汉唐·恢宏之美、宋元明清·雅致之美的意境氛围。空间结构设计为上下呼应，上层营造时代氛围，与下层的展品对应，既有效利用空间，又烘托再现“美学”的精神世界。在考古与展览属性中寻找共性，运用黑白纱网来分隔空间，使观众渐进参观，逐步拨开展览神秘的面纱。云气纹元素贯穿整个展厅，隐喻中华传统美学源远流长，与其他美学基因元素共同营造出“各美其美、美人之美、美美与共、天下大同”的和谐状态，再次表现出设计思路上的“美·好”。

史前是美学认识的雏形阶段，以质朴的色彩与线条加以衬托。夏商周展区则通过立体化的表达、散落的铜纹图腾柱体现夏商以来通神、祭祀的“巫”文化神秘氛围，成为人们心目中的“夏商记忆”。配合青铜重器的展示强调一种厚重、庄严的仪式感。

汉唐展区以古拙大气之势营造空间氛围，错叠的宫阙与商队的剪影，无不在烘托强调大国一统的时代背景下，中西多元文化交融为中

1

2

3

4

1. 线性装饰元素
2. 美学装饰元素
3. 史前时期展区
4. 夏商周时期展区及铜纹图腾装饰

1

2

3

4

1. 汉唐展区细节
2. 汉唐展区“大漠孤烟直　长河落日圆”意境
3. 宋元明清展区意境
4. 密集陈列式“百宝格”

国美学发展历程带来的影响与变化。

宋元明清展区则以肃穆的色彩、简约的线条勾勒，呈现细腻温婉、儒雅清新的文人书画意境，是对宋代以来所形成的美学意识的一种褒奖，也是对展示内容的一种补充。自宋以来，社会的总体稳定使艺术得以继续发酵，并勾勒出与现代审美时尚接轨的中华之美，所以物化的展品颇多。百宝格的设计初衷是设计中的实用性创新，受展厅空间限制，采用密集式的陈列方式，借百宝格的造型尽显文人意趣，体现出氛围上的“美・好”和设计上的“巧”。

一个展陈设计作品中的“美・好”必然体现在对展览主题定位的解读、展览线索的梳理、展场空间的利用、展示氛围的营造、实施落地方面的考量等几个方面。希望在以后的展陈设计工作中，继续探索，不背离观众，勇于尝试传留和感染人们的思想、情感和观念，真正实现展示环境与观众的交流。

历史空间，当代秩序
在历史建筑中创造新的展示系统

文 | 史云汉

【推荐语】

本文介绍了文化目标相同却具体条件各异的三个建筑遗产项目。设计师一直试图通过凝固的空间去表现逝去的历史，留给人们永恒的思考。文章特别介绍了三个设计方案的主要内容和特点，虽然手法不同但目标一致：留住文化、保持传承，设计师应擅于挖掘项目的文化特质来彰显古老建筑的灵魂。针对设置于历史建筑中的展览设计项目，本文介绍了一些成功经验。

通过对中国法院博物馆、嘉峪关棚户区改造项目以及史家胡同博物馆三个项目展陈设计理念、展览元素提取与运用的分析，解读出在保留原有历史性建筑外观的前提下，如何在室内空间中植入与建立一套符合主题的展览系统，并将传统与现代稳定有序地融合。

一、以古建为例—史家胡同博物馆

史家胡同位于东城区东南部，自元大都建城以来有 750 年历史，是如今北京城里尚存的 40 多个保留自元朝以来老名称的胡同之一。史家胡同为传统四合院群落，具有一定的规模，并基本保持了老北京四合院经典建筑青砖灰瓦的原有风貌。

1

2

3

1. 中心主题序厅
2. 通透性空间分割
3. 展馆吊顶构造

史家胡同博物馆的展览以史家胡同重要的地理位置、清晰的历史发展脉络、深厚的胡同文化底蕴和独具特色的人文气质为基础，以史家胡同的历史变迁、文化积淀和创新发展三方面展开。

1. 史家胡同历史变迁部分

此部分在整体布局上主要利用古建筑中柱子和梁的关系。垂直向的展板与顶部复杂的梁柱结构产生联系，让空间的立面与顶面有机地结合在一起，同时又合理地将空间进行划分，使观展流线井然有序地铺开。

以序厅为例，将前言墙设置在展厅正中的位置，顺应顶部梁的走向，并在柱子间做悬空处理。这样做的好处是既能体现序言开篇的气势，凸显史家胡同历史的厚重底蕴，又不让空间变得呆板。悬空保证视线的部分通透性，让大体量的造型显得相对轻巧。更为巧妙的是其背后空间形成双层展盒的形式，结合立面历史地图与地面，史家胡同的全局沙盘让观众将历史上的史家胡同整体风貌尽收眼底。形式满足了内容上的重点，同时又将气势融合进全局，既没有浪费建筑内有效的展示空间，同时也突出了古建筑的亮点。

以展墙造型为例，强调古建筑中对自然光线的运用。古建筑四合院中存在大量的木结构窗户造型，此造型既是古典韵味的重要体现，又是展览所不能回避的一大问题，如何利用透过窗户的自然光线是一个大课题。从展陈内部空间上判断，最适合的立面展示系统就是展板，而光线被厚重的展板挡死，会影响照明以及建筑外立面。所以在设计展板系统时，采用展架的形式，通过中式构建拆解变形后的框架来完成展板面积的需要，展板的材料选用局部织物印刷，展示方式是悬挂立体文字，利用这些方式，减少遮光面，在多个维度渗透自然光，营造展览氛围的同时，也是节能减排的一项重要措施。

1. 史家胡同博物馆历史厅
2. 北京人艺的摇篮专题陈列
3. 凌叔华的故居专题陈列
4. 史家胡同名人展

1

2

3

4

2. 史家胡同文化积淀部分

史家胡同文化积淀部分多以专题展的形式进行，以史家胡同 20 号院北京人艺的摇篮专题为例，此专题作为后续一系列专题的开篇，在展览形式设计上希望能给观众营造一个空间及心理上的转换，保持受众观展的专注度。展柜陈设运用了夸张有力的构成形式，不规则的折线造型不仅抓住内容本身“人艺”所蕴含的艺术特质做延伸，还打破了模块化的展墙造型。

用合理的内容点强调观展节奏的变化，避免视觉疲劳，是此部分重要的设计手法。在史家胡同 24 号院凌叔华故居的专题中也有此应用。凌叔华故居作为史家胡同名人专题的典型，与后续的名人展形成前后呼应关系。此部分展板的造型变化既满足内容上以时间长廊为主题，强调时间轴的概念，使空间更具灵活性，以及整齐划一的比例关系，却也不失名人所具备的那一份稳重。

3. 史家胡同创新发展部分

此部分作为常设展的结尾，以大量的实物展品为依托。形式语言上的提炼尤为重要，一是在功能上需满足展品的陈列需求，二是从含义上需体现总结开创的精神特质。所以我们回归到建筑本身，从史家胡同自身的特色寻找到“砖”这一元素。它是代表着四合院文化中最基础的建筑构件之一，通过不断叠加、累积，赋予新的材质变化，让其与曾经住在胡同四合院中的广大百姓产生感情上的关联，唤起人们对故土的怀念与自豪之情。

四合院的精致大气、名人大家的风范气度、胡同里的名人、胡同的书香氛围、老北京的生活气息，这些都通过建筑与展陈形式的点缀向众人传递着北京的瑰丽文化。

THE YOKOHAMA SPECIE BANK, LTD., PEKING, 1910.

中国法院博物馆旧址原貌

二、以文物保护单位为例——中国法院博物馆

中国法院博物馆选址于原横滨正金银行北京支行旧址，位于今北京市东城区正义路 4 号。该建筑是建于宣统二年（1910 年）的西洋古典式建筑。转角设计为三层圆形塔楼，顶部为半圆形穹顶，建筑平面整体呈曲尺形，以圆塔向东北两后侧辐射。外部造型为 19 世纪欧洲流行的古典折中主义风格，红砖清水墙结合石材装饰的做法也具有荷兰古典主义元素。

将中国元素、法治元素融合在有历史沉淀的建筑之中，赋予整体项目更高的意义是本案例的设计出发点，同时也是项目最难把握的环节。

1. 展示语言的提取——构建文字内容与建筑之间的桥梁

在接到设计任务之初，通读展陈大纲与现场踏勘之后，所遇到的第一个难题便是如何提取本展览的展示语言、元素。这是检验展览能否抓住核心内容以及设计方向是否精准的关键。法院给人最直观的感受是公平、正义，试着以天平为符号元素，发现其并不能很好地将无形的文字内容转化为视觉造型。法律包含公平正义，但公平正义不能完全概括法律体系与法院组织，不具备一般特性。几番尝试均告失败后，设计回到原点，这让我意识到好的展示语言一定是能够直击内容的根本，且通俗易懂。对内容重新梳理后，再次提出新的关键词——法院与法律所应有的“正直、准确、透明”。正直让人联想到正方形，四边等长给人以公平平等之意；对边平行，邻边垂直给人以严谨、准确的态度。最后“透明”这个关键词从造型上看似无法与正方形相匹配，但如果将展览所用材料以纯净通透的材质呈现，或将正方形镂空

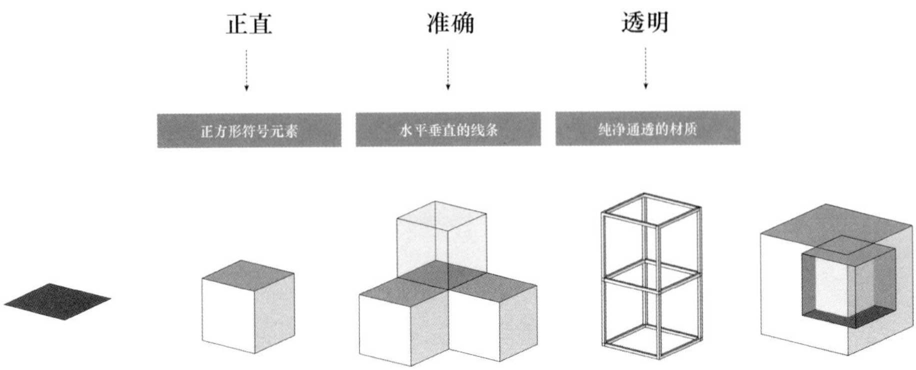

1

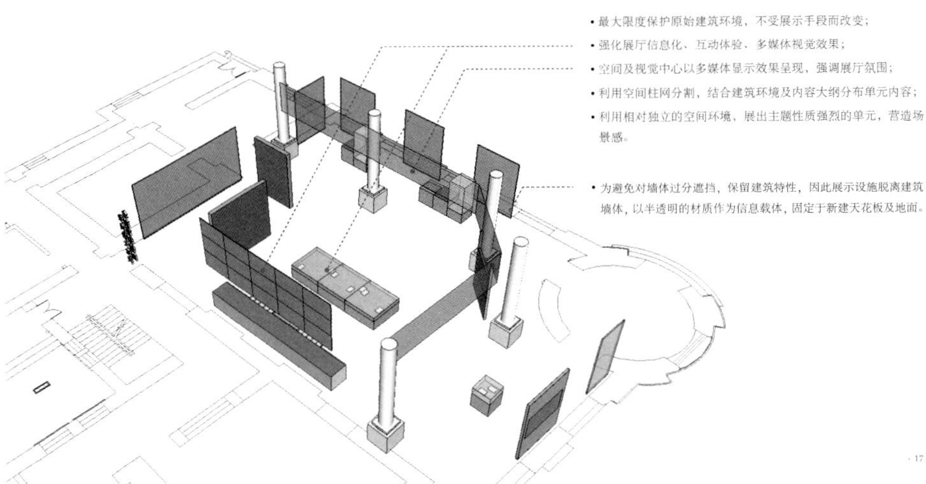

2

1. 展示语言说明图
2. 一层展示形式构成要素

化处理，满足上述所有关键词语的表达之意，设计语言这一环节迎刃而解。

2. 展示体系的确立——展示语言在建筑空间下的运用策略

在确立了以正方形元素为基础的前提下，通过对正方形的推演以及立体化处理（例如六个不同维度的正方形可以构成一个正方体，两个正方体可以叠加成一个长方体），利用正方形自身的延展性，发展出一套有组合、拼装、衍生潜力的立体展示系统，面对不同的单元和内容，可以进行逻辑递进和延展，有效地承载信息，塑造展示载体，提供视觉、体验、认知上的三重说明。在此基础上尊重原建筑风貌，尽量保留并利用原建筑的内外特征，减少对原建筑的遮挡，避免人为的破坏。

3. 展示语言、体系的具体应用——用设计成果举例说明

一层展厅法院大数据展示点，利用室内空间中原有的五根柱子，上端固定带状的半透明 LED 屏幕，内容通过无数正方形模块将法院大数据以直观的视觉效果呈现；大案要案展示点通过互动桌面与屏幕联动，结合内嵌展柜展示出不同案件内容。以上两展示点展示设施脱离建筑墙体，最大限度地利用原始空间环境，不受展示手段的限制，强化展厅信息化和互动体验，营造视觉中心效果。司法改革展示点使用玻璃展板，象征着司法透明，模数化展柜便于内容展示的增减和替换；法律古籍珍本展示点，玻璃层柜模块排布，展柜空间针对不同尺寸与分册数量珍本具有弹性调整的性能，此两点也充分体现了展示语言正方形元素的自如应用。

1

2

1. 清末审判
2. 深入推进司法公开

3

4

3-4. 世界法系与审判

二层展厅空间条件与一层存在差异，更多的是独立的小型展示空间。在展示语言针对空间的应用上，一种方法是将立方体模块衍生形成中岛展柜，强调组团化概念，既满足内容及实物组合的灵活性，也可贯穿展厅再次强化正直、透明的视觉理念；另一种方法是衍生成墙面内嵌展柜，根据基本模数发展不同尺寸，通过不同的组合方式，在适应内容需求的同时，使相对规格化的展示道具在每个展示空间中形成独有的形态和氛围，来呼应二层的空间特点。平面美术设计上也围绕此展示语言，用正方形的相互叠压来凸显立面层次关系。

此案例最重要的一点是将看似与主题展示内容毫无关联的建筑空间，用准确的展示语言、适宜的展示体系无缝连接。

三、以历史建筑为例——嘉峪关棚户区改造项目

本案例的时代背景是嘉峪关市志强街区始建于 20 世纪 50—60 年代的职工宿舍，在国家棚改政策的背景下进行拆迁改造。政府将六栋棚户区建筑作为嘉峪关时代记忆馆使用，总占地面积为 5500 平方米。

项目难点在于拆迁后保留的建筑不具备作为展馆的使用条件，不能满足布展需求。在征得业主单位同意后，由展陈设计方牵头配合建筑设计院对原建筑进行评估，部分空间结构进行升级改造。此项目是我作为展陈设计师首次参与的建筑改造及展厅布展一体化设计。

1. 建筑的升级改造

建筑升级改造的核心在于六栋建筑中，有四栋将作为展馆使用。现存的建筑单体可分为两部分结构：“人”字形屋顶所覆盖的室内区域和院墙围合的院落区域。在后期近七十年的生活使用过程中人为加

建、改扩建痕迹严重，且风格各不相同。针对现阶段展馆的使用定位，以及现代化展厅需求，在保留原建筑历史风貌的基础上，需对内外整体进行优化提升，以全新的功能定位呈现给人们。改造的第一步便是如何将较为孤立、分散的四栋建筑单体形成一个“馆”的概念与体量。经过与设计院多次方案讨论后，我们得出唯有以体量填充单体建筑之间的空间，使其连为一体方能解决上述问题。在此改造理念的引导下，为了让“十”字形加建部分与原建筑在风格上能够相互统一，我们沿用“人”字形屋顶结构，置入新的坡屋顶结构，与原有顶部形成呼应的同时，为整体屋顶引入新的秩序，同时在功能上为引入自然光创造条件。配合屋顶的改造，建筑表皮以全新构造方式演绎古朴的建筑风格。保留既有的建筑环境，并不等于完全的旧址展示，科学、准确、清晰地契合时代主题，强化棚户区新的形象概念，才是本案例建筑改造部分的首要任务。

2. 展厅的形式设计

以新增“十”字形部分作为展览的序厅，利用棚户区拆迁后的余砖进行表面处理和重新组合，形成大型艺术装置，象征着嘉峪关城市建设离不开这承载着历史的一砖一瓦。紧扣城市这一主题，装置上展示棚户区的老照片、老影像，结合搬迁后居民遗留下的老物件，在穿梭其中追忆过去的同时，紧扣时代记忆这一主题，让城市与时代记忆二者相辅相成。

第一部分的“聚”和第二部分的“变”两部分在空间的利用上，将原单体建筑内部结构打通，形成一个通透的展厅。展陈手段主要是实物与史实图片，尽可能地露出建筑结构，弱化形式造型，避免过多的装饰元素带来不必要的干扰。在第二部分结尾处，保留一栋建筑的室内结构，利用原院门，结合打孔金属板在院墙上形成一幅热闹的街巷百姓生活剪影。室内则按照居住原貌进行陈设修缮复原，用建筑的客观存在，将棚户区变迁前的最后一幕真实再现，丰富展览的节奏，将观展情绪在此推向第一个高潮。

第三部分“忆”延续第一、二部分的展示手法，内容组团化、空间通透化处理。将对未来的畅想包裹于历史的建筑空间下，形成鲜明的对比，让观者感受到搬迁所带来的一步步变化、生活质量的提高，“饮水不忘挖井人”，不忘初心，将主题升华。

本案例建筑即为展览最大的实物展品，其内部展陈手段的使用只是为了更好地去解读建筑背后不为人知的一个个故事。

以上三个案例基本可以涵盖目前国内常见的几大类历史性空间，其设计上并没有千篇一律地使用某种特定手法，而是更侧重于展示内容及展示空间所经历的一系列设计构思的推导过程。通过这些展陈设计的表达，可以断言，好的展览方式亦是对历史建筑的一种特殊保护。

中国传媒大学传媒博物馆展览设计定位与理念重塑

文 | 张　鑫　张宇春

【推荐语】

高校博物馆建设是目前中国博物馆界的一个热点和难点，因其不仅具有博物馆特征，还常与院校专业发展紧密关联，因此其发展规律和设计需求等与常规博物馆多有不同。本文通过中国传媒大学传媒博物馆展览项目，深入分析了上述课题，并给出了一个设计解决方案，颇具探索性和启发性，可供其他高校博物馆参考借鉴。

近年来，我国博物馆事业上升为国家战略，成为实现文化强国的重要组成部分。高校博物馆也在力图打造先进思想与优秀文化相结合的文化育人平台，践行文化传承的使命与责任。然而，高校博物馆在支持力量相对薄弱的情况下，整体状态呈现展览同质化、功能不适用、地位边缘化、定位混乱、理念陈旧等问题，严重阻碍了其发展。

高校博物馆在对接国家发展战略、打造办馆特色、传承文化方式、吸纳社会支持等方面都亟待提升。本文以中国传媒大学传媒博物馆为案例，分析高校博物馆如何找准展览定位、重塑理念，并结合传媒行业特征、特色，整合校园内部资源和外部社会力量，摸索其整体发展策略，促进高校博物馆优化功能、凸显特色和提升活力，实现良性持续发展。

一、中国传媒大学传媒博物馆、校史馆、图书馆三馆并行发展

中国传媒大学传媒博物馆是一座展示传媒行业发展与传媒教育发展的博物馆，由传媒博物馆与校史馆组成，坐落于中国传媒大学图书馆的一层、二层以及负一层，并与图书馆并行发展，三馆资源共享。博物馆于2012年开馆，是一座集传媒“文物收藏、实物展示、史学研究、文创教育、体验服务”五位于一体的传媒类综合性博物馆，重点表现国内广播电视电影事业从诞生、发展到崛起的重要历史节点，展示全国各地留有与中国传媒事业发展的相关史料、文物。校史馆是一座重点展示中国传媒大学办学历史与成就、学校建设与校园文化发展过程的博物馆，已于2019年6月18日正式开馆运营。随着大学及行业对高校博物馆支持力度不断加大，博物馆迎来了新的发展机遇，重新审视其功能与定位，找准自身在大学与社会的作用和地位，对以后的持续发展尤为重要。

二、传媒博物馆的建设意义

1. 办馆理念契合办学理念与发展目标

高校博物馆是彰显学校历史、办学愿景、学科特色、科研成果及育人教育的文化高地，以往的服务对象集中在领导层、院校嘉宾与校内师生。现今高校博物馆所处“语境”已发生了极大变化，不摆脱传统桎梏，会丧失近在咫尺的文化土壤的滋润，游离于当代大学文化之外，逐渐被边缘化，失去自己在构建大学文化方面的话语权。

然而，中国传媒大学传媒博物馆不同于传统的高校博物馆，将自己置身于传媒行业领域之内，依托传媒大学的学科特色，形成了以传播、广播、电视、印刷、电影、动漫等多种学科协调的展示内容，通过碎片化的“物”组合成连贯、持续、可视的文化展示，也是师生和社会观众全面了解校园文化和学科的最直观的展示场所与传媒教育合作的交流平台，契合当下传媒大学的办学理念和发展目标。

2. 肩负传媒领域科学研究职能

传媒博物馆除了征集、保护、展示传媒业有形遗产和无形遗产之外，同时肩负着传媒科学的研究职能，也是特色职能，主要是依托于传媒大学的研究能力和成果。博物馆开馆到现在，加上后来校史馆的加入，已经积累了大量相关学科研究成果，为校园和行业提供了宝贵资源。传媒大学校史馆基本陈列由序厅、发展历程、教学科研、师者风范、校友风采和传媒剧场等组成，是对学校历史的回顾和学校成就及特色的全面展现；教学实践体验包括互动教学功能区、校内外临展区和融媒全景式网络直播平台，观众可感受广播电视“采、编、播、录、控”的制作流程，为在校学生和社会观众提供了丰富、多元的传媒学认知基础。教学成果展示包括学校师生科研、成果、作品和校友最新成果展示，配合讲座、沙龙等非正式教育形式，构建了跨学科、跨文化的交叉展示陈列空间，将馆藏资源转化为通识教育的课程资源，不仅为学生提供了展示自我的空间，也提供了多样化视角看待本学科，在思考过程中逐渐自我领悟、完善自身的机会。

1

2

1. 序厅
2. “初创期”展示墙

三、明确博物馆定位，丰富了传媒行业，滋润了校园文化

1. 有温度的情感聚合平台

传媒博物馆不仅是“物”的集合，更是由“物”展示出来的有关传媒行业思想的汇集，代表了不同时期人们对传媒行业最高程度的思考，这也是校史馆在精神和文化取向上的定位。因此，在整体升级改造过程中，本质上就是要打造一个以明确价值观导向为主的思想平台，即展览中呈现“什么样的学校”的区隔化展示和个性化表达。因此，校史馆从序厅到第一展厅传递的是传媒的精神与文化，即进入展厅就如同踏进校门，以此增加对展馆的印象与认同，此展区利用场景复原的形式营造了一片白杨林，与学校的元素紧紧相扣，利用 4 台 4k 显示设备同步、分屏循环播放展示内容。

校史馆借助实物、文献、图片、音视频资料等方式全面、翔实地介绍和展示中国传媒大学自 1954 年建校以来 60 多年的发展历史以及在教学科研等方面取得的重大成就。以国家重要历史转折和学校重要历史转折为划分依据，用时代记忆增强在校师生爱校、荣校的自豪感，提升校友热爱母校、支持母校发展的荣誉感和归属感。

同时，将校史馆代表的“传媒教育”历史文化资源与博物馆代表的“传媒行业”历史文化资源进行有效对接和整合。两馆一纵一横，毗邻图书馆、广告馆、动漫馆，体现出“有感官、有品质、有温度、有思想”，集“传媒教育、传媒行业、传媒创意、传媒产业”为一体的传媒文化特色鲜明的交流和展示的聚合传播平台。

1

2

1.“初创期”展示空间

2. 展墙局部

2. 打造中国传媒大学的“博物馆生态系统”

“传媒大学博物馆生态系统”是通过实体空间（以校史馆和传媒博物馆为中心，还可包括校内实验室或名人工作室）和网络信息平台的线上线下互动，将本校中零散独立的藏品、各院系教学科研成果、著名教师和知名校友及图书馆和其电子平台等多种资源进行梳理和分类，并融合传媒行业中的相关信息进行有效对接，将中国传媒大学的信息资源进行充分整合，并以“校史馆、传媒馆、图书馆、论坛馆、4k馆、文创馆、茶歇馆”为依托，建立起以“传媒教育共享、传媒文化展示、传媒艺术推广、传媒科技体验、传媒历史研究、传媒素养教育”六大主题展示平台，提供“传播、互动、体验、交流”，形成博物馆独特的传媒学科知识系统体系、传媒大学的信息IP集群和文化形象，更智能、便捷地服务于全国高校和传媒行业。

3. 塑造“中国传媒”印象

塑造“传媒大学+传媒博物馆=中国传媒”的印象。中国传媒大学作为传媒行业的摇篮孕育了大批传媒人才，这些人才通过不断努力造就了生机勃勃的传媒行业及现在的成就。展厅中，一面墙专门为传媒校友风采展示，他们早已成为行业中的佼佼者，给在校学生以“榜样式”的引导和灌输。同时，给予在学生或即将考试的学生或观者以心理上的暗示：中国传媒大学早已成为中国传媒界的人才库和输送营养的资源库，只要你在这里努力，就会像他们一样在传媒行业找到自己的一片天。

在传媒博物馆除了可以了解传媒行业的源头与发展，同时它也在为行业、为学校源源不断地提供新鲜的传媒科技、思想和信息。因此，在建设与发展过程中应使“传媒大学”和“传媒博物馆”相互贯通、形成合力，持续加强传媒大学对行业和学术领域的影响力。

四、总结

我们的社会正处于多元文化融合发展的时代，博物馆尤其是高校博物馆不可避免地受到社会剧变大潮的冲击，这就需要博物馆自身创新求生，突破重围。“博物馆”一词在高校不应以藏品数量和建筑面积定义，而必须重新审视自身缺失，跳出博物馆概念的束缚，向外借力，重新整合校内资源，采取海纳百川的整合理念与高大上的举措塑造自身“印象”，找准定位，打破僵化的体制机制，提升孱弱的文化输出能力，培育强劲的内生动能，发挥高校博物馆在行业文化中的引领作用。

【参考文献】

[1] 聂影. 浅谈高校博物馆的定位与策划[R]. 2019第五届高校博物馆馆长论坛.

创新展陈工程中的装配式应用

以北京市档案馆《档案见证北京》展为例

文 | 赵 磊

【推荐语】

本文以北京市档案馆《档案见证北京》常设展为例，分析了装配式模式在展览实施项目中的实际应用方法。文章提供了装配式施工流程示意图，结合展览实施的真实案例，对比传统施工方式，分析了装配式施工模式的特征，清晰地阐释了装配式施工为何能提高工作效率、保证展具质量和艺术效果。

一、展览装饰工程中“装配式”概念的应用

博物馆展览工程与普通装饰工程有较大区别。展览工程由于其特殊性，不仅包含了装饰工程施工，还包含了展柜展具加工、图文信息展板加工、多媒体软件设计施工、沙盘模型设计、艺术创作加工，文物布展等诸多环节。除装饰工程外其余大部分均可实现场外生产加工，并在规定时间内按点位图纸统一组织场内安装。装饰工程作为展览施工总工期中的重中之项，在现场实施的过程中存在一些无法彻底解决的弊端，如施工工序繁杂难以简化、现场手工生产效率较低、施工材料浪费、现场生产建筑垃圾污染严重等。近年来装饰工程中提到的“装配式”概念，可在一定程度上解决以上问题。

装配式概念来源于建筑业，是新时代下探索的一种全新的建筑装饰模式。“由预制部品部件在工地装配而成的建筑，称为装配式建

筑”[1]。应用这种方式可以对装饰工程进行整体化装配，将形式设计方案在技术环节模块化拆分，实现场外加工、场内施工。“装配式”概念的运用可以使装饰工程从手工生产逐步转换成机械化生产，形成设计交底、技术切分、模块化生产、运输、组装等一体化的装配式施工流程。

二、《档案见证北京》展览中的“装配式”应用

展览项目中空间与平面版式设计是展陈大纲的呈现，施工是展览项目设计理念体现的最后一道环节。设计师在方案概念设计阶段就应当用“装配式”的思维去考虑问题，在考虑效果的前提下满足方案实施时期材质工艺的装配化需求。设计牵头，配合技术方、生产方将方案转换成实际。

我们以北京市档案馆《档案见证北京》展览为例，分析装配式模式在展览实施项目中的实际应用。北京市档案馆新馆位于广渠路 36 号地，馆藏主要为近现代档案资料，《档案见证北京》展览是新馆投入使用的首个常设展。该展览以档案为主要载体，通过挖掘档案资料，向观众讲述历史故事、文化故事和红色故事。展厅位于新馆一层西侧，正式展厅含夹层面积约 1500 平方米，其中 1000 平方米高度 6.5 米。应馆方要求，该项目需要在 25 天内完成，传统的施工工艺做法及施工流程无法实现。为保障展览在不足一个月的施工工期内能够如期开展，团队采取了场外加工、场内安装的装配式方式进行施工。团队对展览的“装配式”模式生产施工进行了初步探索，并最终保质保量地完成

---

[1] 《中国土木建筑百科词典》总编委会. 中国土木建筑百科词典[M]. 北京：中国建筑工业出版社，1995.

了此次展览。

档案作为第一手的历史资料记录了最真实的历史细节，但是由于本身的载体为纸本类，存在难以全面展示、通篇阅读，保存困难等问题，与文物类藏品相比较为枯燥乏味。在内容的梳理上我们采取档案为主，图片为辅的方式，通过展柜展示珍贵的档案资料，周边辅以大幅的历史图片，图文并茂地还原了档案的历史瞬间。同时在各单元设置有对应的电子档案查询屏，满足不同知识层面、不同专业方向的观众对展览信息获取的需求。

三、展览装饰工程中基础部分的“装配式”探索

墙体搭建作为装饰工程施工中的重要组成部分，也是制约展览能否如期完成的关键因素。隔墙的加工工艺从传统的现场手工加工转变为工厂定制化加工。设计师按照“装配式”的思维进行模块化设计，技术部门深化并出具加工图纸，工厂按照图纸进行加工。并且定制了特殊的连接结构便于现场拼装组合，如同搭积木的“装配式”墙体形成了标准化的生产单位，既降低了现场施工的难度，也缩短了基础墙体的施工周期，减少了相应的工序。同时工厂化生产能够精准选材、下料，避免了原材料的浪费。

传统的展览施工中常选择乳胶漆、肌理涂料等作为面层使用，乳胶漆作为常用的装饰材料具有平整度好、色彩丰富、质感差异小的优点，但是也有施工工序复杂、涂刷次数多、干燥过程长、受温湿度影响较大等缺点，在工期较为紧张时对项目施工的总时长制约较大。故在这次项目中我们创新性地采用了宣绒布、石材贴片、水泥板及铝塑板等新型材料，替代涂料作为装饰面层，在缩短工期的同时达到了更好的装饰效果。石材贴片及水泥板等材料具有花纹天然、气孔自然、

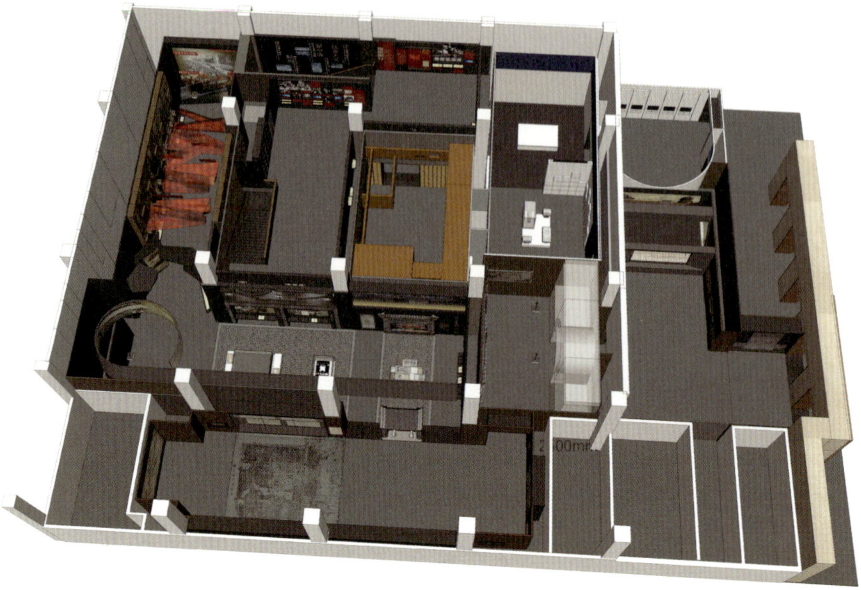

1

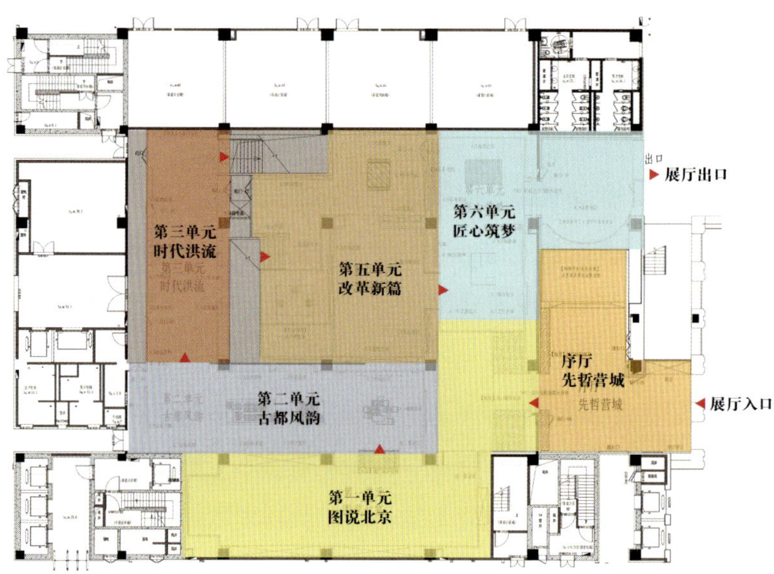

2

1. 展厅鸟瞰图
2. 展厅平面图

面层平整度要求低、施工周期短的优势，相较于涂料节省了多道工序，为后续的工序提供了宝贵的施工时间。经过精确计算，将材料裁切成几种模块化尺寸，在施工过程中将材料进行拼贴安装，以达到材料的最大化利用。

1. 展览装饰工程中形式设计模数化的研究

《档案见证北京》展厅中的“时代洪流”“探索前行”“改革新篇”三个单元展现了北京近现代的发展沿革，有着充足的馆藏档案藏品。展厅形式设计借鉴档案室内档案储藏柜的分格方式，设计师根据各单元档案复制件、图文版式、视频播放器、档案查询屏的数量及尺寸预先设定好单元格的模数尺寸，以便在实施阶段将基层、面层拆分成模块交由工厂进行生产。

本项目中设计师最终选取了便于现场实施的成品定制家具作为模拟档案储藏柜的框架，并将图版及播放器放置到框架中，最终形成完整的展厅立面。家具采用了实木贴皮及烤漆作为面层，保证了成品的工艺质感。为保证家具有尽量充足的加工时间，在施工工序的组织上优先确定家具的加工尺寸，现场墙体制作时严格按照家具的制作尺寸预留凹龛，节省墙体实施完成后复尺的宝贵时间，保证了家具的加工质量。

2. 展览装饰工程中版式设计模块化的应用

内容策划是展览项目中的核心部分，但是在项目实施过程中，文本及图片由于多种原因不可避免会有所调整，此时内容的调整对形式设计方案及现场施工进度会带来较大的影响。于是在此次项目中，设

1

2

1.“时代洪流”展区
2.“古都风韵”展区

“山水卫城”多媒体展区

计师结合展览内容，在版式设计时期将面积较大的版式拆分成模块化、成品化的组合方式。并且选用可在工厂成品加工的定制铝型材图版，既保证了产品的精致度，也为后期替换降低了成本。

四、结语

近年来，博物馆展览的兴起对我国的文化产业发展起到了重要的推动作用。展览行业正经历由粗放型生产向集约型生产的转变，“装配式”生产施工模式能够有效减少能耗污染，提高单体施工人员的生产效率，同时缩短项目工期，提升展览工程的制作质量，响应国家节能减排的绿色环保号召。

考虑到以上因素，以“装配式”方式去进行展览装饰施工可以大幅提高施工的时效性、精密性。但是“装配式”施工的实施现状与理想仍存在一定差距，仍需相关建设参与者共同努力，不断完善发展。在装饰工程规模化标准化生产的新背景下，设计师作为效果实施中承上启下的重要角色，应对自己提出更高的要求。

【参考文献】

[1]《中国土木建筑百科词典》总编委会. 中国土木建筑百科词典[M]. 北京：中国建筑工业出版社，1999.

[2] 钟礼平. 室内装饰工程“集成装配化”研究[J]. 城市建筑，2013（10）：217.

博物馆临展中的空间氛围营造

文 | 陶逊麟

【推荐语】

临时展览是展陈设计中的一个重要类别，因空间条件约束、施工造价限制和工期较短等原因，临展设计往往面临更苛刻的实施条件。在北京石刻艺术博物馆的临展布置中，设计师将注意力放在文化发展的脉络和空间氛围的打造上，用简洁、凝练、生动的设计语言，通过三个专题展览——《纸墨寿金石》《丰碑不朽》《“五色五香”端午嘉年华》——为我们呈现出个性鲜明的三种不同情绪、不同场景，让观展者置身其间，即可感受到中华民族悠久的历史和意蕴绵长的文化内涵。

临展是丰富基本陈列展览的重要方式，同时也是吸引观众多次走进博物馆的方式之一，如何进一步将展览大纲内容转变为形式设计语言，同时通过合适的色彩、材质空间去暗喻主旨，引发观众对展览的自我解读？本文通过北京石刻艺术博物馆三个临时展览的形式设计，对这一问题作出探讨。

形式设计基本陈列的展览空间是通过声、光、电、形等诸多要素来组合完成的，而临展在此基础上应更注重实用、美观、经济等要求。

临展突出的特点是它的临时属性。在北京石刻艺术博物馆的常用临时展厅中，因为原建筑功能问题，在南北展厅中央位置有 6 根承重柱，使展览在内容上不能表现得太多，同时在形式设计中，人流动线不流畅存在多次观展的问题，所以在这类展览的形式设计中既要保证内容的全面性，同时也要做得更加丰富多彩，引人入胜。

在临时展览的概念设计初期，通过展览内容的主题特性，以及石刻博物馆本身的石刻特征来分析出展览的主题符号，并且通过对内容的解读，突出大纲内容本身所想表现的深层含义以及历史语言，例如《纸墨寿金石》展览具体表现了汉字从籀篆—小篆—隶—魏碑—楷的主要发展脉络，介绍自周至唐各时期中国书法的不同特色；《“五色五香”端午嘉年华》则是一个以节日为题材的展览；《丰碑不朽》则是为了庆祝中华人民共和国成立七十周年，以北京地区红色石刻文化为主题，分三个时期进行展览，最后通过适当的空间形式语言予以表达。

形式设计作为展览展示的主体，不同的空间营造可以吸引观众，感染观众，激发观众的兴趣，拉近和观众之间的距离。带有感染力的形式设计会使得展览和观众紧密相连，与展览文物、实物等展示品相比，形式设计师建立的观众与展览之间的纽带，影响着观众参观展览时的心理活动。

一、形式设计：营造氛围

展览氛围也是一种展览信息的传递，临时展览的氛围可以分为历史、文化、艺术和场景等，氛围是为了展览的主题和一定的审美营造的，展览氛围对于短期的临时展览不是可有可无的，而是非常重要，是在观展前最先吸引到观众的因素。不同主题的临时展览应具有不同的形式语言，通过各种手段营造氛围，观众通过氛围代入展览，通过氛围，拉近展品与观众的距离。例如，《纸墨寿金石》展览更多地体现过去文人墨客的情怀与风骨，在展览一进门的序厅放置了一处流水装置，并且于地面制作了一处弧形结构，展示更多的未上展的内容，流水装置结合展厅现有门扇，直观地营造了文人墨客丹楹刻桷的写作环境。观众一踏入展览大厅，便被文字古今沧桑的历史氛围所包围，增添了一份对古人的凝重与肃穆。又例如《“五色五香”端午嘉年华》展览，为更好地传扬中国传统节日文化，提高社区居民的参观频率，在展厅的北厅和南厅中央位置，我们营造了两处展览氛围，南厅利用草坪和卡通字的形象吸引儿童，很具亲和力，观众会被活跃的气氛带动心情；北厅通过平面板式重构了节日原色图案和卡通字体，形式上前后错叠，使之更有立体感，能更好地让观众娱乐互动。

形式设计中营造氛围的使用，不仅能够强化、烘托、诠释展览主题，而且放松观众的心情，提升观众的境界。

二、形式设计：空间分割

常用的室内空间分割形式大致分为三种：第一种是实体性分割，包括使用临时隔墙、沙盘、低柜、吧台或其他实体性界面来划分空间。这种分割形式，既可形成一定的视觉范围，又具有开放性；既不影响室内的采光，又使房间显得丰富而有变化。

第二种是象征性分割，包括使用栏杆、玻璃、悬垂物或光线、色彩等非实体的手段来划分空间。这种分割形式空间界面模糊，空间更开放。

第三种是弹性分割，如推拉门、升降帘幔和可移动的陈设等。这种分割形式灵巧方便，简单实用，更富线条美，颇受人们欢迎。

临时展览的展陈空间大多为一个敞开空间。石刻馆的临时展厅包含了南北两个空间，中间有通道，每个展厅之间都立有承重柱，基础的展示为南北两厅的四边墙面，而墙面作为形式设计中的重要体现，

1

2

1.《纸墨寿金石》临时展览
2.《端午嘉年华》临时展览

常用点线面的设计元素去构成；同时通过展览内容的陈述，可利用空间分割去变现情感。例如，《丰碑不朽》展览体现了中华人民共和国成立的艰难历程和中国共产党的初心，序厅将习总书记的谈话作为初始“点”呈现在整个展厅的空间上，利用建国的曲折轨迹，对空间进行了曲“线”的设计，使南厅空间氛围具有强烈的肃穆感。从 1919 年的立革命潮头，1937 年的中流砥柱，展览选择实在地讲述中国人民的艰苦历程，空间上尽可能使用紧凑的节奏来表达，把观众的情绪带入其中。转入到北厅第三单元处，则营造了一处开场“面”的空间，利用《和平解放北平》油画，让观众展望祖国的欣欣向荣。结尾则以概括性的“点”进行收尾，整个《丰碑不朽》展览从“点”到“线”到“面”再到“点”。《纸墨寿金石》展览和《“五色五香”端午嘉年华》则不同于《丰碑不朽》。《纸墨寿金石》展览虽在内容上讲述了古代文字的发展，但是在空间形式上更多地着重于有效地展示展品。南北两厅虽只有 300 平方米左右，但是利用南厅开场的空间和北厅曲折的路线，更有效地去展示展品；北厅因空间高度问题，为展品制作了弹性分割的展墙，使其展示更加全面。《“五色五香”端午嘉年华》展览则利用开场的空间去直接表达。

三、形式设计：视觉表达

为了让观众在观展过程中能够更多地体验和思考，“沉浸式”展览开始成为一种新型展览形式，它使观展者在过程中沉浸其中，在展览体验中让人们离历史更近。

从视觉的角度来说，评价展览的好看与否，营造氛围和空间分割是最为重要的，其次是整个展览的色彩搭配和视觉传达。《纸墨寿金石》展览更多地表现文字的斟酌、文字演变发展脉络，在色彩上，我们选择黑白灰进行讲述；《“五色五香”端午嘉年华》展览体现了互动的愉悦性，以及色彩的张扬，在中国端午传统节日绿色的基础上，将“五色五香”用色彩表达出来；《丰碑不朽》展览则为了庆祝中华人民共和国成立七十周年，在内容上从五四运动到抗日战争再到解放战争，在色彩上运用了黑白灰—赭石色—红旗红色来进行讲述。色彩的运用使每一个主题展览呈现出逻辑性，并具有引导作用，以此来提高展览的视觉效果。

综上所述，一个完整的临时展览与形式设计是密不可分的，随着时间的推移，形式设计会延伸出更多的表现手法，展览会继续用形式设计传达给观众更多的内容与形式美。

【参考文献】

[1] 白诗琪. 视觉表达在展览展示中的重要意义[J]. 戏剧之家，2019，324（24）：135.

[2] 曹欣欣. 论临时展览的氛围[J]. 中国博物馆，2007（1）：31-36.

[3] 魏明. 临时展览的特性与形式设计[J]. 中国博物馆，1997（3）：60-63.

《穆夏——新艺术运动先锋》特展的设计与实施

文 | 朱之彦

【推荐语】

本文集中介绍了“穆夏展”的创作过程和艺术手法。这次展览的几个明显特点值得关注：展览背景是中捷建交七十周年，展览主题是捷克国宝级的艺术家设计师穆夏的作品，为介绍捷克文化还将在中国多地巡展且布展时间均很紧迫。因此可以说，这一展览在文化艺术、政治形象和搭建技术等方面均有极高要求。设计师不仅很好地完成了以上任务，还创新性地探索了色彩空间和剧场化氛围的设计创建手法，并充分利用自助讲解和游戏语言等，使本次展览更具时代性且能吸引大量年轻人。

在国际文化与艺术产业的浪潮下，民众的文化消费方式发生了巨大改变，博物馆之间的交流展览在国际文化交流中的职能和作用日益突出。为了满足人民群众日益增长的精神文化需求，越来越多的博物馆充分利用自身资源，开展馆际交流展览，成为对外文化交流的重要平台。中捷两国携手打造的《穆夏——新艺术运动先锋》全国交流巡展，作为庆祝 2019 年中捷两国建交七十周年系列活动之一，由于其外展及巡展的展览特性，如何结合地域特点及场馆优势，通过造型、色彩等方面的营造在展览中还原国外的展览语境，带领观众从学术、艺术角度更深层次地理解本次展览，是设计需要思考的问题。

国家大剧院作为全国巡展的第三站，与捷克共和国布拉格国家工艺美术博物馆、捷克共和国布拉格艺术博物馆、捷克共和国波西米亚西部比尔森美术馆联合推出《穆夏——新艺术运动先锋》展览，站在穆夏艺术发展脉络的视野下，用一个空间讲述世纪之交时期捷克人的生活变迁。

笔者作为展览设计师有幸参与到“穆夏展”的设计实施。外方在开展前预留三天布展时间，这就要求设计师根据预先拿到的展品清单及展览内容脚本，结合大剧院的现场实际环境多方协调考虑，预留好可供直接布展的环境以及必要的应急预防措施。展览氛围营造从捷克的文化特征及穆夏个人的创作历史中汲取元素；从穆夏的画作中汲取色彩；从欧洲的建筑特征中汲取造型。

如今的博物馆职能不局限于展现展品，还需要分享和不断挖掘展览背后的主题，以更直观的方式将展览呈现在观众面前。考虑到“以人为本”的设计理念，结合展览主题，将互动设施点缀在整个展区进行布置，以满足不同年龄段观众的观展需求。本文将从展览设计和项目实施两个方面进行分享和探讨。

一、展览设计

1. 展览定位

中捷合作的《穆夏——新艺术运动先锋》特展通过交流展览的形式，在重庆中国三峡博物馆、云南省博物馆、国家大剧院和天津美术馆进行巡回展出。在主题相同的情况下，根据合作对象的改变，与各馆之间的合作方式也灵活多变。每一站都秉承着取长补短、共同进步的原则，根据场馆自身的特点，结合相同主题进行各自的设计制作，来凸显各自的设计风格。

国家大剧院作为北京中轴线旁的建筑之一，凭借着独特的地理位置，以及“中国表演艺术的最高殿堂”之称，受到社会各界的广泛关注。作为给广大艺术爱好者提供多元化艺术的文化平台，剧院对于展览也有着自己的理解。副院长杨玲介绍，和一般博物馆的艺术类展览不同，国家大剧院在策划展览时都力求围绕“表演艺术”这一主题❶。这一理念也造就了大剧院的展览与其他博物馆对于展览定位上的不同之处。展览与舞台的共融，也促使大剧院短短几年时间里形成丰富的院藏艺术体系，成为面向社会进行艺术普及教育的艺术中心。《穆夏——新艺术运动先锋》特展，秉承大剧院自身定位，从不同的文化维度和学术视角，对东西文明的对比、交融以及相互影响进行深刻探讨，给观众别出心裁的文化体验。

2. 展览空间氛围的营造

对于国外交流展览，为营造良好的视觉效果，不仅要考虑外展本身的展览语境，还要通过展陈手段的运用将文物背后的故事进行精准诠释。

1）色彩

展厅提取穆夏作品中常用的绿色为主基调，为营造东欧国家的古老与神秘氛围，选用比画作中更为深冷的绿色作为主色调，配合极具宗教色彩的金色作为点缀，给人以身临其境之感。同时，大面积深冷色的选用与穆夏作品中柔和淡雅的色彩形成了鲜明对比，更好地衬托展示主体。

---

❶ 朱永安. 大剧院里藏着“博物馆”[N]. 中国文化报，2013-03-10（4）.

GISMONDA
BERNHARDT
THEATRE DE LA RENAISSANCE

1

2

1. 珠宝手饰展区
2. 尾厅

2）造型

通过艺术符号的提炼，将穆夏作品中的元素进行再运用，把六个部分的内容通过元素进行串联。提炼作品中花卉、草木等元素，选用金色即时贴、喷砂亚克力等制作材料，采用艺术切割、艺术造型等表现方式，实现艺术内容向形式的推移与衔接。

为了还原外展的展览语境，设计不仅从穆夏作品本身中提取艺术符号，还尝试从欧洲建筑中汲取造型元素。在“穆夏海报”部分，提炼欧洲古典建筑元素拱门以及柱体造型，配合垂挂的剧院幕布给人以庄重感，同时隐喻展示主体，并与国家大剧院这个载体相辅相成。

宗教板块复原穆夏为圣维特大教堂设计的彩窗，丰富了空间形态，提高观众观展兴趣。空间以此作为观展节奏中的高潮部分，也是展览的重要串联点。在昏暗灯光的衬托下，夺目的彩窗带领观众置身其中，领略哥特式教堂的庄严神圣。

在“斯拉夫民族赞歌”部分，通过12边形空间以及顶部圆形喷绘来还原布拉格市民会馆整体氛围。但由于层高较低，无法给予观众宏大的视觉感受，设计在顶部通过圆形灯箱，旨在有限的空间高度里拉伸空间比例、放大空间视觉。作为衔接昏暗的彩窗空间区域，通过光环境的节奏变换，主观影响观众观展心理，明亮的光线使人精神振奋，心情愉悦，同时呼应民族主义主题壁画，引领观众感受到布拉格文化中心的魅力。

3）灯光

运用低色温暖光源，还原作品真实本色，营造舒适的观展环境。

3. 展览形式的多样化

博物馆展览在不断尝试脱离模式化、走向多元化的过程中，除了给人以美的感受外，还应该注重其真实性、教育性、传播性，来帮助观众在更新观念、拓展视野的基础上，更好地理解展览主题。

传统展览的信息传播模式单一，观众的观展体验也相对枯燥与乏味。为了打破传统的导览模式，语音导览系统随着信息技术的发展开始广泛应用且不断完善。穆夏展通过扫二维码的方式在全程设置语音导览，还可以在手机上浏览到更多的展品信息、挖掘时代背景，这种模式的运用既丰富了展览的宣传模式，也提高了观展效率。

在艺术展里增加寓教于乐功能是有必要的，为了吸引更多观众的关注，满足社会不同群体的兴趣需求，展厅中多处设置互动拍照点，以及游戏互动点。展厅结尾处，针对年轻人群设置了一款拼图游戏，观众可将拆分后的作品重新组合，这有助于观众更加仔细地观察穆夏作品，在游戏的同时可以有所收获。

二、项目实施

从项目设计到项目施工涉及多方合作，良好的协调、沟通是完成的前提。本次展览鉴于两国交流展览的特殊性，在文化交流对话的同时，不同国家的思想发生碰撞，会产生新的火花。展陈设计师作为协调业主、施工方、分包等多家合作的“中间人”，需要在设计前期协调各方意见进行调整，经过大量的对接修改，来推动项目进程，以保障展览现场设计能够达到供捷方直接布展的需求。

在设计过程中，保障文物的安全、观众的观展体验以及舒适度也是设计需要关注及思考的。捷克国宝级画家穆夏的作品极其珍贵，所选灯具照度均控制在300勒克斯以下，确保将光对文物的损耗降至最低。展柜外部均用磨砂玻璃贴将光源进行遮挡，以避免观众产生眩光，提高观展舒适度。文物收藏环境中，温、湿度的控制与文物保护有着密切联系，展厅采用中央空调进行调节，保障文物安全。

空间布局中考虑到观众的观展体验，在流线的设置上遵循合理、清晰、顺畅的原则，避免走回头路。因国家大剧院日常人流量较多，根据观众的参观动机，设计在拍照点周围有意进行合理的通道密度安排，为观众预留足够的活动空间。

三、结语

目前，许多交流展览对于展览内容的解读、观众的定位有所偏差，导致还原的国外展览语境不够准确，难以吸引观众。照搬国外的艺术展览形式，不与中国国情相结合，也不符合观众的观展需求。对于博物馆展览而言，调整好自身定位，深入挖掘展览背后的主题，通过对展览语境的准确表达来烘托展品，让世界各地的艺术文化进入大众视野，是交流展览的目的。“穆夏展”在捷克和国家大剧院各专家老师的带领下，由设计施工团队合作打造，获得了社会各界的广泛关注。

本文对交流展览体系形成与持续发展等问题进行了研究与探讨。在博物馆交流展实践过程中，仍有很多需要改善和提升的地方，需要国内外各界加强沟通与合作，共同将博物馆交流展览筑建成文化交流的桥梁。

一场重量级展览的设计需要分几步

文 | 郑宇晴

【推荐语】

本文讨论博物馆展览空间形式的设计流程及步骤，同时探讨了展柜展具的设计方式，以及材料、元素、色彩等的选择和搭配对视觉系统和对主题表达的重要性，较为系统、完善地说明了博物馆展览空间的设计过程及细节。

文物蕴含着多元、丰富的信息，在特定的展览语境下，具有阐释展览主题、传播美学、引起参观者共情、服务公共文化、推动学术发展等多方面的价值和意义。本文从博物馆展览的角度出发，运用博物馆学、文物学、诠释学、符号学等学科理论和方法，以首都博物馆举办的《山宗·水源·路之冲——一带一路中的青海》展为例，分析展览中文物的内涵和外延所起到的重要作用。

2019 年 2 月 28 日，一场青海文化的视觉盛宴：由北京市人民政府、青海省人民政府共同举办的《山宗·水源·路之冲 —— 一带一路中的青海》展览在北京首都博物馆开展。青海省 13 家文博单位的 442 件 (套) 精品文物向国内外观众展现“一带一路”中的青海，这是对青海精品历史文物的一次集中展示，也是青海为迎接新中国成立 70 周年和青海解放 70 周年的一项重要活动。对于喜欢青海文化的观众来说，更是一次难能可贵的以全文物观的视角了解青海文化的绝佳机会。

1

2

1. 展示空间
2. 设计元素提取实景照片

一、分析展陈大纲：理解策展概念中的“大视角”

《山宗・水源・路之冲——一带一路中的青海》以青海历史发展为主线，以农耕和游牧的大视角切入，展示青海重要的地理位置所带来的文化特征。其中“大视角”是首都博物馆策展团队提出的展览策划的切入视角，旨在突出青海文化特色，在中国大历史、大地理的背景之下探寻青海文化的独特魅力。以青海东西南北交通枢纽，农耕、草原游牧与高原游牧文化交汇的地理地缘特征为背景，突出青海多元文化并存、民族文化鲜明、生态文明江河源的特色。

展览每部分单独列出青海与丝绸之路相关的内容，展现“一带一路”中的青海所蕴含的文化交流信息。第一部分：源远流长，展示青海史前文明及对外交流；第二部分：汉风羌道，展示秦汉时期，主要是汉代青海历史文化及对外交流；第三部分：吐谷浑国，展示魏晋南北朝时期青海历史，特别是地方特色明显的吐谷浑国历史及对外交流；第四部分：吐蕃东进，展示唐吐蕃时期青海历史，特别是吐蕃统治时期的都兰墓群发现和对外交流；第五部分：海纳百川，展示青海自宋讫清时期的历史文化及茶马古道。

二、熟悉展厅环境：为空间规划打基础

根据展览内容与体量划分展陈空间，是展陈形式设计的第一步，既要尊重原建筑空间，又要合理使用空间，科学安排各部分内容。因此，在形式设计工作正式开始前，熟悉展厅环境十分必要。首都博物馆一层B展厅是一个长方形展厅，吊顶已进行喷黑处理且带有轨道射灯，部分墙体处已设置通柜，在形式设计时局部可利用原展厅通柜，从设计角度出发，此类展厅属于较为好用的展厅空间。

三、提取设计元素：以金色窗口为概念

为展示青海重要的地理位置所带来的文化特征，在展览每部分中单独列出了青海与丝绸之路相关的内容，展现“一带一路”中的青海所蕴含的文化交流信息。了解主题内容后可知，青海独特的地理位置使其成为对外交流的窗口，因此提取“金色窗口”为设计元素，寓意青海古道是文化交流的金色窗口。

在每部分结尾“一带一路”内容处，设置带有“金色窗口”的展墙，窗口内展示对外交流中的文物，向观众传达青海通过贸易古道对外的交流和开放。另外，整个展览有 442 件（套）展品，对一个 1300 平方米的展厅来说有些拥挤，观众难免会有一种喘不过气的逼仄感。在局部展墙留出窗口后，观众可以透过窗口从一个展区看到另一个展区，使有限的展览空间得到了扩展和延伸，减少了观众心理上的压抑感和逼仄感。

四、视觉系统设计：表达展览主题

1. 色彩系统

展厅的色彩通常带给观众进入展厅后最直观的感受。根据展览主题的需要，以色彩来体现展览主题的精神内涵和形式趋向，并将色彩系统规范化为展览使用。本次展览中，色彩方案以寓意青海纯净的天空、清澈的青海湖水的藏蓝色和寓意沙漠、丝路、彩陶的橘黄色为主色调，它们互为补色，取得了鲜明、响亮的视觉效果。

2. 图文版面

展板是最直接地将展陈大纲内容呈现出来的载体和方式之一，由于临时展览投资小、流动性强的特点，造价相对低廉又便捷的展板，通常会得到大量使用。

本次展览，内容较为丰富，共分为六个单元，每个单元又分为三到四个小节，如果不在展示形式上特别设计加以区分，观众很容易在观展思路上产生迷惑。因此在一级部题的设计上，标题字统一采用了首都博物馆老师原创的书法字体，材料上使用发光拉膜进行展示，十分醒目，便于识别。在展板下半部分，设计了山体造型凹槽的发光灯带，展示各部分内容的文化元素，使其在大的统一下有小的变化，让观众参观时有更加清晰的思路。

五、特殊展品的表现：展柜与展具设计

1. 特殊展柜设计

博物馆的展柜通常分为墙柜、独立柜、龛柜、平柜、特殊定制展柜等，根据展示文物的不同选择不同种类的展柜，这是形式设计最基础的工作。

在《山宗·水源·路之冲——一带一路中的青海》展览中，由于展品较多，展品类型非常丰富，因此设计了较多种类的展柜，下面以两种特殊展柜阐述展品与展柜之间的关系。

展览第一单元“源远流长”，主要展示精美的彩陶珍品，是本次展览的重点内容。除精品彩陶在独立柜与通柜展示外，还设计了展示架状展柜，来展示近百件不同种类、不同器型、不同纹样的彩陶器皿，

3

4

3. 展示架状展柜
4. “铜羽人连枝灯”展具

以密集式陈列的方式制造强烈的视觉冲击力，表现石器时代的青海先民在制陶业上的成就。

展览第四单元“吐蕃东进”，在都兰大墓章节处，设置特殊展柜展示“都兰大案”中缴获的精美小型金器。设置U形展墙包裹成小空间，在印有都兰大墓轮廓的艺术背景中，设计龛柜以及挑出式平柜，可以使观众更近距离地观看展品，也使得在远处不能看到全部展品，只能看到点点光线，营造符合内容的神秘感氛围。

2. 特殊展具设计

展具的基本目的首先是保护文物，其次是保证文物的可读性，最后是展柜内的整齐、统一、美观。青海展中“铜羽人连枝灯”顶部构件和牌饰的展具设计给观众留下深刻印象。河西地区的“连枝灯”具有鲜明的地域特色，这种建立在天人合一、君权神授思想基础上的对世界的认知，主要反映出上层社会中灵魂永存的观念，对民间的丧葬文化也产生了深刻的影响。但青海省文物考古研究所收藏的“铜羽人连枝灯”只有几片残片，如果像普通文物一样平放在展台上，观众会有所迷惑，因此采用立体展示的方式，使用亚克力还原“连枝灯”原貌，将文物固定其中，形成一件“完整的”展品。

六、材料选取与特定展项设计：丰富空间层次感

1. 材料选取

在展览的形式设计中，可以利用各种媒介、材料去表达和强化内容，使观众的体验达到更极致的感受。由于《山宗·水源·路之冲——

一带一路中的青海》为临时展览，展览经费少、时间短，因此大面积的墙体板面选择了壁布，可以较快地实现制作安装，且有一定肌理。还有一处特别的材料，就是“金色窗口”处使用了肌理漆，使得窗口处在灯光下会有一些细闪，既呼应了“一带一路”的交流窗口主题，又使得材料更丰富，增加了空间层次感。

2. 展项设计

展览中，除了展品、文字、图片以外，展项也是传达展览内容的重要手段。展项的种类多样，可分为场景复原、模型、雕塑、沙盘、多媒体装置等。在不同的展览内容下设置最合适表达其内容的展项，是形式设计的重要手段。

《山宗・水源・路之冲——一带一路中的青海》的序厅中设置了沙盘，将青海放在一个广阔的地理环境中展示，这应和了展览的内容设计，将青海放在一个大背景下来考量，并不局限于青海这一个地区。序厅沙盘将青海与其周边地区的地形地貌、江河源头、贸易古道、现代交通等，都一一标识，观众从沙盘中便可获得很多知识。

浅谈博物馆展示设计中的叙事性应用

文 | 赵 磊

【推荐语】

广义来说，展陈空间的布局和展线的布置，本就应遵循某种“故事线索”，这可被视为空间叙事的一条基本线索。但在空间设计中，空间形态和实物展品之间能让观展者体验到崭新的形象认知过程。本文作者以展示空间为研究对象，以叙述性设计为研究内容，结合三个有感染力的案例向我们娓娓道来，诠释了叙事性设计可以避免展览的平铺直叙枯燥无味，能够让观展人走进情节，融于空间氛围。无论是温情回家的濒临灭绝的动物，还是震撼人心的南京大屠杀纪念馆，还有令人感动的张太雷的一生，无不情感真挚，引发观展者的强烈共鸣。同时设计师也想告诉我们，如何像导演一样运用编排的方式去讲述故事，才能引人入胜，发人深思。

现代博物馆发展趋势中，博物馆不仅具有文物储藏功能，俨然还成为了大众的文化交流空间。博物馆承载着大众记忆，与书本知识最大的不同在于博物馆叙事的真实性与观众体验的真实感。观众在进入博物馆之前就对展览所叙述的事件大体有所了解，短暂的参观过程并不能使观众充分了解该事件的知识体系，所以展览设计更多的是还原给观众历史的真实感。因此，应避免以平铺直叙的方式陈述事件历史，要从叙事的角度去营造空间起承转合，丰富人对空间的体验。

本文以“展示空间”为研究对象，以“叙事性设计”为研究内容，结合在学习及实践中参与的一些具体案例，对“从脱离历史语境的陈列方式”“单调的空间态”“空间枯燥缺乏情节”这些博物馆展览中常常出现的现象进行分析。

一、概念界定

何为叙事性展示空间？叙事来源于文学中的写作方法，原意为叙述在一段连续的时间内按照时间顺序发生的一系列连续的事件，叙事的三要素为叙事者、介质、接受者。运用到空间中就是设计师、博物馆、参观者。叙事性运用到设计中就是把设计对象作为叙事的介质进行设计，而叙事性空间设计就是用空间讲故事的艺术形式。空间本是静态的、无情绪的，通过展陈策划借用讲故事的方式，在某一个特定的空间中，按照一定的空间秩序，把人与空间关联起来。

博物馆展示空间设计则是对空间进行设计的艺术，即在一定的空间中采用视觉传达的手段将信息传达给观众，也就是空间视觉传达，即用空间去讲故事。对于展示设计师来说，空间是有意义的场所，设计师通过对展陈脚本的梳理提炼，将文本文物用视觉化的方式表现出来并且赋予空间叙事的主线，让观众在参观中去理解展陈脚本并且得出自己的认知。

二、叙事性空间在博物馆设计中的适用性

1. 贴合历史语境的陈列方式——以武汉自然博物馆“大河沉思”展厅为例

所谓叙事，必然要去挖掘讲述事件背后的故事，以及所想传递的深层次教育意义。叙事性的展览空间设计中，文物陈列如果缺少历史

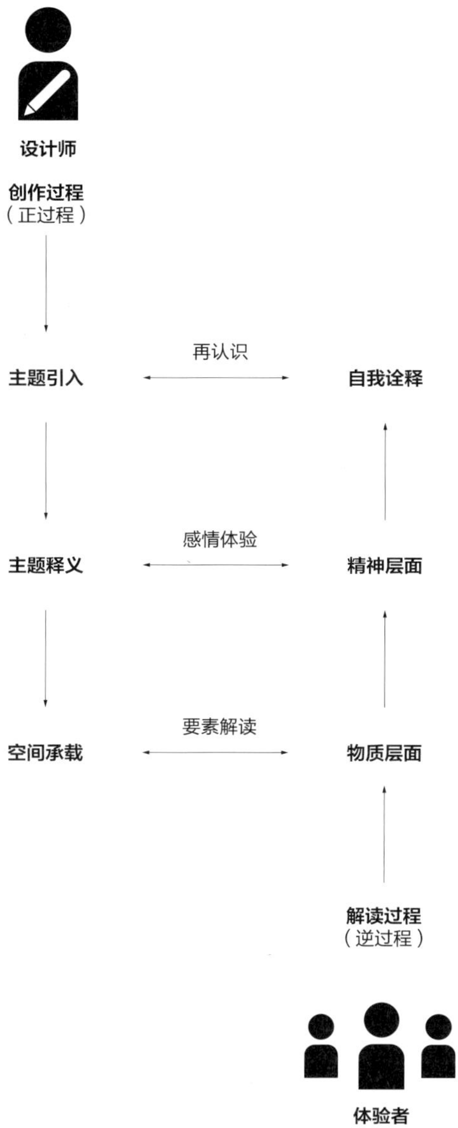
设计师
创作过程
（正过程）
再认识
主题引入
自我诠释
感情体验
主题释义
精神层面
要素解读
空间承载
物质层面
解读过程
（逆过程）
体验者

叙事性设计过程解析

1

2

1-2. 武汉自然博物馆“大河沉思”展厅

语境与历史背景故事的挖掘，单纯进行文物陈列堆砌，会导致博物馆成为文物的储藏间，观众无法与展品发生交流、读懂展品。

我们在参与武汉自然博物馆“大河沉思”展厅的设计中就试图对文物语境进行补充，陈列设计上尝试不再孤立地摆放动物标本，而是更深层次挖掘文物背景和想传达的核心精神。通过对文物本身的解读提供一些指向性的故事情节，通过隐喻的设计手法发人深思。例如“大河沉思”的“自然警钟”部分，在“退守的大猿”版块我们通过对大猿生存环境的树木复原，配合挂在树枝上的动物模型展现出大猿在森林中生存的环境画面。地面塑形通过对树影范围的框定，通过虚线表达树影虽大却无立锥之地的场景，侧面折射出生态环境被破坏、人类活动对自然的干预下动物生存环境缩小所导致的严重后果，让观众在展厅中能够读懂展品背后所想表达的情感和态度，引发观众对人与自然关系的思考，突出“沉思”的展览主题。

在第三单元行动部分的专题故事点设计上，通过政府对麋鹿、中华鲟、江豚、朱鹮 4 种珍贵生物采取挽救保护的行动，讲述了我国开展的环球自然日系列主题措施。在“麋鹿回家”版块的设计中，为了避免麋鹿标本的罗列摆放，设计中试图对麋鹿背后的故事进行挖掘，深层次思考麋鹿为何需要“回家”，最终我们寻找出故事叙事的三个重要阶段。在设计中围绕其出生于中国（清麋鹿苑），中途消失（八国联军掠夺），最终又在人们的努力下重返中国的故事，让观众能够真正读懂展览所要传递的历史信息，直观地了解麋鹿失而复得的感人故事。

2. 丰富空间形态的节奏感——以南充博物馆“人文南充”为例

构成博物馆展示设计最重要的就是空间。空间包括外部空间以及展陈空间，空间的形态及参观动线都会对观者的参观情感有一定的影

1

2

1-2.“大河沉思”展厅实拍图

响。空间如同文章，也需要起承转合，需要节奏变化。为此在展线的布置上应当避免以平铺直叙的方式进行空间布置，如何把握好空间形态布置的节奏，保证观众情绪酝酿的过程是设计时需要考虑的问题。简单的空间布置无法引起观众的共鸣，缺乏对空间形态组合关系的关注，就无法提供波浪式的体验感受。

例如南京大屠杀遇难者纪念馆，参观者在参观过程中坡道上行、缓坡下降的过程也都是空间体验的过程。展览开端通过下行把人们逐渐引入昏暗压抑的地下空间，迎面而来的 300000 遇难者数字在特定的空间下更加震撼人心。

在南充博物馆“人文南充”部分的概念设计时，我们根据既有零碎的狭长空间以及廊道空间进行统筹设计，通过叙事性线索的展开将空间排列组合，将开敞、密闭、廊道等不同的空间形态融入叙事线索中，让参观者在空间形态的穿插中体验叙事故事的跌宕起伏。空间与空间之间交叉组合，保证了叙事的起承转合。例如，我们在展厅的入口处用简洁的形象设置了敞开的城门，观众穿过尽头的门洞就如同穿越时空隧道回到巴人时期繁荣的南充阆中古城，城门内的热闹景象吸引着观众入内观看，观众深刻体会到民俗文化的多元化。在第二单元的处理上，利用狭长的过道空间通过点状化的图片处理表现船工拉纤的身影，廊道深处设置了帆船模型，多媒体音箱从廊道顶部播放出影影绰绰的船工号子声，让观众更直观地体验船工号子这一非物质文化遗产的魅力，让人们在接下来的参观中更好地去思考民俗文化的未来。

“人文南充”在空间形态设计上将结尾处的观影厅也融合叙事线索，作为策展主题高潮。在开敞的影视空间用总结展览和眺望美好未来的形式进行收尾，将观众的空间情绪进行抬高，引起观众的共鸣，点明展览的主题。

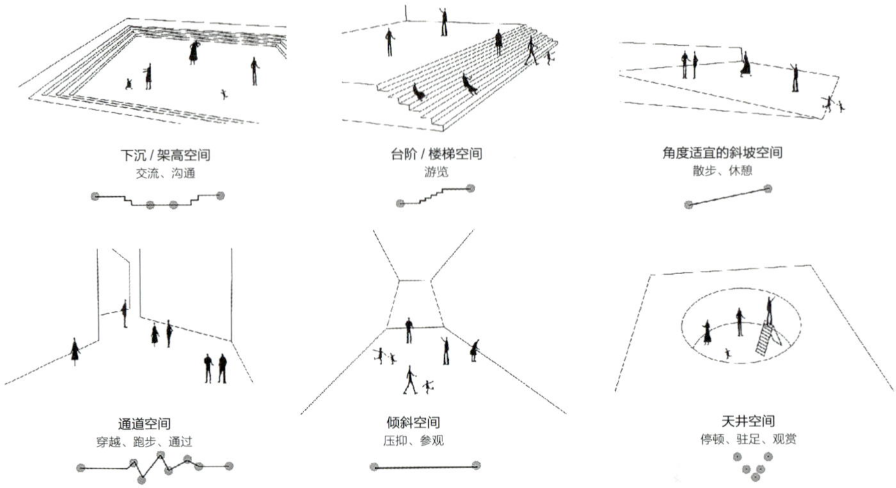

1

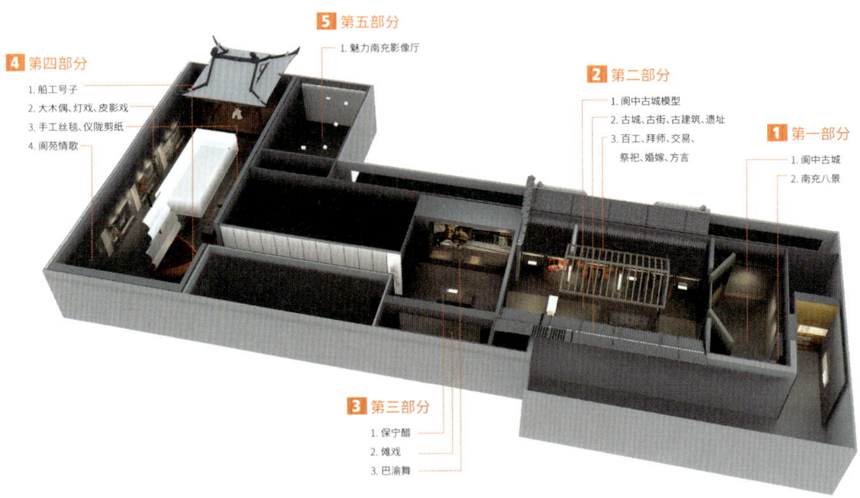

2

1. 南充博物馆“人文南充”展厅空间分析
2. 南充博物馆“人文南充”展厅概念方案

3

4

5

3. 南充博物馆“人文南充”展厅效果图

4-5. 张太雷纪念馆空间效果图

3. 在空间中打造时间维度和故事情节——以张太雷纪念馆为例

情节是文学、戏剧、电影中常用的叙事手法，艺术家从生活中汲取素材加以艺术创造，成为艺术作品。无论是戏剧还是电影中的情节，都是对生活情节的艺术化反映。而每一个人都有各自的生活情节，不同的个体在不同的成长学习环境中有自己的认知系统，也造成不同人对艺术、对空间的不同理解。在空间设计中，应当让空间拥有时间的维度。例如王澍设计的宁波博物馆，将原居民老宅拆除后的砖瓦重新运用到新的博物馆中，将老宅赋予了新生，让新设计的博物馆与周围的建筑和谐共生。他拥有一种特有的情怀，它属于宁波，也属于个人的私家记忆。

我们在参与青运史常州馆的概念方案设计时也着重考虑了空间中的叙事情节。张太雷纪念馆是在张太雷旧居基础上新建的展览馆，展览分为张太雷生平事迹及青年运动史两大主题，反映了当代青年对先人精神的传承，属于全国，属于常州，也属于张氏。在设计中将故居融入整体展线中，从一层故居再到达二层展厅。营造的场所能够贴合张太雷的生平事迹与人物精神是此次设计要思考的核心所在。观众是展馆的重要组成部分，中国青运史常州馆的核心也主要围绕着中国青年在新中国革命建设发展过程中发挥的重大作用展开，青少年作为张太雷纪念展与青年运动史展览的主要受众人群，也是策展中的核心，设计中只有考虑到青少年在参观时的心理因素，空间节奏的设置只有把握受众观众的情绪变化，才能使博物馆空间成为一个历史文化共同记忆的载体。

情节是为了形成更有感染力的空间，还要通过戏剧化的创作手法将情节融入空间。例如，柯布西耶的作品萨瓦别墅中就充分体现了空间情节的艺术性，大师试图将自己儿时的生活情节融入空间中，构筑出一个犹如航行在大海中的船舰。我们在张太雷纪念馆的设计中也尝试将张太雷儿时在常州，青年时在天津、广州等地的革命生活体验融入到场所中，使空间有着一种难忘的生活体验及场所记忆。

三、总结

博物馆展示设计中强调的不应只是视觉化的表象，而是应该通过空间中的情节编排，使观者在体验感悟中主动去接受一个空间。只有人们在参观中建立了与空间的关系，有个体与场景的交融记忆感受，才能形成空间情节，让人难以忘却。我们的展陈设计应该更多关注人的本身，增加一些人文情怀。

笔者认为，叙事性设计最关键的是空间与人之间的关系，也就是叙事三要素中介质与参观者的关系。我们在设计中应该重视对人性化设计的探讨，对人在参观中的心理、生理需求的研究。信息空间、高潮空间、冥思空间的分布要把握好人的参观情绪，给观众一个循序渐进的酝酿过程，一个波浪式的体验过程。

设计师像导演一样运用编排的方式去叙述故事、编排情节，将原本孤立的人与展品串联起来，注意空间与人之间的关联、空间之间的关联，注重与历史语境的关联，将人的体验性考虑进去生成空间情节。展览应该要像讲故事一样向参观者娓娓道来，空间的视觉符号应该与展览的情节互相配合，虚实结合又富有艺术性，给予观者足够的想象空间，使其在参观中接受布展方所要传达的信息，这也是博物馆最重要的使命。

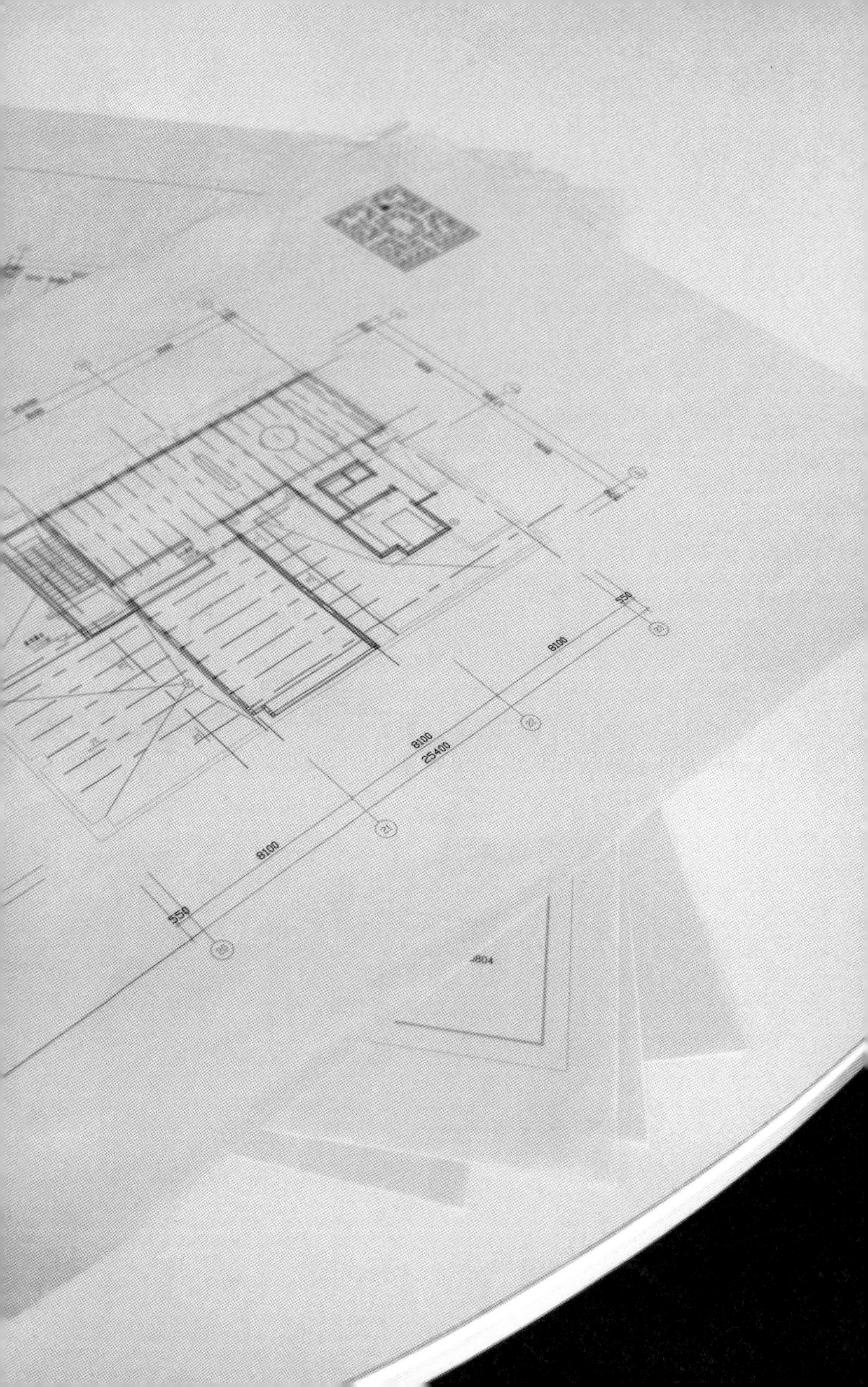
550
8100
8100
25400
8100
550

无声的故事，有声的课堂
对“大河沉思”展厅的再思考

文 | 史云汉

【推荐语】

作者通过“大河沉思”展厅的案例，以切实的工作经验，总结出博物馆展陈设计与大纲之间相辅相成的关系。要做出符合展览主题的博物馆展陈设计，前提是要深入理解展陈大纲的内容，这也是博物馆展陈设计与其他门类设计的主要区别之一。

“沉思：认真、深入地思考。在寂静和孤独中对某个中心意念或意象的深沉思索。”初次接触到“大河沉思”这一展览题目时，身为设计师的笔者不由产生了疑问，为何要“沉思”？怀揣着这个疑问，笔者首先去查询了“沉思”二字的字面含义，进而对展览主题有了更深刻的思考。

作为一个极具严谨、理性特点的自然博物馆，一般将运用客观展示的方法，然而就是在这样一座传播自然科学知识的殿堂中，使用相对带有主观、感性色彩的“沉思”一词作为展览的主题，想必这其中蕴含着编写者们对内容表达方式和最终呈现的良苦用心。因此，在反复研读展览大纲的全部内容后，答案愈发明确，这不禁让我感到兴奋和惶恐，兴奋的是这将是一次大胆的尝试与挑战；惶恐的是这样一个有深度、有意识的命题，我该用什么样的设计理念去与之相匹配？

1

2

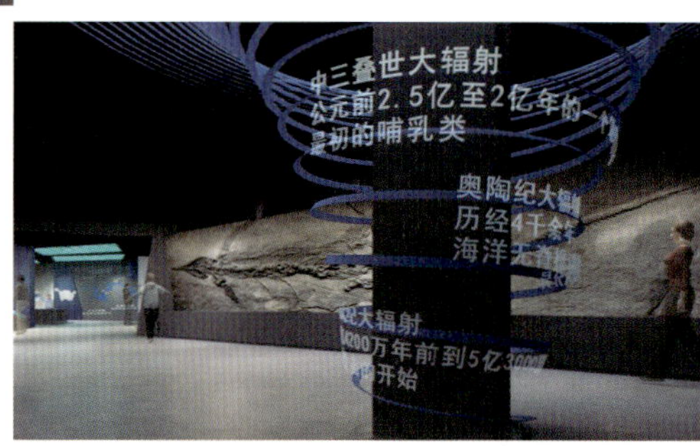

3

1. 一趾绝尘——马的进化
2. 2.5 亿年前大灭绝
3. 2 亿年前大辐射

一、无声的故事

在展览中运用讲故事的手法，是当今博物馆在内容策划与展陈形式中所使用的最为广泛的手法之一。这不仅让大量复杂、枯燥、深奥的科学知识以浅易、生动的角度与合适的篇幅呈现给观众，同时也能迅速在有限的空间中调动起观众的观展热情，特别是能够快速激发中小学生渴求知识的积极性，拉近不同年龄段、文化层的观者与展览之间的距离。

在展览的开篇，以马、熊猫、几维鸟三种生物为代表，分别讲述了生命进化、特化、退化的故事；又以 2 组典型化石标本的组合，分别讲述了 2.5 亿年前生物大灭绝与 2 亿年前生物大辐射的故事。这看似毫无关联的 5 个小故事，看似无序陈列的动物标本与动植物化石间，在经过有序合理的串联后，其背后所隐藏的关于“生命演化——灭绝——新生”的概念便浮现出来。单纯地讲述自然科学的基本概念与知识，每一个自然馆均能做到，但是用若干个与生命相关的故事便将以自然法则为起点，说明生命盛衰代谢的基本规律这一逻辑思维表达清楚的，在国内并不多见。这也为整个展览的故事性陈列方式奠定了良好的基础。

展览中篇的前半部分，通过讲述猛犸象、白暨豚、大海雀、亚洲鲤科鱼类、棕熊、印度支那虎、北部白犀牛、红木等 8 种动植物的故事，从侧面反映出人类在工业生产和社会生活过程中给大河生态带来的严重影响和危机。在这一展区，每一个曾经鲜活的个体现如今变成一件件冰冷的标本，每一个客观事实的背后，都隐藏着发人深省的教训。在针对这 8 组故事开展设计工作时，一开始，我是带有强烈个人色彩去思考和表现的。棕熊活体取胆汁、违法捕猎珍稀保护动物、不加节制地乱砍滥伐稀有树种，我将这些血淋淋的画面带来的愤怒转化成一组组触目惊心的视觉画面呈现出来。面对这样的设计方案，看似视觉效果醒目，实则却成为只顾个人感受、公然宣泄私愤的工具。我不禁开始思考，这个展览的初衷是什么？如果展览最终呈现的效果是这样的，那么它在展出时能给观众带来些什么？是惊恐？是愤怒？还是沉思？换位思考，答案除了让观众循着设计者的思路感到无比愤怒外，可能再无其他可取之处。这与“沉思”的展览主题大相径庭，为此，我在及时认识到设计理念的偏差后，重新调整展陈思路，将重心放在观众的角度，一个力求只讲透、不点透的设计原则跃然于纸上。

每一个大河生命的故事，无论善恶美丑，只对客观事实进行展示，不做过多的氛围渲染与主观意识评论，一个个故事呈散点化分布于空间，将观众包围其中。视觉上形而不满，内容上满而不溢，尺度拿捏得当，讲故事的同时留足思考与想象的空间。顺着清晰准确的展陈思路，其余部分的展现变得一气呵成，融会贯通。中篇后半部分，由麋鹿、朱鹮两个国内生物保护的故事引出世界范围内珍稀物种保护的故事，先抑后扬地与前半部分形成强烈对比。一味地批判与讽刺不是目的，如何提出保护生态家园的倡议、愿景和解决之道才是此展览的核心所在。

在展览的尾篇，通过一部围绕 10 条大河流域展现人与自然和谐共生、伟大盛景的记录短片，在相对静态的氛围下，让观众通过观看一系列与大河流域相关的生物，一幕幕或喜或悲的故事画面，引发其自身的思考，从而激发出观众内心的声音，这便是无声的魅力所在。

二、有声的课堂

“一千个读者眼里有一千个哈姆雷特。”这句名言同样适用于博物馆的展览中。一个故事、一千个观众、一千种想法、一千种评价。

1

2

1. 冰封猛犸象
2. 消失的红木

1

2

1. 麋鹿回家
2. 朱鹮于飞

“大河沉思”展厅通过无声的故事对生命的兴衰进行演绎，既是一种传播自然科学知识的途径，同时也能够激发观众对未来生态的思考。然而展览不能事无巨细地解释出展示内容的每一环节，将有声的课堂引入，便能很好地弥补这一不足之处。

如今，随着我国博物馆事业的飞速发展，教育在博物馆的功能中扮演着越来越重要的角色。自然博物馆是收藏、制作和陈列关于天文、地质、植物、动物、古生物和人类等方面具有历史意义的标本，供科学研究和文化教育的机构。目前，在自然博物馆中定期开展的社教活动已经走入每一个中小学生的日常生活。它注重受教育者的亲身体验，学生通过博物馆社教人员的指导参与各种方式的活动，激发他们对自然科学的兴趣，掌握相关的科普知识，提高综合素质水平。由博物馆所扮演的第二课堂角色愈发受人关注，越来越多的学校、家长愿意组织与陪同孩子前往一同观展，拓展学习与丰富课外知识。面对这一功能需求，在对大河沉思这一展厅进行设计的过程中，我也予以了充分的考虑。

首先，在空间布局上，将每一个故事依据展示的逻辑关系成组团化地归纳总结，同时在各展示组团间留有充足的空间供教师或家长进行讲解，供孩子们随时随地展开命题讨论。在这种开放的空间中，孩子们不再需要课本中平面化的教材内容，而是能够直观看到甚至近距离接触到各种有趣的标本和模型，以及用现代科技手段展示出的自然科学知识。孩子们在参观过程中，可以自主选择感兴趣的展品和内容，参与喜欢的互动项目，实现自主学习。

在空间格局上，不对空间进行硬性分割，打破传统意义上为框定展线所设置的实体隔墙，让空间保持最大化的通透性，拆掉人们心中的“墙”，营造人与人之间便捷的沟通氛围。以“白暨豚——长江女神的挽歌”“麋鹿回家”“朱鹮于飞”展示组为例，展示内容既是无声

展厅轴侧图

故事中的典型代表，又是现行中小学课本中的课程内容，有声课堂的作用便显得尤为重要。这不仅对展览展示的效果起到积极的推进作用，观众在此驻足思考每一个无声故事背后含义的同时，也能够适时地参与到教师现场授课之中，与孩子们展开不同角度不同层次的讨论。丰富沉思的内在属性，提升故事的感染力，这对成年人来说是一次印象深刻的观展体验，对青少年来说则是一次丰富的社会实践阅历。

在展陈方式上，通过深度挖掘展示内容所蕴含的背景、意义，实现普通展陈形式（一般为图文展板）难以做到的既有纵向深入解剖，又有横向关联扩展的动态展陈形式，促进观众视觉、听觉及其他感官和行为的配合，创造崭新的参观体验，提高其观赏、探索的兴趣。例如，在展示世界灭绝及珍稀动物名录这一知识点时，因空间限制，名录中所有相关内容无法通过数量有限的展板完整展示。因此，我们将名录中所有动物的图文信息与拓展知识制作成一个可更新内容的数据库，通过触摸屏的方式进行展示，使观众能够主动学习、了解已灭绝和亟待保护的动物。听觉是白暨豚最为灵敏的感官，捕食、游走和嬉戏，都是依靠听觉进行。然而人类在长江中各种活动带来的“噪声污染”，严重惊扰了白暨豚的生活。我们在展厅中通过骨传导和定向音罩技术，模拟轮船的汽笛声、发动机马达的轰鸣声等，营造一种沉浸式声音氛围，噪声对白暨豚所造成的不适，观众能够感同身受。同时，声音定向传导，不会对其他展区的参观造成干扰。为了增加体验感，实现观众与动物零距离接触，在展厅内设置交互式体验展项。在蝴蝶标本的静态展示区域，通过交互屏幕将蝴蝶的美丽、灵动以动态方式展现出来，观众仿佛置身于翩翩飞舞的蝴蝶中，并与它们亲密接触，激发人们的保护意识。人类的祖先与黑猩猩的祖先在 500 万~600 万年前分家，各自走上独立的演化道路。珍妮·古道尔与黑猩猩在 50 年前牵手的画面深深感动着每一个人。时至今日，我们虽然已无法追寻她的足迹在森林中与我们的“亲戚”进行无言的交流，但通过照片合成技术，可以将观众置身于这一历史画面中，定格并延续下去，将人与自然、与地球万物和谐共生这一美好愿景传递下去。

在展柜设计方面，我们分别从展柜选型与柜内设计两方面考虑。大河沉思展厅中的标本，大到现生生物标本，小到牙齿与骨骼，包罗万象。在合理保护标本的前提下，有针对性地设计展柜与柜内陈列，选取最适宜的观展角度与布展方式，将每一件标本的精彩之处呈现给观众。针对小件标本的展示，选取展台平柜，五面玻璃加上箱体结构最大化地保证了视觉的通透性。同时配合柜内放大镜的使用，放大局部细节，更加准确、清晰地体现生物进化过程中的微妙变化。在自然博物馆内，大体量的恐龙化石一般采取裸展形式。在大河沉思展厅内，考虑到对恐龙化石的展示与保护，我们放弃使用传统意义上的展柜，进而选择同时满足布展的拆装需求与保护性俱佳的玻璃隔断。这种玻璃隔断的优点是在布展过程中，每一面玻璃可自由拆卸，为大体量标本的布展提供充足空间。同时，弱化不必要的展柜箱体结构，拉近化石与观众的距离。针对同时展示来自 8 个国家的不同兽类标本，通过研究与分析，我们发现各个国家的标本之间是非线性关系，因此在有限的空间内，围绕每件标本进行生活环境的场景复原是不切实际的。对此，我们引入“橱窗”概念，将这 8 种标本置入通柜中，在展台上做文章，将它们的生活环境有针对性地体现在展台地面塑形设计中，既起到了展托展架的功能，又能与标本的不同姿势相结合，情境还原。参观时，观众移步换景即可。

在展厅的灯光设计方面，共有三类照明系统，分别是基础照明、展陈照明、展柜照明。基础照明分为应急、清扫等功能照明；展陈照明分为重点照明、洗墙照明；展柜照明分为柜内照明、柜外照明。我们按照以人为本、遵循自然的总原则，在设计过程中，既要考虑观众的心理情绪变化、视觉方向，还要模拟大自然真实情境的需求，特别要注意的是与多媒体互动展项之间的防干扰。因展线是以故事为线索，在整个空间氛围的处理上，增加了一些层次递进，通过对照度（由低到高呈现）与色温（3000 开尔文与 4000 开尔文的灵活应用）的把控来体现展览整体的明暗变化。在展陈照明中，针对展厅内图文展板的照明，采用轨道射灯，其色温控制在 3000 开尔文，照度≤300 勒克斯。针对场景照明，利用轨道灯与 LED 染色灯相结合。LED 染色灯根据不同场景需求，变换颜色，营造出整体的色彩倾向。轨道射灯作为场景照明主光源，对单体动物或群体动物，以贴近于太阳光照的效果呈现出来。同时，注意每个单体动物的光影结合，注意留暗，避免出现多影或虚影的现象，进而引起视觉杂乱。柜内照明以大型动物标本为主，其照度需控制在 20~50 勒克斯。柜外照明多为化石标本、骨骼标本等，化石标本一般照度≤300 勒克斯，色温控制在 4000~6500 开尔文，骨骼标本照度≤150 勒克斯，色温控制在 4000 开尔文。整个展厅照明设计遵循博物馆照明设计规范，严格要求，保护标本的同时，兼顾对环保节能的考虑，为观众提供一个高质量、舒适的光体验空间。

为了激发孩子们参观、学习的兴趣，在展厅的形式设计上还增加了相应的互动环节。在展厅入口处，设置了一面动物剪影的造型墙，并摆放印有展厅内标本的动物造型卡片，卡片上设置一些与展示内容相关的问题，例如“猜猜我是谁”“我在展厅的哪里”“我的生活习性是什么”等，孩子们在进入展厅时，便可领取自己感兴趣的卡片，带着疑问前往参观。在参观过程中，他们可以相互交流彼此所获得的知识；当参观结束后，他们可以将答案和自己的感想写在卡片上，留作纪念或在博物馆其他区域进行展示。“笼中人”的设计灵感来源于人类为了满足自己的私欲，将自由飞翔的鸟儿关入笼中，从而失去了自由和生命。巨大的鸟笼在默默地诉说着人类对鸟类的所作所为，而被关在笼内的人类则在内心思考未来与自然生态的相处之道。无声的影片中飞速发展的钢筋混凝土世界与丰富多彩的自然生态形成鲜明对比，是对课本中知识的补充和丰富，通过第二课堂培养孩子们独立思考和判断的能力。

无声的故事，有声的课堂，对“大河沉思”这一展厅来说，从内容到形式，从展示到教育，动静结合，相辅相成，相得益彰。沉思于展览之中，沉思于故事之中，沉思于课堂之中。作为设计师的我，只做 50% 的设计给故事，留 50% 的旁白给课堂，这或许是一种新的设计尝试。

从衡水湖湿地生态科普馆展陈看博物馆展示视觉系统设计

文 | 李锦芬

【推荐语】

本文至少在两个方面给了我们很大启示：其一，科普类展馆是目前国内博物馆的常见类型，但如何能通过文化线索梳理来展示、传播科普知识，却是一大难题，也是衡量展陈设计公司水平的重要标尺之一。其二，“时间紧”“任务重”“缺素材”也是此类博物馆空间建设时的常有情况；设计施工团队果断打破常规工作流程，变“串联”流程为“并联”模式，几个专业团队紧密配合、穿插补位、齐头并进，有效地保证了质量、节约了工期；整个工程为同行们提供了一种颇具借鉴性的工作方法，是应对中国展陈设计行业现状的极好案例。

伴随着博物馆事业的发展，博物馆行业的产业链也在逐渐形成规模。设计工作由从事室内设计、公共装修、景观设计专业的团队，逐渐扩展到涵盖建筑设计、室内设计、平面设计、艺术品设计、展陈施工、展项制作、文物保护设施研发、文创产品设计等诸多专业综合的设计产业链。博物馆的快速发展带来设计行业的新变革，有些高校艺术专业中细分出了“陈列设计”专业，为博物馆展览设计输送人才，同时行业周边的设计产业发展、行业人才的不断扩大也使得展陈设计的手段前所未有地丰富起来。

行业的发展带来了专业的细分，专业的细分促进了行业的新格局形成。设计团队希望快速占领市场的同时，由于时间周期、资金成本、社会定位等因素的制约，设计水平迟滞化问题也在不断产生。“千馆一面”临摹式的形式设计时有发生，这种现象在展馆视觉系统的设计中尤为突出，而作为最外在、最直接、最具有传播力和感染力的视觉部分，通常又距离观众最近，影响最直接。笔者通过对展陈设计理论的学习，并将理论知识运用于博物馆陈列设计、实施的工作实践，有了一些心得体会，阐述如下。

一、博物馆展示视觉系统的概念

博物馆是征集、典藏、陈列和研究代表自然和人类文化遗产的实物的场所，并对有科学性、历史性或者艺术价值的物品进行分类，为公众提供知识、教育和艺术审美的文化教育机构。随着时代的发展，知识、信息结构的重组，技术水平的提高，设备设施的发展，现代博物馆展示在逐渐摆脱传统的展品陈列方式的同时，不断运用更新颖的展出模式，并迅速形成一个更复杂、更综合的室内设计新方向——展览陈列设计。

展览陈列设计是展示与陈列的有机结合，既有展示设计的功能，又具有陈列艺术的思想。展示设计是利用空间环境、道具形式、照明方式和视觉传达手段等，有利于并在心理和精神上深刻地感染观众的综合性设计工作。展示设计通常体现在创作思路的效果表现，而陈列则是将创作思路转化为实际行为。

笔者根据多年工作经验，按陈列设计的工作流程，将博物馆展览陈列设计分为三大类：专业技术设计、展示视觉系统设计和空间形式设计。这三类设计可以有交叉，但多为递进的次序。专业技术设计包含施工图、专项设计深化，为视觉系统设计提供落地依据和素材；展示视觉系统设计主要包含图文信息展示、展品布置陈列和导视系统、展览经营宣传资料设计等，为展示空间形式效果营造氛围，落实具体的展览信息，对图文内容进行辅助展示，增强观众的参观体验感；空间形式设计包括建筑空间规划、参观流线引导、展览内容布置等，是视觉系统拓展的基础依据。本文主要从图文信息展示、展品布置陈列系统设计方面对博物馆展示视觉系统进行论述。

二、项目缘起

2017 年 4 月底，笔者接到公司安排的一项特殊任务——衡水湖湿地生态科普馆陈列设计。所谓特殊有以下几点原因。

（1）时间不足：项目还处于展馆建设过程中，对应河北省首届园博会主题活动开幕时间，深化设计、布展施工与土建施工交叉开展，为期不足 3 个月。

（2）空间零散：展厅被公共空间一分为二，消防疏散口较多，空间使用存在困难。

（3）展示资料匮乏：业主方有展示意向，但不能提供展品。

在这样特殊的项目条件下，还需要综合业主、专家、土建方等多方面的意见，在保证展示视觉系统设计完整性、效果美观性的前提下，按工期完成，这就需要非常规地开展工作。前面论述中，笔者按照陈列设计工作范畴定义了“展示视觉系统设计”概念，解决具体问题也要从流程说起，要在短时间内完成业主所设置的“题目”，必然要从展示策划、建筑分析、形式设计等方面深入展开，在整个工作流程中合理制订工作计划，科学整合展览素材，才能达到事半功倍的效果。

三、展示视觉系统设计

1. 有效整合设计要素

通过分析，该项目具备以下几个特点。

（1）主题突出：“衡水湖湿地生态主题”——重点展示衡水湖湿地的自然生态特征及保护。

（2）面积合理：2600 平方米，每平方米造价约 8000 元的经济型展厅。

（3）空间可塑：建筑可使用空间高 6~7 米——可考虑纵向多层次利用展示高度。

（4）季节适宜：正值夏初——便于收集、拍摄、复原素材。

利用设计与土建施工之间的时间差，开始全面进入利用“优点”整合要素的设计工程。

1）展示内容策划

展示大纲、展示资料是展览设计的基础，因此，在该项目无法提供展示大纲的前提下，如何快速完成设计成为亟须解决的难题。设计团队采取了以下方法：

（1）深入调研：为缩短调研时间，组织当地专业人员开会座谈，人员组成包括衡水湖湿地管委会管理人员、衡水学院教授、长期进行衡水湖生物跟踪拍摄的摄影师等，收集展示资料与信息；大量阅读关于衡水湖湿地的专著、出版物，同时聘请专业机构帮助收集科研成果资料。

（2）确定展示定位：根据“小主题、大视野”的策划原则，通过展示衡水湖湿地自然生态、动植物资源等内容，增强人类热爱自然、保护环境的环保理念。主题效果基调也定位在美好、光明永续的氛围中。

（3）展示大纲撰写与展览资料的收集：因业主单位缺乏常设展馆的办展经验，对展览资料没有完整的储备，这种现象在参与其他展馆的筹建中常有遇到，展出资料的匮乏会直接影响展览效果，展出形式受局限，观众观展反响差，起不到教育、科普作用等。因此，即便业主不做要求，作为专业设计团队都应在可控时间内，撰写完成可行性展示大纲，尽量收集相关资料，并按照博物馆展品目录的方式进行编辑，为展馆后期运营做好基础工作。在此阶段，研究自然生态的专家学者非常重要，尤其是在大纲审定、展品征集的过程中。

2）空间分析与展示形式设计

交替接力棒的工作模式，是现代博物馆建设过程中最常见也较为有效的工作模式，设计专业的细分也为这样的工作模式提供了保障。但衡水湖湿地生态科普馆项目因工期原因不能完全采用此模式，设计人员必须同期重叠式工作。设计人员在大纲策划初期，通过参加研讨会、协助资料收集分析等工作对展示内容有了全面的掌握，在这样的知识储备下同时开展建筑分析规划、形式设计策划、展览内容分区布置，复工的概率会降低。这也为后续的视觉系统设计顺势跟进打下了良好基础。

在整个建筑分析与形式设计创作的过程中，把握视觉系统的最终呈现效果，是每个空间设计的重要任务之一。虽然在我们的工作组织中，空间形式设计和视觉系统设计是有岗位和责任区分的，但创作的过程中是相辅相成、极少分割的，否则会造成空间利用和视觉效果两张皮的结果。因此，除了要认真研读学习展示大纲、熟悉展品信息外，透悉建筑空间、解构形式设计、把握建筑的优劣点、掌控展陈空间布局，是视觉系统设计的重中之重。

衡水湖湿地生态科普馆的建筑特点有空间较高的优势，总面积与展示内容吻合；不足是展示区域呈扇形，展厅在二分之一空间处被主展馆贵宾接待区阻隔为两段。空间形式设计需利用这样的展厅，让观众在无人工服务的引导下，顺序参观展览，同时呈现“美好、光明、永续”的情绪氛围。这就需要合理地规划使用建筑，以及视觉系统设计全程配合。

形式设计解决方案：展厅前三分之一约1000平方米采用基本陈列方式，利用展柜、图文信息板、模型和多媒体互动方式讲述全球湿地、衡水湖湿地形成、衡水湖湿地生态物种多样性，通过图片、文字的组合展示湿地科普知识，通过柜内标本、实物陈列展示物种多样性；利用导示、语音讲解系统和过渡空间视觉营造引导观众进入下一个三分之一展区“沉浸式场景复原”；剩余三分之一多为与消防通道关联较多的空间，不太好利用，完全交给视觉设计师，采用平面立体化方式进行深化设计。

3）系统设计展示立面

上述两项内容为视觉系统设计做完了基础工作，按照特殊项目既“交棒”又“重叠”的工作方法，第三阶段的设计重点就是视觉系统深化和落地，立面展示和展品的陈列布置又是此阶段中最重要的环节。博物馆是一个物理的展示空间，随着现代科技的发展，数字化展馆逐渐走入观众的生活，利用网络与多媒体呈现的虚拟展馆也成为博物馆的一个发展方向。这种新形式也对传统博物馆的建设提出了更高的要求。对物理空间的参观，观众受感染最多的莫过于由图片和文字组成的立面图板，考验视觉设计师脑力、体力最多的也莫过于此项工作。

1 

2 

1. 完全交由视觉设计人员负责进行图片关系组合的版面
2. 衡水湖湿地生态科普馆

2. 合理布局展示立面

普通装修空间的立面注重结构、饰面材料，展览馆、博物馆的展示立面一方面有分割展示空间的作用，一方面呈现了展览图文、文物展品信息的设计与组合。立面版式设计对整体展览风格与展览信息的表达影响重大，其设计需关注如下两点。

1）重点表现展览内容，有效提取展示风格

在深入了解展示大纲、完全熟悉展示空间的情况下提取与展览内容、空间氛围相一致的图形色彩元素，可以烘托展示重点，突出内容关键，引导受众舒适观展，好的立面构思还能带来高境界的视觉享受。衡水湖湿地生态科普馆首先注重了整体色彩基调的规划。基本陈列区域展示全球湿地生态知识、衡水湖历史溯源、物种资源的内容，以生态绿色为主色调；展示科学保护、可持续发展和美好生活畅想的内容，以理性蓝色为主色调；整体区域辅助色调采用 30% 透明度黑色（灰）结合黑色、黄色、橘色作为配色。其次，在造型上使用弧线形态的立面造型板呈现湖的自然形态，整体上通过色调和图形元素展示重点。

2）通过版式设计逻辑化展示内容

无论展示内容复杂与否，其内容与版式都必须经过逐级归纳使之系统化、规律化，才能使展览脉络清晰、层次分明，才能符合视觉传达的规范。衡水湖湿地生态科普馆项目，因为初期就已介入了视觉系统设计的规划，因此在展览层级的系统化处理上层次分明、表述清晰。

色调分析图

此外，为贴合整体设计“美好、光明、永续”的设计主题，在形式设计中，还借用了不同层次的照明对系统的主次进行了区分。

3. 科学搭配布展材料

展示立面的重要功能是承载与传递展览信息，这些信息多由文字、图片、图表、绘画等表现形式呈现给观众，因此找准展示材料与展览内容之间的共性，科学进行组合，会提升视觉系统的气氛表达效果。

利用特定材质的组合，通过体量大小、位置变化对比，如先后层次、上下层次等，形成视觉系统的层次感，构建展览的节奏。衡水湖湿地生态科普馆在这点的表达上不够完美。最初考虑通过使用少量质感轻盈的玻璃、镜面、不锈钢材质反映衡水湖美好的自然生态环境，同时大量结合生态、环保的可再生材料体现环保理念，并考虑以芦苇为加工材料的基础，但限于施工周期和活动开幕压力，未能完全成型，十分可惜，但这一设计方案也成为我们立面材质选择的攻关性课题，并在设计团队中继续实践。

4. 借助辅助展项丰富层次

归根结底，展示视觉系统的设计工作还是在以平面版式为基础的情况下，展开平面立体化的物理性转变。仅处理设计工作不一定能使视觉系统呈现完整、美观、与展示主题贴切的效果，有层次地通过其他展示手段呼应，才能使得整个视觉空间和谐统一。

1）展品陈列与立面展板的系统化统一

展品陈列是博物馆展陈视觉系统设计的一项重要而复杂的工作，通常情况下在整个形式设计的过程中，不能直接看到展品，因此设计展品的陈列方式是对设计师的一种考验。在衡水湖湿地生态科普馆项目中，为了解决这一难题，我们采用倒推命题的方式，先设定陈列方式、陈列效果，保持与主题展览特性和整个视觉系统的协调，再根据后续实物清单进行对位整合。除了在柜内进行陈列，还借助建筑空间的高度将鸟类标本进行吊装悬挂展示，使整个空间从吊顶到地面的视觉变化有层次。

2）展示照明设计的完美结合

与视觉系统结合最为紧密的就是照明设计，可以说博物馆视觉系统的立体化离不开展示照明的补充。衡水湖湿地生态科普馆项目中照明多使用暖光，除了借用照明拉开立面图文板的立体层次，有关“光明、永续”的主题也是通过抽象造型光影的组合形成的。

3）多媒体展项的拓展补充

现代博物馆展陈设计愈发注重融合艺术品、沙盘、场景、多媒体等辅助展项的设计。其中多媒体展项的设置对展陈视觉效果有直接的影响。互动体验的方式丰富了观众的视觉享受，同时为立面展示增添了生动的诠释，科技感、数字感十足的现代技术也为视觉系统的感观增色不少。衡水湖湿地生态科普馆项目约 900 平方米的沉浸式体验场景就是典型案例。多媒体的投影、视听效果结合舞美式照明充分弥补了立面展示对衡水湖四季变化的阐述，使得观众在阅读文字、观赏图片的同时，也有了美好的互动体验。

如果说以上观点主要侧重于对专业技术的认识，在经历衡水湖湿地生态科普馆项目的全程设计组织施工以及项目跟进后，还有一点深刻的体会：合理的组织、完美的计划、有责任感的团队才是圆满完成项目的法宝，贯穿于展陈设计的每一个环节。

衡水湖湿地生态科普馆项目在较短时间内通过整合设计以及团队全流程参与工作，反复推敲出与展示主题相吻合的设计元素，展示效果虽然不尽完美，但在展示资料不足、时间紧迫的情况下比较完整地表达了视觉设计的初衷，完善并充实了建筑空间，以最好的呈现如期交付。此项目对于提升和优化展示视觉系统设计具有很高的借鉴意义。

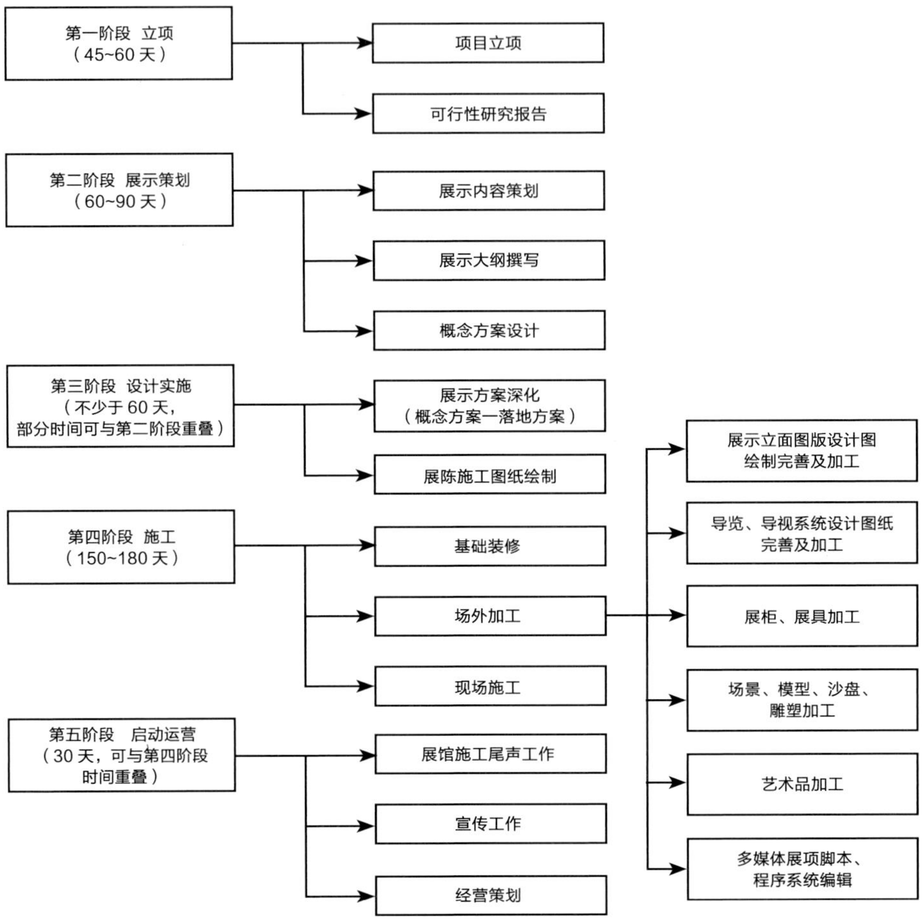

博物馆设计施工一体化工作流程图

博物馆陈列展览中的视觉设计系统

文 | 张 璞

【推荐语】

本文提供了讨论博物馆展览空间视觉系统设计的另一个视角，除对色彩和字型等基本内容的说明外，文章还探讨了材料选择和搭配对视觉系统的重要性，更难得的是还研究了展品陈列的视觉效果，这是视觉设计从平面设计进入空间设计的重要一步。

博物馆陈列展览中的视觉设计是一门融思想性、艺术性、技术性于一体的综合性视觉艺术，正如《周易》中的美学精神——“立象以尽意”，用艺术的审美表达方式阐述博物馆的展陈内容。它除了要追求感官上的形式美感外，其艺术风格还应和所对应的内容相统一，从而形成内容与形式的双重感染力。这种内容与形式的一致性，需要视觉设计师深入研究展览大纲（策展脚本），领会其思想主题，熟悉展品内容，形成总体设想，再经过反复多次的探索，进一步提炼、发展、深化，推导出一套完整的视觉设计系统来约束和指引设计方案。

笔者结合近年来博物馆陈列展览中的视觉设计工作，尝试对这套视觉设计系统进行了归纳、总结和分类。

一、图文展板系统

图文展板系统涵盖了色彩系统、字型系统和材料系统。博物馆陈列展览中，图文展板自始至终与观众形影不离，是展陈内容最基础的表达方式之一。一套优秀的图文展板设计方案既能提高观众的参观兴趣，又能更好地发挥宣传、教育功能。设计师拿到策展方案之初，需要进行深入的内容研究，对大纲（策展脚本）内容拓展、理解。通过相关文献资料查询，针对展览的立意、背景和展览目标，与策展单位或者专家达成一致后，再进行方案细节深化，这样既可以准确、合理地表达展览内容，也可以避免在方案后期出现因立意不统一导致方案推翻的情况。在博物馆陈列展览中又根据内容结构一般存在一级部题、二级部题、三级部题、一级展板、二级展板和说明牌。这些不同层级的图文展板都统一在相对应的色彩、字型和材料系统中，展览最终才能清晰准确地表达出策展内容。

1. 色彩系统

色彩是最直观的视觉感受，具有极强的感染力，能影响观众的心理，唤起人们的情感，可以快速塑造展区形象，深化展览主题。色彩系统中通常分为主色系和辅助色系，主色系应该在色彩属性上直观表现出展览主题的定位，辅助色系起到丰富色彩系统节奏的作用，两者相互作用，烘托展览气氛。

在贵州省博物馆古生物陈列展览方案设计中，通过对凯里生物群、关岭生物群等重点内容的解析，可得出古贵州地区的历史脉络是从海洋到高原的地质变迁。所以在方案色彩系统深化中，笔者选择蓝色作为主色调，代表海洋，寓意生命的起源；以绿色作为辅助色系，象征

1

2

1-2. 贵州省博物馆古生物陈列

1

2

1-2. 贵州省博物馆古生物陈列展览的光线和展品颜色

生命的生生不息。两种色彩搭配在黑白灰的展厅空间基础色调中，稳重的同时体现生命的律动性，同时也符合古生物展的主题。

在色彩系统使用中还应该注意光线的影响和展品的颜色。颜色会随着光线的细微差异不断变化，所以在设定色彩系统之初便要考虑展厅灯光和多媒体对于展厅色彩的影响。同时，色彩的选择要避免和展品颜色对比度太强，否则会显得展品与展厅氛围格格不入。

2. 字型系统

字型系统的规范性往往因为陈列展览中大量存在的图片信息而被忽略，其实文字处理也是陈列展览主题表达的重要手段。成熟的字型系统会让阅读过程流畅愉悦。明朗悦目、新颖活泼的字型选择可以让观众感到新奇、愉快；规则统一、庄重大方的字型系统又可以给观众以肃穆的感觉，所以应根据不同策展内容来选择适合的字型系统。

结合陈列展览层级分类，字型系统应该明确中文与外文的层级搭配。具体而言，在避免一个空间内使用三种以上字体的情况下，可通过字号、字间距、行间距的变化来丰富版面的对比细节。

每一个陈列展览方案中都应该有一套成熟的字型系统。这里的字型设定并非是通过某块内容局部拟定而出，它一定是根据展览主题定位、展线分析得出。尤其是字间距、行间距这种细节设定，对展览阅读流畅性起到关键作用。另外，笔者在近年的工作过程中发现，有些设计师在方案之初便轻率地使用书法字体，尤其在历史类题材展陈中。在这里需要注意的是，对书法字体要慎重使用，古人的书法作品同国画一样，十分注重构图和意境，没有深厚的书法基础和知识，使用书法字体很容易造成时代不对应、画面不协调的情况。

陈列展览字型系统层及分类表 pt

		字体		字号		字间距		行间距		段间距	
		中文	英文	中文	英文	中文	英文	中文	英文	中文	英文
一级部题	标题	方正兰亭粗黑	Helvetica-Blod	1500	640	0	-25	-	-	-	-
	内文	方正兰亭黑	Helvetica	-	-	-	-	-	-	-	-
二级部题	标题	方正兰亭粗黑	Helvetica-Blod	240	180	0	-25	-	-	-	-
	内文	方正兰亭黑	Helvetica	85	65	0	-25	140	100	100	80
展板标题	标题	方正兰亭粗黑	Helvetica-Blod	180	120	0	-25	-	-	-	-
	内文	方正兰亭黑	Helvetica	45	35	0	-25	65	50	70	30
展板内容	标题	方正兰亭粗黑	Helvetica-Blod	60	50	0	-25	-	-	-	-
	内文	方正兰亭黑	Helvetica	45	35	0	-25	65	50	70	30
说明牌	标题	方正兰亭黑	Helvetica	35	35	0	-25	-	-	-	-
	内文	方正兰亭黑	Helvetica	28	25	0	-25	45	40	-	-

3. 材料系统

材料是陈列展览中设计方案得以实现的物质基础，既要考虑审美要求、功能要求、安全要求，又要考虑经济因素。

在图文展板设计过程中，设计师经常困惑于色彩选择、装饰风格难提炼等问题，而通过展示材料自身的属性特征往往可以另辟蹊径，丰富展览的内容表达。

现代印刷工艺已经十分成熟先进，平整的材料都可以附着图文信息，同时又不影响材料自身的属性信息。在酒泉市博物馆陈列展览方案设计中，因为展品数量十分稀少，6000 平方米的展示空间大面积以图文展板覆盖。如何使这么大体量的博物馆陈列展览观感不空洞、不单调？我们便通过展示材料的有机组合来增强展览节奏的律动性。在原始文明时期，立面图文展板选择陶板作为印刷介质，古朴浓厚；在汉唐文化阶段，大面积使用有肌理效果的黑色和红色防火板作为印刷材料，强调汉唐的文化属性气息；在讲到航天文化时，使用了镜面效果的水晶板辅助装 LED 灯珠的导光板，强调璀璨星空下的科技飞跃。

博物馆陈列展览视觉设计中的材料系统设计并不是一味地材料堆砌。没有最好的材料，只有最合适的材料组合。因而，了解材料本身的感官属性，统一在展陈内容的框架下，才能多层次多方位地烘托展陈氛围。

二、展品陈列系统

展品是信息的载体，能够直观地表达内容。在博物馆陈列展览中涉及的大部分展品是文物，而文物自身可能就代表一段历史、一种文化，所以在博物馆展品陈列过程中就要格外注意文物自身的文化属性与展览内容的统一协调。展品陈列系统中展品的分类、顺序、摆放位置、固定方式、柜内色调都需要与展览立意相协调，而不是简单地堆砌和机械地罗列，同时还需要设计师了解文物安全的基础知识，可以准确把握文物陈列中展品重量、重心、材质等信息。

在博物馆主题精品类陈列展览中，展览主题明确，展品种类相对清晰，在展品陈列系统设计中就要保证展品、展厅、展览立意能够形成统一的“气场”，抓住观众进入展厅的第一感观。以三苏祠纪念馆为例，在其陈列设计中，因为所展文物都为“三苏”所作的书法、绘画、古籍类展品，所以在柜内陈列中强调了对“千古文章，辉耀古今”的理解，尽可能地将书画类展品全幅表现，古籍类展品统一在悬空斜台上展示，并且控制好间距，保证每件展品都可以拥有自己的阅读欣赏空间。柜内也避免大量图文展板的出现，采用白色磨砂亚克力印刷进行文字介绍，尽可能让文物来讲述自己的故事。

而在博物馆历史文化类陈列展览中，展品种类往往十分复杂，会出现瓷器、书画、金银玉器或杂项类等各种类型，展览内容也会按照脉络穿插在展品布局当中。这种情况更加需要展品陈列系统在陈列方案上整体思路的指引和约束。例如，在贵州省博物馆展品陈列中，笔者先对展品进行了分类，有石器、骨器、陶器等几类展品，结合在前文中提到的图文展板系统，柜内设计以白色为主色调，背板汲取图文展板中“土层”的概念，采用波浪形层级展示结构，针对每一件器物设计专属支架，保证展品疏密有度，在变化中求得统一。

在展品陈列系统中另外应注意的一点是，要有效利用展品说明牌。说明牌是对展品的说明，可以提高观众对展览的认知程度。说明牌的设计形式、摆放位置和材料工艺同样需要纳入展品陈列的系统中。

1

2

1. 酒泉市博物馆展示材料的有机组合
2. 航天展区

1

2

1-2. 三苏祠纪念馆文物陈列

三、结语

博物馆陈列展览中的视觉设计与其他艺术设计有很大区别，主要体现在它受策展内容的影响较大，设计的时候必须考虑展览的主题和特点，所以视觉设计系统的设定对设计方案具有指导意义。设计师解读策展内容的同时发挥出艺术创作的优势，将内容和创意相互融合，使其碰撞出新的艺术火花，才能设计出精彩的展陈方案。

散谈纪念类博物馆视觉系统特点

文 | 马 冉

【推荐语】

本文对纪念类博物馆的特征分析既实用又深入，尤其点明了其与常规博物馆的差异。为此，纪念类博物馆的设计定位、设计手法和材料选择，既应符合行业一般原则，又必须遵循自身特点。作者结合自身工作经验和具体案例，提出了系统性的设计流程和设计手法，有较强的借鉴意义。

根据中国实际情况，参照国际上常规分类法，现阶段中国博物馆可划分为四大类：社会历史类、自然科学类、文化艺术类、综合类。社会历史类又可细分为历史考古类、革命史类、纪念类、民族类；而纪念类博物馆，是纪念重要的历史事件和历史人物的博物馆，它通过历史文物及影像来记录和传达书本上缺乏的感受，并承担着传承历史文化精神、弘扬正确价值观的功能和社会责任。

由于纪念类博物馆的特殊社会功能，此类博物馆的展览目的、组织策划、设计重点均与其他博物馆有所不同，在兼顾一般博物馆社会功能的前提下，更侧重于教育性、时效性、代入感。

一、纪念类博物馆设计立意

1. 展示元素的强指向性

一般博物馆以“物”为主要展示元素，纪念类博物馆在“物”以外，还会有视频、照片、音频、艺术品等不同的展品展项。这就使得展陈设计可以运用更多种表现手法，展陈效果更具有针对某一事物的指向性。

2. 设计立意以“物”佐“史”

博物馆是以“物”来阐述展示主题，历史环境则作为时代背景来阐述展品展项的时代特点。而纪念类博物馆，则是把特定的历史时期、历史人物作为展示主体，“物”作为阐释和补充，配合突出历史事件和人物。

基于以“史”为主、以“物”佐“史”的展陈关系，设计立意应为突出历史事件或人物服务。因此，如何通过对“物”的设计表明历史事件的脉络、突出历史人物的特点，是不同于其他博物馆的设计重心和设计难点。

3. 表现手法的代入感

纪念类博物馆由于其特殊的展示组成和设计立意，决定了它的展陈表现手法更加多样化，更加注重沉浸式的观展体验，在视觉、听觉、触觉上给予观展者更多的感官刺激，使之更具有感情倾向，时代感、代入感更强。

二、纪念类博物馆视觉系统的定位

博物馆的视觉系统设计与传统纸媒、VI、UI 等视觉系统不同，整体上可分为标识系统、展厅空间系统、物料。其中展厅空间系统尤为特殊，它更多地结合了空间设计，从二维设计转为三维设计。这一点让它成为视觉设计众多分支中独一无二的存在，在汲取当下设计流行元素的同时，更是牢牢地依附在三维这个绝对框架中。

在博物馆的视觉系统设计中，尤其是在展厅空间系统里，视觉的二维设计元素应用在三维空间里，要做到简洁清晰，具有平衡的体量布局和清晰的展陈节奏。这就需要设计师从二维空间突破到三维空间，掌握一定的空间设计感，在设计之初就要和空间设计师一起认识展陈空间，共同把握展陈节奏。

上面谈到，纪念类博物馆是以“物”来讲述“史”，它的展示主题针对性强，因而视觉系统更要从展陈元素、展陈手段入手，紧紧围绕着“纪念”的主题层层展开。

三、纪念类博物馆视觉系统特点

在一个小则几百平方米、大则上千平方米的三维空间内，如何体现不同主题的展览个性，需要在设计之初，对展览展示内容进行深入的研究解读，纵向深度挖掘展览意义，体会策展重点。在“还原历史”的前提下更加注重对观众价值观、世界观的引导，立足于特殊的历史事件或历史人物，从视觉设计基本元素出发，做出具有特殊针对性的、更具体的设计。

1

2

1. 长征胜利 80 周年展
2. 展厅字体、字号分级

1. 基本元素应用

1）基本元素的提取及设计

无论在二维还是三维空间中，视觉设计的基本组成元素不外乎字体、色彩、图片三类，稍微不同的处理方法都会赋予它们特殊的性格，我们称之为设计语言。而在纪念类博物馆中，根据展陈主体选择合适的设计语言，甚至将其夸张处理，以明确感情导向，有助于更好地完成其教育职能。

在“纪念中国工农红军长征胜利 80 周年主题展”（以下简称“长征胜利 80 周年展”）中，我们对长征的定义是：一场艰苦卓绝的战略转移，凭借对革命理想和事业无比的忠诚、坚定的信念，我党秉承坚韧不拔、自强不息、勇往直前的精神，完成了这一历史壮举。

由于展陈主题的特殊性，为表现这一主题内涵，设计语言的方方面面以“力量、希望”为出发点。如主要字体采用力量感强的黑体，以贴合“顾全大局、严守纪律、亲密团结”的品德精神，从不同层级上对字体的粗细、大小、颜色进行设计。各级部题作为展览内容结构的“标签”，起到归纳、提示展示内容的作用，因此在展览主题的层级框架下，字号分级递减，阅读区域面积递减，在空间视觉上给予观众对展示内容层级关系的引导。

展厅以红色为基调，夸张表现了长征精神是中华民族百折不挠、自强不息的民族精神的最高表现。在其他类型博物馆中对于红色的应用相对保守，一般不做大面积应用，具体到“长征胜利 80 周年展”上，红色浓烈的感情色彩反而是表现展陈主题最贴切的色彩，给参观者营造出一个明确的感情基调。

图案图形作为设计的辅助元素，最能体现设计者对内容理解的深

1

2

1. 以红色为主题色的展厅
2. 天花板上贯穿的飘带、旗帜造型的应用

度。如何提取和应用辅助图案图形，往往最能体现设计者表现主旨的能力。二维系统中，经过提炼的辅助元素会作为串联整个体系的设计语言，以扁平化的方式对设计项目进行延展。将其应用到三维系统中，不仅要提炼出可以扁平化应用的辅助图样图形，也要提炼出一个或多个具有象征意味的造型来满足三维应用的需求。

“长征胜利 80 周年展”这个主题下，首先，以“中国工农红军经历的二万五千里路”作为立足点，在展厅的上空设计了一条红色的拉膜带贯通，寓意长征走过的路、长征精神的绵远流长；其次，以“长征是一面指引中华儿女的旗帜”作为立意，结合部题在展陈大纲中的功能，将内容、元素、形式融合在一起，把一级部题设计为旗帜的形式，在立面版式系统里形成一个可延续、具有提示性的设计元素。

总的来说，将展陈主题的主旨意义通过文字、色彩、辅助元素进行归纳总结，在展厅中将所有设计元素遵循二维的基本法则，在三维空间里赋予设计元素更夸张更多层次的表现手段，让最基本的展陈元素跳脱出其他类型博物馆相对平和的展陈语言，着重突出元素的个性，营造出感情倾向鲜明、代入感强的视觉感受。

2）基本元素的组合应用

在展馆的设计里，体现展陈节奏和展陈调性，不仅是对空间的平面规划，视觉系统的设计从最直观的体感给人以感情引导，因此才是最能直接打动观众的设计语言。对视觉元素进行提炼定位后，通过版式设计结合三维空间，将基本元素进行组合应用，以展览主旨需求为准，按照历史人物、历史事件的发展进程组织好展陈内容，用版式将历史进程的各个发展阶段有急有缓地表现出来，才是把握展陈节奏的关键。

2. 视觉系统在三维展厅的延展

在传统平面设计系统中，这种感情上的节奏引导局限在一个相对狭小的平面中，以“点线面”的平面构成来传达不同的版式节奏。如果说将设计元素性格提炼出来，并加以明确导向性的应用，将二维规则在三维中的拓展是明线，那么通过对立面版式在空间中层次、造型的设计来把握展厅整体的内容布置节奏，则是视觉系统的暗线。以这种“明”“暗”互相包含的方式，对三维中的“点、线、面”进行设计。

“三苏纪念馆”以苏氏父子三人的生平作为展示主题和线索，视觉设计要把握住“三苏”作为文人在历史上的地位，以此作为展馆的统一主基调，又鉴于父子三人的仕途、文学造诣、人生经历的区别，在保持基本设计元素一致的同时，通过视觉设计表现出不同的叙事线。

展厅一层为苏洵、苏辙父子，相较于苏轼来说，他们的人生轨迹相对平稳，文学贡献也不如苏轼卓著，因此在平面版式的设计中用方形来规划立面分区，用一种平静的、温和的版式语言和分割方式娓娓道来二者的人生经历和取得的成就。

展厅二层为苏轼的生平和成就展区，苏轼作为唐宋八大家之一，其在文学上的造诣颇深，对后世影响深远，同时他也是一个仕途坎坷的人，几经大起大落，最终客死他乡。鉴于苏轼丰富的人生经历，空间和视觉的关系在保留米色为主基调，在“面”上延续了具有文人气质的视觉氛围的同时，相较其父兄有了变化：为了表现苏轼跌宕的人生经历，将立面进行不规则分割，立面版式根据所分割出来的造型进行独立设计，使展厅在视觉线上有连贯的跌宕起伏的视觉感受，形成了“线”。穿插在视觉线中，提取了苏轼人生中重要的转折点，在其文人氛围形成的“面”上进行“点”的突破，结合独立的空间，使用

1

2

1. 三苏纪念馆展厅一层
2. 三苏纪念馆展厅二层

1

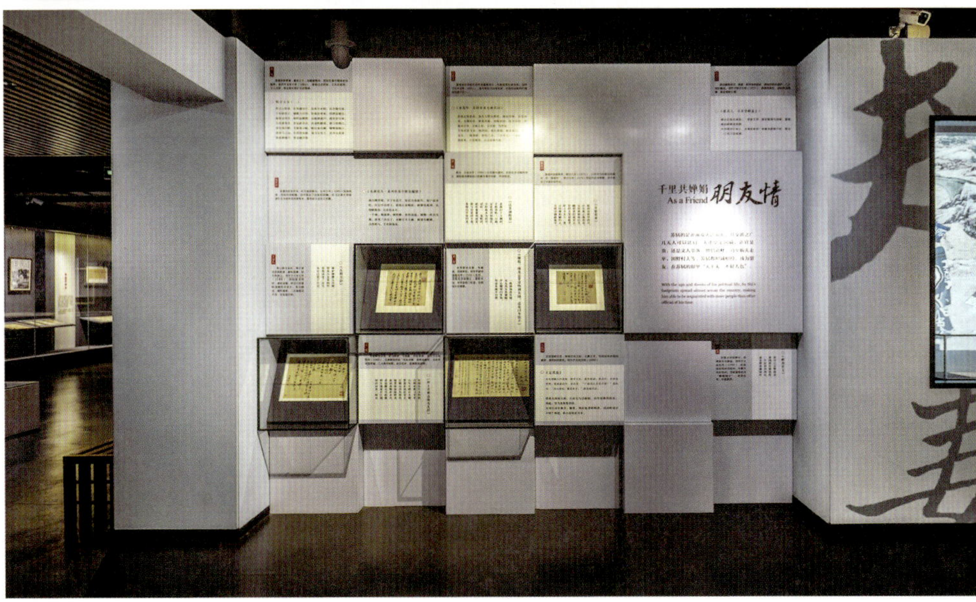

2

1-2. 展厅中的留白与堆砌

了或留白或堆砌的排版方式，在展厅中点出具体时间或特殊历史时期，用平面设计的点线面递进关系，做到以“史”为主线。

3. 视觉系统与空间其他设计的关系

平面设计与展陈手法的交融，是博物馆视觉设计的独特之处。前面说到，平面设计的基本元素、版式都是具有独立性格的，甚至是为了展现展陈主题进行了夸张的处理，那么将这些经过提炼的设计通过什么样的手段进行展示，也是重要的一环，按照类型不同可以分为工艺材质、多媒体、艺术品、灯光布置等。在这些环节中，与平面设计关系最密切的应该是工艺材质，提炼后的元素附着在什么材质上，会表达出不一样的性格。

“三苏纪念馆”一层展厅大面积应用木板平板印刷的工艺，结合宋体字营造出较为柔和的文人氛围；苏轼展厅则是多次运用了石材雕刻书法字，以突出苏轼的文学造诣和人格特点。在同一展厅中，针对不同的人物运用适合其气质的材质配合相应的平面元素，夸张的对比表现出主题思想，这一点是在其他类型博物馆中不会采用的手法。

四、结语

综上所述，纪念类博物馆的视觉系统设计要做到深入解读展览大纲，抓住展陈主题，将经过提炼和再深化设计的元素，利用具有独特性格特点的手法，以直白、夸张的形式从视觉感受上给予观众直观的冲击力，以此给予观众视觉流线上的引导，起到渲染主题氛围、点明展陈主旨，最终完成其传承历史文化精神、弘扬正确价值观的社会教育作用。

关于酒泉城市规划展览设计的思考

文｜张　璞

【推荐语】

城市规划展大多能表达出当代中国对城市发展的自信，而且随着城市展在全国各地的快速普及，其展览内容的丰富性、设计细节的精细度，都有了长足的进展。本文以酒泉市汉唐文化展示中心项目为引，强调设计中不应刻意追求现代流行元素，而应以传递人文情怀为主。展陈设计中通过对经济、文化、工业、旅游、自然和特色资源等要素的重新编排与呈现，设计师力求传递的酒泉特色和家乡情怀，扑面而来。

城市规划展览馆是城市规划的“研究馆”，集中了大量规划素材，可以为研究、制订城市规划提供重要依据；是城市形象的“展示馆”，展示城市特色，彰显城市魅力；是城市历史的“博物馆”，浓缩、形象地展示一个城市的历史变迁；是城市规划的“教育馆”，普及规划知识，增强市民的规划意识，有利于市民自觉遵守规划、支持规划。

伴随中国城市化进程加速发展，城市规划馆的建设进入了集中发展的黄金阶段，同时城市规划展览的设计思路也日趋形成统一风格。尤其在2010年上海世博会之后，全国各地新建的城市规划馆纷纷效仿世博会实践案例的理念和做法，追求“低碳、环保、绿色”理念的同时，将现代声光电科技技术融入多项展示环节，提出“不求最大，但求一流，但求最先进”的设计主旨。

自 2000 年我国第一座以城市规划为专项的展览性建筑——上海城市规划展示馆建成，至今已经过去了 20 年。这种高度追求“最先进”新媒介技术的设计思路是否还适用于目前的设计环境？笔者将结合酒泉市汉唐文化展示中心项目和酒泉市博物馆项目中城市规划展览章节设计提出两点思考。

一、城市规划展览设计的城市文化性

考虑到城市规划馆对城市的宣传教育功能，它要根据城市自身的特点，打造自己独特的气质，设计理念应具有城市文化性。

在现代城市规划展览的设计中，环境彰显空间特性。每个城市所处的空间地理位置、地形条件、历史条件和自然条件不同，因而构成了一个个独特的城市环境形态。这就要求现代城市规划展览的设计必须以当地的环境作为参考标准，彰显当地环境特色、地形条件等，并把这些要素融入城市规划展览的方案设计之中。

以酒泉市汉唐文化展示中心为例，该中心位于酒泉市与嘉峪关市之间，主要展示酒泉市汉唐文化新区的规划（城市设计）与建设。

展示方案设计中考虑到汉唐文化新区是华夏文明传承创新示范区的龙头项目，对该示范区建设具有深刻的现实意义和深远的历史意义，所以展示方案设计定位为在汉唐文化氛围中绘制新城区的规划蓝图。展示方案设计风格与汉唐新区建设理念一致，虽然是新城区建设，但以仿照汉唐时期建筑为主，所以展厅从整体规划到每个细节都充斥着“传统”与“现代”的碰撞。

展览的主线内容以简洁的设计风格为主，矩形金属框架的画面分割和组合，配合沙盘展示等现代手段。而展览的辅线围绕主线结构，在色调、装饰、灯光方面摒弃现代科技的特征，以暖色系为主，配合汉唐时期装饰图案，极大地提高了“传统”氛围的感染力。由此可见，把文化特色融入城市规划展览的设计中，能够激发观众在参观中的情感体验，填补他们的情感空缺，使观众在参观过程中找到归属感和认同感，了解规划方案的同时还能产生情感体验。

二、城市规划展览设计的多元视角

随着城市的发展、政策的提升，城市规划馆设计需要摒弃只追求“最先进”的展览手段和思路，应全方位、多角度地展现城市的建设史、经济文化建设过程和成果，以及建设的未来蓝图。

在以往的城市规划馆展览设计案例中，展厅的场景设置上多充斥着现代科技手段，如色彩绚丽的声光电技术、身临其境的 VR 场景还原技术，以及充满趣味的互动多媒体项目等。似乎城市的现代化建设表现必须要用高新的科技手段来映衬。某些项目甚至出现在单调抽象的科技符号装饰下，“三步一互动，十步一沙盘”，大量堆砌新媒体项目。引人深思的是，这种“直白”的设计手段是否还适应当下的社会环境？

伴随着中国城市化的高速发展、城市的扩张和社会变迁，人们的心态愈发患得患失，许多原有的文化符号在慢慢消失，供人们寄托的精神载体也随之消失。由此，设计应该更贴近生活，以人为本，全面展示城市独特的文化底蕴及精神面貌。在城市规划展览设计手段中融入文化元素，正是在缓解和试图消除人们因文化逐渐远离而产生的恐慌。

酒泉市博物馆的方案设计就充分考虑到了这一点。该馆虽然名为“博物馆”，但实际前期定位是“城市馆”。其内容涵盖了酒泉市城市和下属区县的建设历程、规划、未来，是一座展示面积 6000 多平方米

1

2

1. 展览主线
2. 展览辅线

的“综合性城市馆”。整馆分为三层，其中一层主要展示酒泉市的经济、文化、工业、旅游、自然和 7 个区县的特色资源，所以在方案设计中就需要考虑如何做出“酒泉”特色。

这个展览同样使用了一定数量的新媒体项目，其中，在一层中央设置了 400 多平方米的数字沙盘。但与传统规划馆不一样的是，这些高新手段被设置在一个大的环境氛围中。因为酒泉市是古丝绸之路重镇，所以即使是如此大型的现代数字沙盘，展线设计依然优先选择浮雕来展示酒泉市的历史和现貌，观众需要绕过浮雕才能进入沙盘展示区域。同时，沙盘四周大面积装饰金属板腐蚀的祁连山山脉全景，目的在于让观众进入展厅后首先得到这是“酒泉市”的心理暗示。在观看大数据展示城市规划、经济发展、城乡建设的同时，帮助观众产生“我们酒泉市”的代入感，这样可以更加柔和亲切地带领观众走进“酒泉特色”的展示环境。

在进入“璀璨酒泉”展厅后，与汉唐文化展示中心不同的是，这里的时代设定就是当代及未来。那么现代“酒泉市”的文化符号是什么？屏幕中一连串数据背后最终希望表达的是什么？为了使该规划展览更有文化底蕴，首先要解决这些问题。

于是，我们同样在氛围与手法上用功。展厅整体采用闪银铝塑板作为基础装饰材料，将时间背景从现代延伸到未来。讲述工业部分穿插工业用钢板做装饰，讲述经济部分则以穿孔铝板使自然光线铺洒到展厅中来，讲述农业使用麦秸秆板材制作框架展示，总之，将展示内容借助装饰材料营造出与之相符的环境氛围。如此，即便只是使用常规展示手段架构的展示氛围环境，只要它与这个城市的气质相吻合，无论怎样在其中设置新媒介项目，它都可以温和而亲切地帮助观众来感知这个城市。

00:00:22:20
00:00:22:20

一层数字沙盘——祁连山山脉全景

展览主线

三、小结

城市规划展览与其所处的环境和时代紧密相连，在设计的过程中没有必要过于刻意地追求现代流行的新媒介技术。只要设计师以积极的态度去感知城市的独特气质，那么设计作品一定会包含创新性和实验性，从而创造出更具魅力的城市规划展览，向人们彰显其独有的个性。

博物馆中的视觉导视系统分析

文 | 马 琳

【推荐语】

博物馆的导视系统设计是实现博物馆信息传播的重要途径，优秀的导视系统可以将有效信息高效、便捷地表达出来，并准确无误地传递给参观者。本文结合实例，探讨了博物馆导视系统设计的特点、文化符号类型以及多样化的表现，为博物馆导视系统的设计和评价提供了可靠依据。

随着近几年来博物馆陆续免费开放，博物馆作为特殊的文化传播空间，迎来了大批的参观爱好者。面对文化水平差异的庞大参观人群，视觉导视系统的设计在保证参观顺序、有效疏导游客、满足参观者的情感精神需求和参观目标等问题上尤为重要。设计者用独特的形象识别、合理的导向标识、人性化的参观路线指引等文化符号语言，在引导参观者正确参观与学习的基础上，提升博物馆形象，完善博物馆服务，增进博物馆公众影响力。

一、博物馆导视系统设计的特点

博物馆导视系统设计的最主要任务就是将信息直观地、准确无误地传达给参观者，这其中包括了对信息的设计、信息点的合理布局及保持信息系统统一性等方面。因此，博物馆导视系统设计具备了以下特点。

1. 与展览主题一致

博物馆的导视系统设计是依托博物馆主题展开的，博物馆的主题与文化内涵融于导视系统中，由此整合的导视系统成为了博物馆视觉识别体系中的一个重要组成部分，是博物馆展示设计的拓展与延伸。

2. 与环境设计风格相互协调

博物馆导视系统的设计要充分利用博物馆环境设计的风格，将导视系统元素融于室内与室外的环境之中，营造博物馆的特殊情境，使参观者有身临其境的感觉，从而产生更加浓厚的参观兴趣，也能更直观地感受博物馆的文化气息。

3. 注重效率的传达与使用

博物馆导视系统的设置在功能上要达到合理有序地引导参观者，使参观人群的参观路线通顺畅达。所有的使用者都期望能够以最方便、最有效的方式实现引导定位，因此，信息内容使用方式的设计，应该把效率和准确性摆在首位，把设施所负载的信息按照内容的重要程度进行顺序整理。特别像历史博物馆这一类的博物馆，参观需要按照一定的顺序进行，这就对导视系统的设置有着更高的要求。与此同时，设施的使用或观看方式也必须符合约定俗成的习惯或以能够让使用者容易理解的方式传达信息。无论使用者身体能力如何、文化水平高低，都能够精确理解导视所表示或所要传达的信息。同时，应当尽量减少操作或使用的复杂性，保证使用方式最简单、最直观，以及最容易被使用者所理解。

4. 合理的尺度设计

这不仅要求设施单位具有良好的尺度以便于人们所使用，在设置导视节点时，也要充分结合参观路线、空间环境、使用需求等多方面因素进行综合考虑。设施的尺度设计还要充分考虑不同行为能力的使用者在使用时所需空间、尺度、力度等变化。使用者无论身材高矮，是否使用辅助设施都能够以自然的身体姿态、合理的方式完成使用，不会因为能力差异而出现无法阅读或使用的现象。使用者无论站或坐，视线都能够不受任何遮挡或阻碍，以防止重要的信息被忽略。

二、博物馆导视系统文化符号的类型

博物馆导视系统文化符号可以分成两种类型：视觉符号和隐形符号。

1. 视觉符号

博物馆导视系统的视觉符号是通过对展示内容的提炼所形成的抽象化语言符号，并承载了文化背景，代表着民族精神和理念。对导视系统的研究具有重要的理论和实践意义。视觉符号以导视标牌为主。导视标牌是国内各大博物馆及现代人们最常见和通用的一种主要标识。设计者多使用箭头来向观众指引参观方向，此外，展墙上的文字也可对观众参观路线起指引作用。有些展览按时间顺序策划布展，根据展

1

2

1-2. 军博版式设计投标方案

墙上的时间、标题便可轻松明确路线，准确把握展览脉络。

2. 隐形符号

视觉系统的隐形符号往往最容易被忽略，但它却承担着重要的导视作用。隐形符号主要包括以下几个方面。

（1）建筑结构规划是构成导视系统的基础。优秀的空间结构可以自然而然地形成疏导路线，为导视系统设计提供事半功倍的效果。以故宫“万紫千红”展为例，该展展厅位于午门，展厅为午门正楼、西燕翅楼及东燕翅楼，观众从午门西侧入口处进入展厅，由西到东依次参观，便可连贯、完整地完成参观过程。

（2）策展布局是导视系统的核心部分。策展布局可以在空间结构和展示内容之间建立起逻辑关系，引导参观者的观展路线。展览内容先划分为几个单元，单元与单元之间有明显的或者象征性的隔离。同时单元之间又用通道、展品、灯光、材质、色彩等方式相互连接，从而形成有机整体。清华大学艺术博物馆于2016年举办的“对话达·芬奇”展览将展品分为艺术、科学、机械、预言与寓言、建筑几个单元进行立体呈现。通过展墙将不同单元隔离开，使用不同色彩加以区分，增强展览内容的逻辑性及条理性。

三、博物馆导视系统设计的多元化艺术表现

博物馆导视系统设计的特点也造就了导视系统设计的多元化艺术表现。以往的导视系统设计更多关注的是其科学性和功能性，忽略了博物馆作为传播文化的媒介其本身带有的文化性和艺术性，而现代博物馆导视系统设计则有了更多的艺术表现形式。

1. 多元化的造型

造型可以理解为创造物体形象和创造出来的物体的形象，这实际上就是导视系统设计中“图”与“形”的结合。“图”一般是对二维平面进行浓缩而得到的一种视觉元素；而“形”往往是指在多维扩展手段介入下才形成的一种具体应用。除了二维平面造型的丰富性外，在导视系统设计中打破固有的平面概念，将二维的“图”与多元化的“形”进行有机结合是博物馆导视设计达到造型多元化效果的主要方法。例如，衡水园博园湿地生态展厅所采用的视觉导视系统，就是运用了多元化的造型：用四块代表水波纹的弧线造型错落有致地组合成形，其中造型重叠的部分采用了“图”与“形”的结合，与整个展厅的主题更加契合。

2. 载体的多元化

伴随着当今视觉媒体技术的飞速发展，新科技、新材料的发明使呈现视觉信息的载体不再仅限于实质性的物质材料，可以通过声光电等技术将视觉信息进行综合处理，利用多媒体技术使导视体系呈现多样化的视觉构成，既有传统的静态形式又有动态新方式。例如，将导视元素通过数码视频与地面、壁面或者柱面等造型结合，以视频影像的方式展示导视信息。通过电子屏幕、电子触摸屏、语音接收器或者灯光的投射效果等来呈现导视信息，使导视信息的表现语言多元化，一方面丰富了导视系统本身的多样性，另一方面提高了信息传递的趣味性和高效性。

3. 材质的多元化

不同的材质有着不同的视觉和触觉感受，能引发参观者不同的心理联想，因此不同材质的合理选用，能为导视系统设计带来事半功倍的效果。工业生产的发展，科学技术的不断进步，新型材质不断出现，满足了设计者对不同风格的不同材质应用的需求。例如，军事博物馆导视标牌的设计就是根据历代军事主题，结合钢材、玻璃、水泥、石材等材料的特点，形成恢弘的气势，贯穿了整个博物馆的视觉导视系统，营造了军事博物馆特殊的空间氛围。

4. 色彩的多元化

色彩是视觉感官刺激效果中最为突出和强烈的，设计师要充分利用色彩信息的特点来提高参观者的感知兴趣。博物馆导视系统色彩多元化体现在以下几个方面：使导视元素色彩与周围环境形成强烈对比或保持协调一致；利用导视元素色彩表达导视系统的意义和内涵；通过导视元素色彩区分导视信息间的不同内容；在整个导视系统中起到装饰美化的作用。通过以上四点来展现传播主体的视觉信息与色彩信息，从各个不同的层面与形式提高参观者的感知兴趣。例如，衡水园博园展馆的导视系统中鲜亮的绿色应用，既与环境形成强烈的色彩对比，也表达了其与传统博物馆导视系统用色不同的更为积极和现代的设计理念。绿色在整个导视系统中既有信息区分又有信息联系的作用。

2

1

1-2. 衡水园博园湿地生态展厅

四、结语

导视系统具有良好的信息认知与传达功能，一套优秀的博物馆导视系统必定是科学的理性思维与艺术的形象思维的完美结合。随着人们认知领域的拓宽，其多元化发展趋势日益明显，设计师依托博物馆自身主题的特点，积极结合传统文化和国际设计理念，在追求导视系统艺术形态多样化的同时，又要将多种艺术形态巧妙合理地融合在同一导视系统中，这就对设计师提出了更高的要求。

探究视觉心理对博物馆设计的影响

文 | 王 迪

【推荐语】

博物馆展陈空间设计是由多个设计专业整合运作的行业体系，其中的平面设计专业肩负重大责任，且需与设计策划、空间设计、信息设计、照明设计等专业人士协同工作，打造特殊空间氛围，负有信息传播（文字和图片）的主要责任。本文讨论了多个展览空间，从色彩、视觉系统和意境打造三个方面，对平面设计在展陈设计中的重要作用进行了说明。

博物馆展示设计中平面设计的形成，是把展览要素转译成观众乐于接受的平面符号，传递给观众的过程。研究博物馆视觉设计是做好博物馆根本的需求，也是当今时代的需求。对视觉心理的研究是为了更加完善博物馆展示设计的视觉语言的表达。博物馆展示作为展示设计的一种，有研究其视觉美感价值的必要性，而这一点往往由于种种原因被弱化和忽略。当设计师注重观众的视觉心理，以此为出发点进行设计思考后，往往可以提升整体氛围的美感，促进展览信息的“情感传达”，从而让观众在展览中得到视觉的满足。

本文通过分析不同的优秀案例，说明展示设计中色彩的表达处理，对观众的视觉心理有着极深的影响，并由此得出博物馆视觉设计研究在博物馆展示设计中的重要性。

一、博物馆中的色彩表现

在现代化社会中，有悠久历史的博物馆是可以给人们带来情感体验的重要场所。人们在其中可以感受浓厚的历史氛围，从展品中得到真实和深刻的情感体验，在体验过程中加深对事物的认识，从中感受到自我存在的价值。

著名学者苏珊·朗格指出：情感与艺术的关系密不可分。博物馆展示设计是以视觉为主的综合性的艺术形式，而色彩在博物馆设计中是十分重要且富有魅力的视觉语言，在展览中色彩和色调的配合能够烘托环境气氛、创造意境、触动观众的情绪，激发观众不同的心理反应和抒发某种思想情感。

根据展览主题和时间顺序讲述展览内容，除了空间的划分，也可以通过色彩上的视觉感受产生情感变化，一直延伸到整个观展的过程中。色彩是由色相、纯度、明度三大要素构成，在展览中可以通过这些元素影响人的情感，轻快的颜色给人明快之感，重色给人沉重的感觉。例如，衡水湖湿地生态科普馆中，为了体现湿地的氛围，整个展厅以绿色为主色调，使人瞬间有种融入自然的感觉，这给整个展厅营造了轻松愉悦的氛围；在武汉自然博物馆的大河沉思展厅中，着重表达人与自然关系的变化，在讲到五次大灭绝时，整个展览以黑色为主，给人以压抑的感觉，来感受大灭绝时地球的动荡不安。在展览中，色彩很大程度地支配着我们的情感，引导观众投入到展厅想要呈现的主题氛围中。通过色彩氛围营造相应的场景气氛，不仅有利于展品信息传达，而且有利于营造具有鲜明主题感的空间体验，从而提升博物馆展示效果。

二、博物馆观众与展览视觉设计

博物馆在“以物为主”到“以人为本”的转型背景下，更加重视自己的社会职责，以及能发挥的功能与作用，进而满足观众的需求。对观众的分级认识，成为博物馆工作的必要基础，也是评估优质展览的标准。

设计师能否正确地传达自己的设计目的和意图，令观众准确接收博物馆的视觉传达，对于整个展览是否成功起着举足轻重的作用。因此，研究观众的视觉心理是展览设计中非常重要的一个环节。1916 年本杰明・吉尔曼针对美国波士顿美术馆观众参观经验的探究，可视为 20 世纪最早出现的博物馆观众研究。麦尔登于 1933 年在美国进行博物馆观众调查后提出的“博物馆疲劳”概念，主要指观众在参观过程中逐渐出现的精力耗竭、注意力涣散、认识活动机能衰退、产生疲劳感的现象，使博物馆观众心理与行为研究首次引起了博物馆学者、心理学家和社会学家的广泛关注。

1. 博物馆受众方向

博物馆的受众比较广泛，但对于不同主题展览来讲，还是有区别的。受众群体特征可根据年龄阶段来分为：儿童，青少年、成年、老年。设计师需要根据不同的展览主题和不同的受众特征，来选择恰当的展示形式和传播方法，这样更有助于观众高效地接收展览内容信息。例如，科普类型的展览更适合儿童、青少年和成年来参观，所以展示的形式应该更加活泼形象、互动性强，如武汉自然博物馆；而历史、革命类更多是老人、青年爱好者来参观，那么展示形式就应更严谨、凝重和庄严，例如《纪念长征 80 周年主题展览——英雄史诗 不朽丰

1

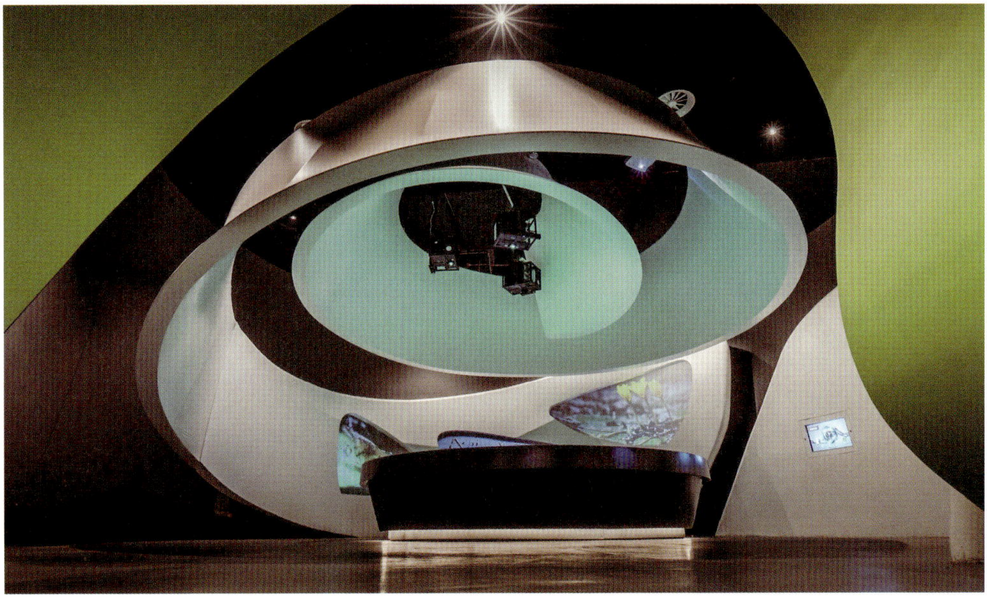

2

1-2. 衡水湖湿地生态科普馆

碑》。所以设计师在设计展览时应着重考虑受众观众的特征，这对传播展览效果的实现有着至关重要的作用。

2. 博物馆观众的目的性

在观展过程中每个人的参观角度不同，达到的目的效果也是不同的。观众参观博物馆的目的有娱乐放松、学习研究、陶冶情操等。不同的目的也会让每个参观完展览的人最终达到的效果不同。对于设计师来讲，每次去看展览都是有动机的，有的是开阔眼界，为以后自身涉及的相关展览提前储备知识；有的去参观学习，为了借鉴经验用于自身设计。所以设计者有必要考虑每个观展人的动机，这样才能使展览满足不同受众的需求。

三、博物馆空间意境的延伸

博物馆是设计师对视觉空间环境的有意规划，是历史和空间并存的展览形式，是开放与融合的动态展示。文物是历史的沉淀，博物馆将具有悠久历史的展品用现代的手法展现在人们面前，给予其新的生命和语言来讲述它的故事，使展示的时间和空间得以无限延续发展。

1. 博物馆视觉氛围营造的条件

现代博物馆展示中更加注重观众的视觉心理，而对展览的视觉满意度也是其中的重要因素。博物馆氛围的营造除了空间布置、展具组合外，视觉符号更具有视觉直观性和视觉冲击力，有助于信息的传播。在展览中对视觉信息符号化，通过设计者结合当地文化、地域环境、

武汉自然博物馆

历史寓意和特有习俗，进行抽象与创新的再创作，让设计成为展览文化系统中的符号，更加贴近展览主题思想，贯穿或突出展览中要表达的思想文化。例如在《对话达·芬奇——第四届艺术与科学国际作品展》中，整个空间是以颜色和抽象的视觉符号来区分的，每个部分对应达·芬奇在各领域所代表的视觉符号，用于衬托整个氛围的科学性、灵动性和趣味性，让受众在这样的氛围中去了解与探索达·芬奇的成果。

2. 博物馆营造舒适环境氛围的作用

在观展过程中，只有让人们感觉舒适自在才能增加观众观展时间，让观众愿意去了解与发现展品文化与展览信息。因此，设计师应更加注重整体环境的营造，无论是灯光氛围、温度湿度、声音音效等都与整体环境有着直接的联系。当博物馆是以历史文物为主的空间展示，我们在理解展览内容的同时也应通过展示方式和空间氛围，将历史展品用现在的语言方式传达给当代的观众，同时也关注环境的舒适性和新颖性，让观众从中学习，增长知识。

四、结语

博物馆展示设计是集视觉传达、语义沟通、审美趣味于一体的有谋划的设计过程。尤其是视觉设计，需要设计师在实践中不断探索观众的视觉心理因素，并在有限的空间中用简洁生动的视觉符号来表达展览的主题内容，在博物馆陈列中用直观的手段、艺术的手法把人类历史遗留下的繁复多样、支离破碎的馆藏文物进行有效的传播和表达。博物馆展示设计是反映时代特征和内涵的动态信息传播活动，深入挖掘展览主题，把展示信息传播的功能发挥到极致才是最有实践意义的。博物馆与人们的文化艺术活动密切联系，可以让群众在精神层面得到升华，从而提高群众的综合素质，对建设社会主义文化强国具有十分重要的意义，这也是博物馆自身存在的价值。

构建展览中的“悦”读体系

文 | 侯思楠

【推荐语】

本文选题针对性很强，文章内容是作者多年设计的成果体会，对负责展板设计的专业人士有极大启发。文中的案例选择也颇为用心，配合作者的娓娓道来，读后让人有豁然开朗之感。

在科技迅速发展、多媒体技术日新月异的今天，博物馆作为塑造地区乃至国家文化形象和价值观的传播媒介，正在逐渐走向多媒体的表现形式。博物馆在满足大众对多元展览形式需求的同时，依然不能忽略展览中文字的重要性。在博物馆互动的过程中，文字在整个展览中占主导地位，因为它最能直接传达展览信息，字体的编排、选择与应用对于博物馆的设计更是尤为重要。

笔者在工作过程中，分析、总结了关于字体在设计与应用中应该注意的问题，整理如下。

一、文字的可阅读性

文字在视觉传达中的主要功能是要向大众传递信息，在常见的图文排版中，整个展馆的内容信息将近95%是靠文字进行传播的。因此，为使观者快速获得展览信息，需要在整个展览中尽量多地实现文字阅读性。

1. 文字的清晰度

清晰度是参观者在阅读文字体验中最基本的诉求，指的是文字是否清晰可辨。一般来说，影响清晰度的因素有文字的大小、字间距和行间距、文字的高度位置以及颜色的选择等。

为满足不同人群的阅读需求，调查表明，主体文字内容应在85~200 厘米，最佳阅读长度为 60 厘米。在最佳阅读范围内控制字体的大小、保持最佳的字间距及行间距才能保证观众清晰地识别每一个字。同时受展览光线、环境的影响，设计者应尽量选择识别度高、阅读舒适的颜色。

2. 字体的统一性

博物馆展示说明文字的字体类型使用，一般不超过三种，并且要合理设计它们的使用规律。例如，标题类使用一种字体，内容说明使用另一种字体等。三种字体类型的使用已经是最大值，超过三种则会显得杂乱无章、没有清晰的结构，从而缺失画面的统一性。

二、博物馆展览中的字体层级

所谓字体层级就是把我们阅读的文字分为几个层级，并为其分配相应的占用空间和大体位置。通常主要通过字体大小粗细和风格的变化来区分和体现信息的重要性。

字体层级的体现其实是整体展览中文字内容的逻辑性区分，使展览逻辑经过修饰编排融入环境设计中。设计者需要根据展览大纲的层级关系，在图文展板中将单元、组标题及内文通过字体大小、粗细变

一级标题

立体字

标题中文：方正兰亭粗黑 15cm
标题英文：Arial Regular 5cm

内容中文：微软雅黑 3cm
内容英文：Arial Regular 2cm

二级标题

立体字

标题中文：方正兰亭粗黑 10cm
标题英文：Arial Regular 3cm

内容中文：微软雅黑 2cm
内容英文：Arial Regular 1.5cm

图文展板

内容中文：微软雅黑 1cm
内容英文：Arial Regular 1cm

展项说明板

标题中文：方正兰亭粗黑 5cm
标题英文：Arial Regular 3cm

内容中文：微软雅黑 1cm
内容英文：Arial Regular 1cm

图版制作分析

武汉自然馆大河珍灵展厅部题设计

化进行区分，使观众能够直观感受到整个展览的逻辑性，从而实现信息准确、传达有效的目的。但需要注意的是，字体层级不宜设计得过于复杂，否则容易内容混淆，减弱视觉效果。

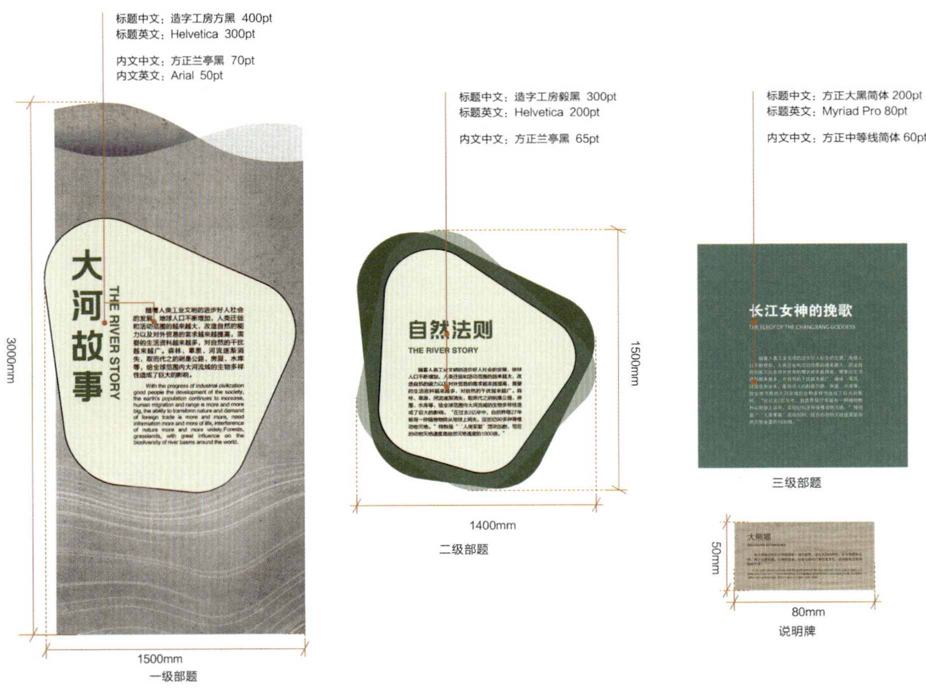

展馆中的字体设计（武汉自然博物馆）

三、字体的选择与应用

1. 展览中字体的选择与编排

不同的字体有不同的气质与性格，如今电脑上的字体五花八门，我们需要的字体基本都能找到，但我们不能迷失其中，设计者应该区分各种字体的适用范围，并考虑展馆类型及展览目的等相关因素。所以，最好选择标准字体，比如宋体（标宋、书宋、仿宋等）、黑体（大黑、中黑、细黑等）、等线体、楷体等，这些字体都是一些标准的基础字体，虽然普通但却实用耐看。

根据博物馆展览内容及设计风格，选择与其定位相符合的字体是关键。一般来说，以历史战争为主题的展览，意在传递严肃的历史信息，展厅环境多倾向于沉重深厚的色彩基调，这时字体的选择也多具有厚重感，比如选择偏重的黑字体，不同粗细可区分层级和重要性；文化类的主题旨在文化的传播，更注重文化所承载的内涵，一般选择宋体字，但因为宋体字强调横竖的对比，不适合加粗，在远距离观看时横会弱化，降低了识别性，所以在编排中需要注意字间距和字号大小；自然科学类博物馆一般具有科普性、现代科技感，因此，在设计时一般选择流畅、舒展、简洁而现代的细黑体字。选择合适的字体与整体环境融合，更能渲染出展览所需的气氛与内涵，为展览添色。

现在的展览为方便各国参观者学习交流，大多选择双语或者多种语言提供展览信息。在这种情况下，统筹多种语言，使之具有统一性就显得尤为重要。

多种语言的翻译在标题性文字或展品说明信息中较为常见，以英文为例，需要注意中文与英文字体选择上的统一。常用的西方文字体系可分为衬线字体与无衬线字体，宋体也是一种衬线字体，所以在多

1

2

1-2. 中英文编排组合

语言环境中宋体、楷体一般与英文衬线字体（比如 Times New Roman、Georgia）搭配编排；中文黑体与无衬线字体（比如 Arial 、Helvitica）搭配编排。

在多语言组合中还应注意它们之间的主次关系，当一种语言为传播主体时，其他语言的字号设计都需要比它小。比如，英文由字母组成，其构成较为简单，在同一字号下，因汉字结构复杂，所以英文显示比中文要小很多，所以在字体编排时，针对不同语言环境的观众，既要区分字体主次关系，还要保证字体清晰明了。在展品信息说明中，各国文字信息尽量排列在一个区域内，这样在不影响观众阅读兴趣的前提下，也避免了逐句翻译安排在不同位置可能导致的信息接收不全面等问题。

字体编排时，由于英文不同单词的字母数量存在差异，所以英文在排版时容易出现自然而又不规则的错落感，而汉字则每个段落都是一个完整的块面，不易产生错落感。并且汉字的编排要复杂很多，比如段前缩进两字符，标点的位置，横排从左到右，竖排从右向左等。人的阅读习惯是从左到右的，所以通常文字编排的基本对齐形式主要是左对齐，运用电脑软件能使我们更加精准地进行文字的对齐工作，确保其精准性，设计者在编排文字时一定要使用一些自动对齐方式，不要自己调整文字，因为自己摆放会造成文字的不对称、不整齐，从而影响设计的整体效果。当然，这是针对一般情况而言，作为设计师来说，很多时候需要发挥主观能动性，创造一些有趣的编排效果，在体现具有艺术感、设计感的编排效果之余，也能使观众耳目一新，达到展览设计的目的和效果。

此外，不同的字距和行距设定会产生完全不同的视觉风格，比如行间距紧凑可以给人紧张严肃的感受，而宽松的行间距则给观众更多的思考呼吸的空间，所以在通史类展览中会选择字号 30% 左右的行间

锦上添花 万象新
湘财历道藏品精华展
A MORE VIVID HISTORY OF SECURITIES
1832-1892

展览《锦上添花　万象更新》

距，而气氛比较放松舒缓的展览环境中行间距会放大。但很多设计师在编排时会直接运用电脑默认的字距与行距，以致可阅读性差强人意。字间距是由字体结构决定的，汉字是方块字，每个字的占位空间完全一样，字距太宽的话视觉效果就会散，导致在排版过程中容易出现呆板、沉闷的视觉效果。适当的字间距、行间距最能体现文字的气质，要让一整段文字排版看起来精致、清晰就要精确到每个字的间距、每一行的距离以及上下左右的空间间隔距离。

2. 博物馆展览中字体的色彩搭配

在设计展览时，字体的颜色与背景的颜色搭配也非常重要，如果文字颜色与背景颜色对比度太弱，会降低文字的可阅读性，不利于信息的传播；而对比度太强，又会刺激参观者的视觉神经，长时间观看容易产生视觉疲劳。所以在展览设计时要注意文字色彩搭配，结合合适的字体与材料才能实现文字可阅读性最大化。当然在选择字体色彩和背景颜色时要考虑展馆的整体色彩风格，使之和谐统一。

3. 字体的材料与应用

许多材料被运用到博物馆展览中，例如，标题性文字会选择多种材质的立体字或者其他形式来突出表现，但要注意与展厅风格统一，选择与展览内容贴切的表现形式来生动直观地带入展览主题的情绪中。

4. 博物馆空间的字体应用

博物馆的字体应用要比平面印刷品设计的字体应用考虑更多的方面，设计中不仅要注意与整体环境的统一协调，还要注意字体在空间中的关系。比如，要根据空间布局合理规划每个部分文字的合理位置，使观众在观展过程中准确把握展览的节奏、逻辑与主要内容。此外，还要注意字号的尺寸选择在空间中是否合宜，这需要不断进行尝试并根据真实尺寸打样对比，来达到最好的阅读效果。

现代博物馆展览中的字体设计理念越来越强调让观众切身参与到博物馆的实际空间中去。这是博物馆展览的信息传达由被动转向主动的表现，强调与观众的互动性可以增加阅读兴趣，实现寓教于乐的效果。

总之，在博物馆阅读系统设计中恰当地选择、编排与应用字体，会提升展览的效果，也能更加清晰、明确地传递展览信息，使观众在一个舒适的环境下，更加有效地获得信息。

浅谈博物馆柜内设计的整体性

文 | 沈 铎

【推荐语】

展柜陈列是博物馆中最常见的陈列方式，随着展陈方式愈发丰富、材料和技术不断发展，展柜设计及柜内展陈方式不断更新，已越来越成为一个丰富的研究范畴。本文整理了博物馆展柜的类型、材质以及柜内图文版式设计，相关材质、工艺、说明牌工艺做法，提供了一种将柜内所有元素进行拆解再组合、多种展柜配合使用的设计方法，并通过不同类型的博物馆案例对这些方法进行印证，使人们对博物馆柜内设计有了更加深入的理解。

现阶段博物馆的类型很多，展柜的形式也越来越丰富，那么我们怎样处理好不同形式的展柜与不同类型博物馆之间的搭配，怎样做到柜内图文板形式与不同展柜间的搭配？笔者将从展柜类型、材质，图文版材质、工艺、比例排布关系，文字系统规范等方面对博物馆柜内设计进行分析，使其更具有整体性、规范性。

一、博物馆分类

划分博物馆类型的主要依据，首先是博物馆藏品、展出、教育的性质和特点，其次是它的经费来源和服务对象。现阶段，根据中国的实际情况，可将中国博物馆划分为历史类、艺术类、科学与技术类、综合类这 4 种类型。

二、展柜的类型与柜内设计

展柜是直接与文物接触的载体，在展示效果、安全防护、文物保护、检修的简便性上都有很高要求。由于文物的不可逆性，任何一方面达不到要求，都会对文物造成不可估量的影响和损失。博物馆中的藏品类别有所不同，应按照展品类别、展厅布局效果定制不同的展柜。

展柜的类型、材质及柜内图文板的材质工艺、比例排布关系、文字系统规范等都会使博物馆柜内设计产生不同的视觉效果和感受。根据经验，笔者试从展柜类型及柜内组成这两方面分析、总结出柜内设计中所包含的因素，在实际案例中展示更为整体、规范的柜内设计方式。

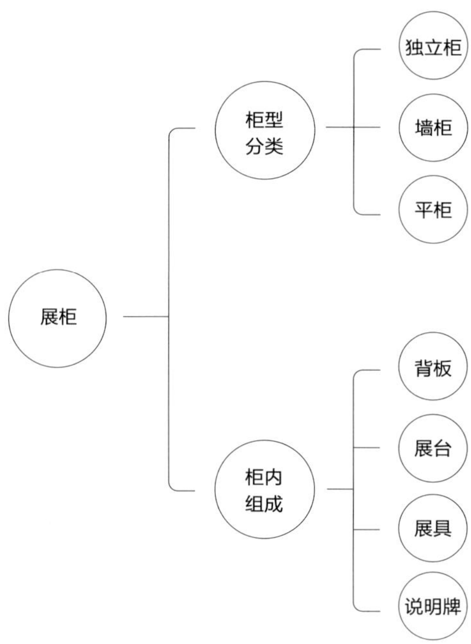

展柜分类及柜内组成

独立柜

墙　柜

平　柜

柜型分类

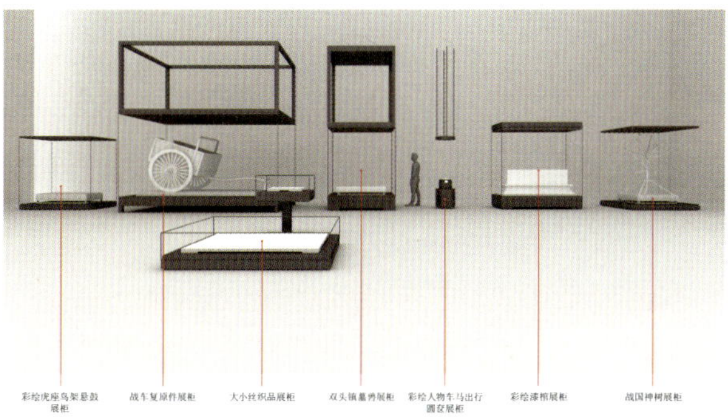

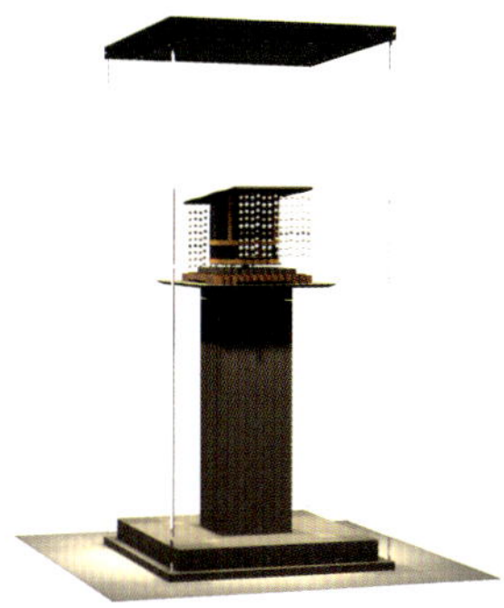

独立柜

1. 独立柜

独立柜为独立式设计，可固定于地面，也可在展厅内任意移动。独立柜上箱体大部分采用安全的夹胶玻璃，下箱体为坚固且稳定的金属结构，由结构钢制作而成。展柜的开启方式根据展厅环境和展览需求可分为平移开启、升降开启、旋转门开启、手动掀起等多种灵活开启方式。独立柜主要运用于精品文物或重点文物的展示。因独立柜特性是四面玻璃，所以观众可更加全面地观察文物。

柜内展托设计

墙柜立面（湖北省博投标方案）

独立柜内文物对应的图文内容大部分表现在说明牌上，如果有大量的图文内容，可将内容喷绘在透明 UV 膜上，将其装裱在独立柜其中的一面玻璃上，图文内容的颜色可根据展柜周围的明亮度选择，通常以黑色和白色为主。

2. 墙柜

墙柜，可靠墙固定或靠近墙体地面的展柜，分为沿墙柜、嵌入式墙柜和壁挂式墙柜三种类型。此柜通常是正面一面玻璃或正面、侧面两面玻璃的组成形式，高度任意并具有坚实的底座，展柜长度根据展厅环境可无限延伸。

墙柜的开启方式一般采用先前后推拉，再左右平移，或在展柜侧面开一个单扇门的开启方式。背板可以前后移动，以实现不同类型文物的展出效果。背板可安装隐蔽的槽架搁板，以便放置更多展品。墙柜主要用于成组文物、书画类文物或大型文物的展示。

墙柜大部分由金属框架、夹胶玻璃、实木背板或金属背板等材质组合而成。在材质选择上，要充分考虑展柜的安全性和环保性，选择符合国家环保标准的材料；展柜玻璃一定是坚固结实、透明度高且无反光的，一方面利于观众更好地观察藏品，另一方面也为藏品和观众提供必要的安全保护措施。

可根据年代、类别、大小比例关系等将文物分类，按照序列将文物组合摆放在墙柜内，通过高低不同的展台实现错落有致的摆放形式。柜内展台的形式通常以实木展台包布和亚克力展架为主，其上一般摆放体量较大或成组的文物。而书画类或小件文物可吊挂在展柜背板上进行组合展示。

墙柜柜内图文板大部分由组标题、说明牌以及与文物相对应的图文内容组合而成。图文板一般做法为吊挂或固定在展柜背板上。为了将柜内图文板与文物更和谐地设计在一起，首先需要了解展品及展陈大纲，了解展览的时代背景以及文物的材质、大小等信息，再根据信息选择符合展览主题的材质和施工工艺。通过对图文板材质工艺的选择、大小比例关系以及色彩排布等方面的控制之后，才能将图文板与文物更好地组合到一起，使其更具有整体性。

3. 平柜

平柜也称桌柜，通常为五面玻璃，安装于桌面设计的钢结构基座上，无框玻璃罩提供一览无余的视野。平柜结构坚固，易于搬运，适合经常更换展出地点。桌面型展柜体积小，安全性和密封性能极佳。开启方式通常为合页开启，为确保开启安全，两侧通常安装液压弹簧提供支撑。桌柜主要配合空间造型使用，用于展示小型展品、文件、书籍和硬币等文物。

三、案例——三苏祠、三苏祠纪念馆

三苏祠位于四川省眉山岷江畔，原为“三苏”故宅，后人为了纪念苏洵、苏轼、苏辙父子便将故宅改建为祠堂。三苏祠纪念馆紧邻三苏祠古建而建，展示三苏的生平足迹、文化影响，与三苏祠相互补充、相得益彰，共同构成博物馆的整体。纪念类博物馆是我国博物馆中较为重要的一类，它们承担着继承与传播优秀历史文化、弘扬社会风尚和发展社会文明的功能和责任。

1. 三苏祠

三苏祠殿宇恢弘，廊亭相连，展览以三苏古祠堂为核心，遵循古建筑原貌装饰语言，与祠堂建筑保持高度统一，风格典雅古朴，充分展示三苏故里重要的历史文化价值和底蕴。展览利用三苏祠现有12处古建空间，以复原陈列和文化陈列两大类型布置。

祠堂展区的展柜大部分采用了墙柜与桌柜。其中大型书画展品选择墙柜，小型展品以及书籍类展品摆放在桌柜内展示。部分柜内使用仿古书案与积木台，两者组合摆放，用来展出横幅字画与书法作品，个别展台上使用了15厘米高的斜型小展台，方便观众观看文物。因为大部分的字画展品都是用宣纸装裱的，所以沿墙柜的整体色调使用深灰色，以达到突显文物的目的。

图文内容采用与展品对应的展示形式，主要展示在桌面柜上。图文以三苏祠发展沿革为线索，通过史料记载结合实物展示，讲述祠堂变迁和历代修缮以及张之洞等名人维修三苏祠的重要事件，重点介绍本次修缮过程及施工工艺，并辐射全国代表性的三苏纪念地，突出三苏祠在全国三苏纪念地中的核心地位。因为展示区域在古建内，所以在版式的配色上使用了大量的朱红色，使版式内容更好地融入展厅环境。图文板的制作工艺是将喷绘好的画面装裱在背板上，用实木条收边涂朱红色后，将背板固定到桌面柜上，与文物对应。观众通过阅读图文信息，可以更好地了解展品。

2. 三苏祠纪念馆

三苏祠纪念馆展区以眉山历史文化环境背景作为开篇，引入三苏主题陈列。主题展览内容按照三苏人物分开，形成个人生平陈列加文

1

2

3

4

1-2. 三苏祠古建修复

3-4. 三苏古祠堂展览空间：桌柜

EXIT

1

2

1-2. 三苏祠纪念馆柜型设计

化影响的三条并列展示线索，最后总结三苏影响，形成内容架构体系。陈列布局结合现有建筑结构，按照陈列大纲，设置主题放映厅，苏洵、苏轼、苏辙展厅。一层主要展示苏洵、苏辙，二层主要展示苏轼。

一层苏洵、苏辙文化展区以展柜为主，展柜大部分为沿墙柜和桌面柜，文化展区集中展示苏辙、苏洵的文学著作精品。展区用苏辙、苏洵文学、书法著作大幅影像为展示背景，配合实物展示，丰富展览形式，展现二人在文学、书法方面的造诣。再根据内容特征，采用经折装、卷轴装、蝴蝶装等多种传统装订形式，复原实物展示。

沿墙柜柜内采用书画与图文内容相结合的表现形式，展台配以仿古书案造型，增强展览的感染力，与主题呼应，部分柜内采用斜面展台，将展台固定在展柜背板上，用来展示书籍类展品，方便观众的阅读。柜内竖幅的书画作品搭配横幅的图文版式，使柜内设计形式更加整体化。同时展区配备多媒体查询设备，提供详尽查询、解读苏洵文学作品的平台。

二层苏轼展厅作为展览的重点区域，分为生平展区与文化展区两个展厅。生平展区的展柜大部分为嵌入式展柜，观众在观看图文信息的同时也可以观看相对应的展品，使观众更好地了解展示内容。

苏轼在生活上富于情趣。书法，天工清新；绘画，成竹在胸；音乐，家藏雷琴；养生，苏式秘诀；美食，东坡菜谱。无论从哪个方面衡量，他都是宋文化发展到巅峰时期的伟大代表。文化展区内使用了大量的沿墙柜和桌面组合柜，在古朴雅致的文化氛围中，集中展示了苏轼的文学作品。其中书画作品集中展示在沿墙柜内，展示方式为吊挂和平铺在斜面展台上两种。沿墙柜内为了更好地突显文物，选择了主色调为灰色的包布，同时搭配藏蓝色的图文版和白色标题版，与文物一同展示。

如何打造一个成功的企业博物馆

文 | 夏广硕 赵晓祎

【推荐语】

企业馆的设计建造是当代中国展陈设计领域中一个成长较快的板块。龙口粉丝的品牌知名度很高。如何在传统工艺、文化传承和当代品牌之间建立联系，打造符合当代中国人观展习惯和审美体验的企业展馆空间，的确是很大的挑战！

随着现代经济的发展，企业发展的规模逐步增大、运营模式日趋成熟，大众对企业博物馆接受度也直线上升。国外的奔驰博物馆、可口可乐博物馆等企业博物馆已成为旅游胜地；在我国，各式各类的企业博物馆也如雨后春笋般出现在我们的生活中。无论是民营企业还是私有企业都争先恐后地建设弘扬自己企业文化的博物馆。企业博物馆是展示企业文化的重要途径，是企业的名片。企业博物馆主要收集、展示企业或行业发展历史中重要的物品，讲述企业发展的历史，展示企业发展的成果以及企业的延续性。

中国金都龙口粉丝博物馆是于2013年完成的项目。龙口粉丝是中国的传统特产之一，其生产历史悠久。龙口粉丝的出口最早可追溯到一百多年前，1916年龙口港开埠后，百姓可以直接把粉丝运往香港和东南亚各国，招远、龙口生产的粉丝，绝大多数卖给龙口粉丝庄，龙口成为粉丝的集散地，因而得名龙口粉丝。龙口粉丝已积淀了百年的历史文化，以双塔集团为代表的粉丝生产企业蓬勃发展，带动了区域经济发展，促进了民族品牌的建设，传承了粉丝的文化与精神。在招远市政府和双塔集团的组织与支持下建成的中国金都龙口粉丝博物馆，将作为记录中国粉丝历史文化、展示粉丝工艺、普及粉丝知识、提升龙口粉丝知名度的重要窗口。

第一，了解企业产品信息是做好展陈设计的首要工作。在项目开始前，我方工作人员查阅了大量关于粉丝的文献资料，并多次实地采访，保证全方位、多角度地了解龙口粉丝。通过充分的前期工作，设计者了解到好的粉丝的形成条件、粉丝生产的时间等一系列专业知识，对于当地民俗文化也进行了深度探究与分析，甚至发现粉丝与当地百姓嫁娶密不可分的关系等许多重要信息。对产品信息、背景的探究是打造一个成功企业博物馆的基础。

设计中要加强展览的互动性。在详细了解龙口粉丝后，设计确定了古朴雅致的环境氛围，强化展品的互动性。在粉坊部分展示区为传统工具加入互动装置，引导观众亲身体验造粉的过程，妙趣横生，使观众印象深刻。在视觉导视系统方面，通过小问题、小故事的设计增强展览的趣味性，比如“你不知道关于粉丝的事”“粉丝被发明时面条是什么形状”等可以吸引观众注意力的问题。

第二，对企业文化的准确把握是建立一个成功的企业博物馆的关键条件。烟台双塔食品股份有限公司位于龙口粉丝的发源地和主产区——招远市。20 世纪 90 年代，公司秉承艰苦奋斗的精神，从一个连年亏损的镇办小企业逐步发展成为国内粉丝行业内的龙头企业。成立了粉丝科技研发中心和科研攻关小组，制定优惠政策鼓励科技创新，将科技成果与生产效益挂钩。所以在展陈设计中，我们对龙口粉丝的专业化生产、技术变革、发展历程以及上市板块做了详尽的、动态的描述。让观众通过参观这座博物馆，了解该企业的文化与精神，并被其产品打动，为企业今后的发展做准备。

第三，企业博物馆在展陈设计上有一定的商业因素，通过满足人的感官需求，使参观逐渐过渡到参与行为是企业博物馆的一个主要特色。无论在空间的划分、灯光的设计、材料的运用还是颜色的搭配上，设计更注重与企业产品的结合。

企业博物馆是文化与品牌的集合体，是推动企业文化建设不断深入的一大窗口，对企业未来的成长有着重要的意义和作用。把文化的发展融入企业的发展战略之中，让文化在企业的成长中发挥作用，可使企业的凝聚力得到大大提升。企业展馆是与社会大众沟通的重要渠道，有利于企业外在形象的树立与巩固，也是企业文化品牌传播的新型通道。在展览设计时更要求设计师不停转变角色，全方位地考虑如何将企业文化精神充满在展览中。

故宫古建保护与展陈工作的启示

文 | 赵晓祎

【推荐语】

本文以故宫博物院为例，集中讨论了古建保护与展陈设计、展览实施之间的矛盾，并提出了几种有效的解决方法。中国各地能被改造为博物馆或文化设施的古建场地较多，如何有效发挥古建的空间价值和文化品质，并充分运用现代科技和设计手段，在保护古建的同时满足特定展览的设计和搭建要求，需要设计师和工程师们的不断探索。

一、研究背景及原因

从博物馆空间视觉呈现来看，中国的博物馆根据其建筑类型可分为两类：第一类是建筑类型为现当代建筑的博物馆，比如中国美术馆、北京画院、苏州博物馆等；第二类是依托古建筑的博物馆，比如南京民俗博物馆、故宫博物院等。

目前，学界对于现当代建筑类型博物馆的空间设计及展览陈列探讨较多，对依托古建类博物馆的探讨并不多见。原因主要有如下两点：一是观众在参观古建类博物馆时多以古建为参观重点，对展览关注度较低；二是古建类博物馆要考虑古建保护，在做空间设计及展览陈列设计时受限较多，不易进行创新，探讨性较低。

随着大众文化需求的增高，前往博物馆看展成为许多人文化生活的重要选择，而古建类博物馆以其良好的观展氛围吸引着越来越多的观众。古建类博物馆关注度的升高意味着馆方需要做出质量更为精良的展览，在此过程中，必然会面临古建保护与展览陈列之间的矛盾。面对该问题，每个博物馆都在寻求最佳的解决方式，但是鲜有文章涉及此论题。因此，本人以解决此问题较为成功的故宫博物院作为探讨对象，分析其值得借鉴之处，为其他同类型博物馆提供经验方法。

二、故宫古建与展陈的矛盾

故宫博物院是中国最大的古代文化艺术博物馆，是依托古建筑而建成的博物馆的典型。故宫的建筑功能布局多而分散，与现代展陈的要求相距甚大，在展览内容的策划以及室内展示陈列设计中存在很大的不便，迫使部分连贯性较强的陈列内容不得不被一一分割，散置于各自独立的单间建筑内。从观众观展的角度而言，观众不能一气呵成地观看展览，降低了展览展出的效果和目的。

三、故宫解决古建保护与展览陈列矛盾的方式

针对古建保护与展览陈列之间的矛盾，故宫博物院主要通过以下四种方式解决问题。

1. 展览内容与建筑形式相统一

故宫古建筑群文化底蕴深厚、人文环境优雅，古建本身极具观赏学习价值。因此，可将古建也视作一件“展品”，将其纳入展览内容规划之中。

故宫的部分展厅选择举办原状陈列展，使展览内容与建筑形式具有关联性。故宫博物院共有11处原状陈列展厅，如“太和殿”“中和殿”及“保和殿”展厅等均为原状陈列展厅。上述展厅中的展品陈设都是遵循各个展厅历史档案记载去选择与布置的，设计者以恢复展厅的历史风貌为目的，使观众能够了解展品的历史背景及使用方式。这些具有极高艺术价值、历史价值的珍贵文物与历尽沧桑的古代建筑构成融为一体，蕴含着丰富的历史信息和文化内涵。借助古建筑得天独厚的历史氛围而“盘活”的艺术文物对于观众来说更具吸引力。

在故宫博物院原状陈列展里，建筑群自身即是珍贵文物。内部展馆的空间设计及展品陈列均遵循历史传统，与建筑群相呼应，使内外空间相统一。既保护了建筑，又达到了完美的展示效果。

2. 恰当的设计施工方式

1）设计方面

珍宝馆（艺术陈列展厅）中使用了有机玻璃为十字交叉的弓形结构，其中包含着中国古典建筑斗拱的变形形象，在古典与现代之间架起一道沟通的桥梁，使现代的简约设计与古雅高贵的文物珍宝有机、和谐地联系在一起。❶

石鼓馆（艺术陈列厅）在陈列设计上秉承不遮挡古建、修旧如旧的理念。其在窗花设计中，运用传统纸糊的方法，在窗户上裱糊历代名人有关石鼓的文论或评语。这样做既符合古建风格，又合理利用自

❶ 朱雅娟. 建筑与陈列——故宫博物院珍宝馆、石鼓馆的陈列设计[J]. 中国博物馆，2007（4）：89.

然光线，使室内光线能够达到安置灯箱的效果。❶

雕塑馆（慈宁宫）展厅设计中秉承将古建风貌完整呈现给观众的原则。通过雕塑文物及展柜、展台等设备分隔空间，进行区域划分，从而减少展墙搭建等会破坏古建整体风貌的项目。在室内空间布局方面，采取中轴对称的原则。鉴于此区域观众数量有限，室内地面保持原貌。在光色设计方面受限较多，为匹配古建风貌，展厅色彩及质感的选择要从古建环境中已有的色彩、材质系统加以选择。只在局部位置，如“前言”部分等适当加强色相及明度对比，营造空间层次。❷展厅内大多为原始金砖地面，展台和展柜的柜箱部分采用钢结构石材饰面，要求其外观呈现整石雕凿的效果，结构稳固，做工精良。

2）施工方面

施工过程中，工作人员在门、窗、柱子、墙面均铺贴 1.8 米高的泡沫棉垫，在汉白玉栏杆、地面铺设胶合板，以防尖锐物或重物碰伤古建相关部位。❸在施工中严格控制灰尘量，减少对古建彩画的影响。

由于需要设置文物抗震系统，运用隔震台的展柜、展台要保证距离墙壁、柱础等机构至少 26 厘米的缓冲空间。❹

---

❶ 朱雅娟. 建筑与陈列——故宫博物院珍宝馆、石鼓馆的陈列设计[J]. 中国博物馆，2007（4）：89.

❷ 冯崇利. 一个空间　两个主题——故宫博物院雕塑馆展陈设计[J]. 紫禁城杂志，2015（7）：132.

❸ 朱继伟. 博物馆数字展陈与古建保护——以故宫博物院“墙门数字馆”为例[N]. 中国文物报，2016-07-28.

❹ 冯崇利. 一个空间　两个主题——故宫博物院雕塑馆展陈设计[J]. 紫禁城杂志，2015（7）：135.

3）灯光方面

雕塑馆（慈宁宫）为还原古建原始风貌，在展示时选择自然光加人工光结合的照明方式。自然光方面，为符合文保要求，选择特种复合玻璃，使门窗透光率在5%以下，使其既有传统窗户纸的纹路、颜色和透光性，又能达到控光、隔紫、隔红、防爆等方面的技术要求。人工光方面，设计者选用特造灯，将发光模组整合在直径大约5厘米的侧面开口的管状结构中，形成特造灯组，通过灯架系统悬挂于距离柜顶部约1米高的位置。灯架系统选用碳纤维增强复合材料，达到减轻灯架系统自身重量、增加荷载能力的目的。单灯可调，实现对光敏感文物光照的精确控制。❶

原状展（储秀宫）展陈照明设计则遵循安全（即保护建筑、保护展品、用电安全）、简洁（即灯具易控、具架可逆、位置隐蔽）与适宜（即展陈易见、本色效果、不存眩光）三大原则。根据照明原则及储秀宫的结构特点，采用环境照明与重点照明相结合的手法，来实现整体的照明方案。环境照明采用基础照明来实现整个场景的均匀照明，以满足各种天气情况下的基本参观需求。重点照明用局部照明突出展览品，营造不同的视觉效果，让观众更好地欣赏展品，为整个展陈增光添彩，生动诠释展览内容。具体来说，在储秀宫正间，采用定制灯架，并选取储秀宫元素，使其与环境融合。灯架上分布窄、中、宽不同角度的灯具，用以呈现不同的照明层次。储秀宫东、西间则采用了定制灯箱，灯箱安装于南部木炕下沿，既能用光线将北部陈设充分展示渲染，灯具本身又不会遮挡观众视线，不会分散观众注意力，符合“简

❶ 冯崇利. 一个空间　两个主题——故宫博物院雕塑馆展陈设计[J]. 紫禁城杂志，2015（7）：133.

1

2

1. 故宫雕塑馆（慈宁宫）展品（图片来源：360 图片）
2. 故宫太和殿（图片来源：故宫博物院官方微博）

洁”的照明原则。[1]

故宫中轴线太和殿至坤宁宫一线的 6 座宫殿上使用人工光源，使观众站在围栏外便可清晰地欣赏殿内文物，提升观展质量。在灯具选择上，故宫选用了德国专业厂家生产的博物馆 LED 灯具设备，具有系统化设计、更高的出光效率、超长使用寿命、优秀道德显色指数、更低的损坏因子、精确的色彩一致性等优点，确保了使用过程中原状陈列展示的重要文物和古建筑的安全。[2]

3. 设置数字化展厅

故宫展厅内部在设计上发挥余地有限，不利于打造体验感强、场景变化丰富的展陈空间。故宫博物院通过设立数字展厅来解决这一问题，数字展厅通过综合运用多种展示方式来打造体验感一流的展览空间。

故宫端门的数字馆是其最具代表性的数字展厅。该展厅以“故宫是座博物馆”为主题，展陈设计中使用了沙盘类展示、投影类展示、多媒体互动展示三种方式。展厅中“从紫禁城到博物院”的数字沙盘展示区以视频方式演绎紫禁城历史等内容，地面的大屏幕以高精度三维模型沙盘形式同步提供动态演示和交互控制，向观众传递全面准确的故宫视觉信息，实现可视化数字引导。“数字宫廷原状”展项选用的展示对象为养心殿西暖阁中的三希堂。三希堂实地面积极其狭小，仅有 8 平方米，建筑的室内空间和陈设不具备对公众直接开放参观的条件。基于以上情况，故宫在数字展厅首次尝试利用超短距高清投影

---

[1] 杨倩.故宫博物院储秀宫原状展陈照明启动[EB/OL]. [2018-05-18].https://www.mct.gov.cn/whzx/zsdw/ggbwy/201805/t20180518_832851.htm.

[2] 科技光生活光. LED+博物馆照明[DB/OL]. [2018-12-03].https://www.sohu.com/a/279243530_100184867.

1

2

1. 故宫端门数字馆（图片来源：360 图片）
2. 故宫博物院北院区（图片来源：360 图片）

系统构建左、中、右三面包裹的高沉浸感立体虚拟显示环境。该系统显示平面有效像素极高，且设备底部安装位置低，基本覆盖观众的视觉范围，有较强的视觉包裹感和沉浸感。此外，设计中还采用了三希堂的高精度三维模型场景，高度仿真模拟三希堂室内三维空间和室内陈设，观众通过佩戴立体眼镜，既能身临其境地欣赏宫廷原状和所陈文物，又能对宫廷室内空间有较为直观的认识。

4. 建设新展馆，优化展陈空间

通过建设新场馆的方式弥补现有展馆的局限性是故宫解决古建保护与展览陈列矛盾的另一种方式。

1）院内搭建临时展馆

移动场馆的建立使设计者可以运用更为多样化的展示手法，从而呈现出大众喜闻乐见的展览。故宫博物院在院内箭亭广场处曾搭建临时展馆用来举办《清明上河图 3.0 互动展》。该可移动展馆建筑面积约 1600 平方米，设计师在馆内成功打造出和展品相关的主题场景。设计者通过在展馆内进行场景模拟，利用影像背景的变换、照明的闪烁、空气流动的控制，让参观者置身于《清明上河图》中的市井街头，更真实地感受宋代百姓的生活。这一切得以实现依赖于临时展馆的搭建。

2）院外建设新馆区

故宫于 2013 年开始建设新馆址——北院区，北院区既能为故宫大量珍贵文物提供充足的修复空间，使这些国家珍贵文物能够得到及时、

大规模的科学保护，又能为在紫禁城内不好展示或无法展示的特殊文物，如大型家具、地毯、巨幅绘画等，建设现代化的保护与展示相结合的空间。此外，新馆还可以为数字化展示提供更好的空间，加强观众的参与性和互动性，以吸引需求多样化的观众。

新展馆的建立也有利于故宫博物院的古建保护，将原先以观展为目的参观群体吸引到新展馆，可以起到分流作用，减轻故宫博物院的接待压力。新展馆在文化上与故宫博物院原馆一脉相承，但在建筑设计和室内设计上可以充分考虑布展逻辑，以探寻最佳展览方式为目的，不似故宫博物院原馆，需要将古建保护放在首位。

四、意义及影响

古建筑博物馆展陈面临着层层困难与挑战，通过故宫博物院的成功探索，我们可以找到以下方式解决古建筑保护与展览陈列之间的矛盾：在古建筑展示空间设计中巧妙利用古建具有的得天独厚的历史、艺术价值，将具有重要意义的场景进行复原，使建筑与藏品融合为整体；设计者对古建与展览要有深刻的认识，选择合适的设计施工方式及灯光选择；此外，运用数字技术，打破古建内部空间设计的局限性，将展览内容以数字化的方式展示出来，也是解决展陈与古建保护矛盾的方式；最后，在条件允许的情况下，可以建立新的展馆，为文物提供现代化的保护及更佳的展示空间。

古建类博物馆是一种集古建保护、展览展示、收藏及公共教育于一体的特殊博物馆。古建本身及藏品均具有文化传播的功能，因此，如何使二者完美结合，实现“1+1>2”是值得探讨与深入研究的。国内关于依托古建类博物馆的空间探索与陈列设计的讨论还处于初步阶段。本文通过对故宫案例的探讨，将古建筑保护再利用和现代展陈两大方面问题结合思考，希望能为我国古建类博物馆的未来发展带来一定启发。

【参考文献】

[1] 朱雅娟.建筑与陈列——故宫博物院珍宝馆、石鼓馆的陈列设计[J].中国博物馆，2007（4）：89-91.

[2] 朱继伟.博物馆数字展陈与古建保护——以故宫博物院“墙门数字馆”为例[J].中国文物报，2016-07-28.

[3] 彭岩.古建内全数字展厅特点浅析——故宫端门数字馆[J]. 科学艺术传承创新——科学与艺术融合之路.北京：电子工业出版社，2016.

[4] 谢天.全媒体时代的经典建筑叙事研究——以北京故宫为例[C]//2020中国建筑学会学术年会论文集.北京：中国建筑工业出版社，2020.

[5] 单国强.故宫是怎样解决古建与陈列的矛盾[J].中国博物馆，1991（3）：26-32.

[6] 孙淼.中国艺术博物馆空间形态研究[D].北京：中国艺术研究院，2009.

[7] 刘照华.浅谈古建类博物馆中的展览陈列形式[J].文物世界，2019（4）：58-59.

[8] 冯崇利.一个空间 两个主题——故宫博物院雕塑馆展陈设计[J]. 紫禁城，2015（7）：128-135.

[9] 黄墨樵.故宫文化遗产展示的创新实践浅谈——端门数字馆设计综述[J]. 文物鉴定与鉴赏，2016（8）：57-61.

地域文化元素在博物馆装饰中的构建探析

文 | 华红光

【推荐语】

博物馆作为重要的文化公共服务机构，在装饰设计中注重地域文化的融入，能够更好地展现出地域文化底蕴，让博物馆具象化的文化形象更加丰富多彩。本文立足地域文化元素在博物馆装饰构建中的意义，分析了构建中存在的问题，并在此基础之上，从文化元素融合构建、强化文化元素的展现力、把握文化元素的整体性、坚持创新元素构建等方面，具体论述了地域文化元素在博物馆装饰中的构建策略。

博物馆在装饰设计中，注重文化元素的构建，而如何将地域文化有机融合，成为博物馆展现文化艺术的重要切入口。地域文化是地方文化的载体，呈现的是地域风俗文化，将其作为博物馆装饰的文化元素，能够将地域文化风俗有机融入其中，展现出多样化的博物馆形象。从国家博物馆到地方博物馆，地域文化的巧妙运用，使其呈现出独特的文化气韵，让博物馆的构建更加丰富多彩。本文从地域文化的研究出发，就博物馆装饰如何运用地域文化进行探析。

一、地域文化元素在博物馆装饰构建中的意义

博物馆是文化的载体，其文化意蕴的体现，应注重区域文化的有

效展现。为此，在博物馆装饰构建中，区域文化往往作为重要元素，成为文化、艺术的载体，从而更好地展现博物馆所独有的文化气韵。从国家博物馆到地方博物馆，地域文化的呈现都是博物馆装饰的重要元素，青铜文化、青花瓷文化等，都是博物馆装饰中基于地域文化的巧妙运用，让地域文化进一步放大，展现出独特的文化意境。

1. 地域文化元素是博物馆文化艺术的载体

博物馆具有地域文化性，而地域文化元素在装饰中的应用，能够更好地展现出地域文化，让文化元素作为博物馆的符号，这是地域文化元素对博物馆的重要作用。首先，博物馆的文化艺术，需要具象化的文化元素，区域文化元素具有丰富性、可识别性，将其运用在博物馆装饰中，能够更好地展现地域独特文化内涵，让地域文化与博物馆有机融合；其次，地域文化作为博物馆文化艺术的载体及表现形式，能够将地域文化与博物馆有机结合，让博物馆的藏品与地域文化相互融合，丰富博物馆的艺术形态；最后，地域文化元素是文化窗口，博物馆的装饰设计将地域文化融入其中，实现地域文化对藏品艺术文化的丰富，达到交相辉映的效果。

2. 地域文化元素是对博物馆文化艺术的放大

文化的放大功能，也是博物馆对地域文化如此热衷的主要原因之一。在博物馆的装饰设计中，建筑结构将地域文化有机融入其中，地域文化的形、魂，都可以在装饰的文化元素中得到有效体现。看不见、摸不着的文化艺术，在地域文化元素的展现中得到具象化。在江西省高安市博物馆的装饰设计中，“青花瓷”式的博物馆装饰设计，让博物馆的艺术文化具象化，在博物馆珍藏的青花瓷是该博物馆的镇馆之宝，以此作为装饰设计元素，让博物馆所承载的艺术文化“放大”，以青花瓷作为博物馆指代。因此，在博物馆的装饰设计中，要将地域文化有机融合其中，抓住文化的核心要素，在文化元素的堆砌中，将博物馆的整体艺术放大。

3. 地域文化与博物馆在文化意蕴上的契合

博物馆是对地域传统文化的陈列，将地域文化与博物馆装饰有机结合，是对两者文化意蕴的有效契合。因此，从文化融合的角度出发，两者的契合是对艺术文化的融合式展现，能够从具象化的文化元素中，更好地展现地域文化内涵。在现代博物馆设计中，要注重从地域文化中挖掘具象化的艺术形象，从而更好地展现出博物馆的独特形象。铜陵博物馆以青铜文化为载体，在装饰设计中，青铜文化元素到处可见，并且与博物馆藏品有机融合，更好地展现出地域文化的独特气质。也就是说，地域文化与博物馆在文化意蕴上的契合，让彼此的艺术文化得到更好的交融，作用于地域文化传承。

二、地域文化元素在博物馆装饰构建中的问题

地域文化是博物馆外在展现的重要符号，在装饰设计中融入地域元素，能够让单调的博物馆呈现出多样化的文化色彩。从现代博物馆的装饰设计来看，地域文化的构建存在诸多问题，特别是融合构建不足、整体性欠缺、创新元素不足等，弱化了地域文化在博物馆装饰构建中的意义。

1. 缺乏融合构建：文化元素融合不足，缺乏独特文化气质

地域文化在博物馆装饰设计中，缺乏元素的融合性，以至于博物馆的文化定位与区域文化元素“不搭”，出现了“负”的装饰效应，这也是部分地方博物馆在地域文化元素运用中所表现出的突出问题。一方面，地域文化的独特性，要求博物馆的装饰设计要抓住文化的灵魂元素，并将其具象化，方可实现融合式装饰效果。但博物馆在地域文化元素的运用中，过于注重元素的堆砌，而对于元素的整合及放大鲜有关注，导致原有的地域文化底蕴被破坏。另一方面，在地域文化元素的运用中，对于独特的文化气质应用不到位，导致博物馆与地域文化元素不协调，这也会对博物馆的整体设计效果形成较大的负面影响。因此，提高文化元素与博物馆的融合度，是将独特的文化气质具象化的外在表现。

2. 缺乏整体性：装饰构建缺乏整体性，元素展现力不足

装饰设计的关键，在于如何更好地把握整体性，在元素的展现中，突出文化底蕴。首先，在整体设计中，装饰构建的整体效果不足，局部意义上的地域文化构建，难以形成良好的装饰效果。其次，地域文化元素的展现力不足，零散的文化元素难以支撑博物馆的艺术文化展现，这也是博物馆在地域文化运用中所面临的突出问题。最后，地域文化元素单一，注重单一元素的截取，这不仅破坏了地域文化的整体性，也让博物馆在装饰构建中，难以形成整体性的效果。因此，在博物馆装饰中，对地域文化元素的应用要突出文化元素的展现力，同时也要把控整体效果，实现文化有机融合。

3. 缺乏创新元素：现代设计元素较浓重，缺乏创新元素

创新是现代博物馆装饰设计的重要话题，在传统文化艺术传承的过程中，将现代艺术元素与地域文化相结合，能够更好地碰撞出对文化的精彩演绎。然而，创新需要资源载体，博物馆在地域文化的应用中，缺乏现代与传统的有机结合，融合形式枯燥、单一，缺乏创新的有效导入。博物馆在地域文化元素的构建中，或是过于注重现代设计元素的融入，或是只有传统地域文化的堆砌，这都无法产生良好的装饰效果。对于现代博物馆而言，装饰设计要突破传统思维禁锢，在创新元素的构建融入中，更好地应用地域文化元素。

三、地域文化元素在博物馆装饰中的构建策略

地域文化是载体、是窗口，如何在博物馆装饰中巧妙地运用文化元素，直接关系到博物馆的文化艺术气息。在笔者看来，地域文化不是机械地堆砌，而是基于相互融合、相互协调的关系，强调博物馆装饰的整体效果。对博物馆装饰构建而言，如何导入、融合地域文化，是成功的关键。这就要求我们审视文化内涵，在强化文化展现力的基础上，让多元化的文化视角，成为装饰设计的窗口。具体而言，地域文化元素在博物馆装饰中的构建，应注意以下几个方面。

1. 文化元素融合构建，强化文化元素的展现力

地域文化在博物馆装饰中的应用，应注重文化元素的融合，强调文化元素在博物馆艺术文化中的展现力。首先，地域文化要紧扣博物馆的文化艺术定位，基于文化元素之间的有机结合，让细小的文化元

素在博物馆的装饰中进一步放大。其次，文化的展现力在于如何将文化的内涵有效呈现。地域文化内容丰富、形态多样化，这就要求文化元素的构建应立足文化本质，在独特的文化内容中，将具有代表性的文化元素运用到博物馆装饰之中，从而更好地体现地域文化内涵。最后，地域文化元素的展现力不足，而博物馆又需要地域文化的融入，这就要求博物馆装饰要成为地域文化元素展现的重要载体，让文化元素的展现力迸发。在江西省高安市博物馆的装饰设计中，“青花瓷”是主要元素。博物馆中珍藏了大量的青花瓷，其装饰设计就抓住了这一文化元素，将博物馆装饰为青花瓷，这就将文化元素与博物馆有机融合，强化了文化的展现力，体现出文化元素的交融。

2. 把握文化元素整体，构建多元化的文化视角

地域文化的整体性构建，需要对多元化的文化进行透视，将文化的截取与整体装饰效果有机结合起来，以更好地提高装饰效果。首先，地域文化要强调文化元素构建的整体性，让多元化的文化内容在装饰中得到全面体现。其次，地域文化相对零散，这就要求装饰中要对文化元素进行整合，将细小的文化元素放大，以更好地展现出独特的文化气韵。最后，地域文化要有文化视角，要将地域文化的多样性在装饰中有效体现。在铜陵博物馆的装饰设计中，文化元素的整体性就把握得恰到好处，能够从文化的多重视角出发，将青铜文化与博物馆装饰有机结合，实现了整体的设计效果。青铜鉴铜幕墙、青铜鉴凤鸟纹、青铜鉴回龙纹、青铜吊灯等文化元素，在博物馆设计中巧妙运用，整体呈现出“青铜”的独特文化内涵。因此，地域文化的融合要强化“整体性”，让整体性的文化元素成为获得良好装饰设计效果的立足点。

3. 坚持创新元素构建，丰富博物馆装饰设计

装饰设计要注重文化的传承，同时要强调创新元素的构建。同样，在博物馆的装饰中，一方面要强化传统地域文化元素的融入，另一方面要坚持创新元素的构建，让博物馆装饰更加丰富多彩。在笔者看来，创新的关键在于对地域文化的有效运用，对独特的文化内容有深入的解读，以实现传统与现代艺术的有效融合。对于博物馆装饰而言，文化的厚重很关键，但文化元素的现代属性也可以有所体现，让丰富的装饰文化成为博物馆文化底蕴的重要载体。随着现代人艺术审美的提高，在装饰设计中要转变传统思维，通过不同文化视角的探究，让博物馆的艺术形态更加多样化。

四、结语

综上所述，地域文化元素的丰富性、多样性，决定了其在博物馆装饰中的应用效果。地域文化作为文化的重要形式，以多样化的艺术形态与博物馆设计有机融合，能够碰撞出精彩的艺术呈现，让博物馆的外在艺术形象更加具象化。目前，博物馆在地域文化的运用中，还存在着局限性、单一性，导致文化元素的展现力不足。为此，应以文化元素为载体，通过融合构建、整体把握，将地域文化融入其中，让博物馆的艺术文化形态更加丰富多彩，契合现代审美需求。

【参考文献】

[1] 刘哲军. 地域文化与建筑创新情结——以铜陵博物馆为例[J]. 重庆交通大学学报，2016（15）：14-17，28.

[2] 高原. 当代博物馆地域文化建筑表达研究[D]. 哈尔滨：哈尔滨工业大学，2016.

[3] 杨国胜，龙彬. 历史名镇空间保护与活化规划[J]. 河北工程大学学报：自然科学版，2016（4）：37-40.

[4] 毅刚. 铜文化的回应：记铜陵市博物馆设计创作[J]. 建筑与文化，2010（4）：78-79.

[5] 邓晓瑞. 地域文化在博物馆空间设计中的应用研究——以山西博物院为例[J]. 建材与装饰，2018（30）：140.

[6] 赵岩岩. 浅谈地域文化视野下的文化博物馆设计[J]. 艺术科技，2017（11）：319.

三、异曲同工　匠人匠心

踏着伟人的足迹前行

邓小平故居陈列馆展陈解析

文 | 兰 海　温俊平

【推荐语】

伟人和名人故居陈列馆是展陈设计项目中的重要门类之一，中国特有的历史文化传统和政治文化语言，使此类设计常面临极大的文化挑战和设计创新机遇。邓小平故居陈列馆项目毫不例外地是一项文化梳理、历史呈现、艺术创作和工程组织的系统性工程。本文作者将展馆设计、改建的全过程详细地记录下来，颇具参考价值。读者可以从中清晰地了解展馆的设计思路及修建过程，是一篇很好的故居类展馆建设的范例文章。

为迎接世纪伟人邓小平同志诞辰 110 周年，由四川省委牵头，中央文献办公室配合在四川广安邓小平故居园区内，增建小平故居缅怀馆，同时对 2004 年建成的小平故居陈列馆进行升级改造。由于我方于 2004 年出色地完成了小平故居陈列馆的装修展陈工程，所以本次被直接邀请参与这个项目内装设计和工程实施，有幸第二次以建筑的名义缅怀这位世纪伟人。该项目建成后好评和赞誉之声不断，得到大众的认可。

一、项目概况

项目位于邓小平故居园区内，该园区为 5A 级景区，是邓小平同志出生和 16 岁前成长的地方，新建设的故居缅怀馆位于邓小平故居陈列

2004 年原生平馆

馆附近100米的地方，两个馆相互映衬，互为补充。为将两个馆统一，形成整体，完工后便将二馆分别命名为“邓小平故居陈列馆——生平馆”（以下简称“生平馆”）和“邓小平故居陈列馆——缅怀馆”（以下简称“缅怀馆”）。

本次新建和改造，在整体形式和内容的定位上是以生平馆为主，缅怀馆为辅。生平馆和缅怀馆建筑形态上均为川东风格，区别在于生平馆更接近于纪念性建筑，形态相对高大，强调寓意；缅怀馆形态更为平实，更接近川东民居的形式。本项目我方作为两馆装修布展工程的设计和施工总承包单位，负责整体的推进和品质把握。为实现要将两馆建成“国内领先，国际一流”的目标，我方选择原陈列馆设计团队——美国RAA公司作为我们的合作伙伴，使生平馆和缅怀馆的设计理念和展陈形式统一起来。在该项目中，我方在保质保量的前提下按时完成任务，“生平馆”和“缅怀馆”在统一的基础上又兼具各自的特色。

二、邓小平故居陈列馆——生平馆

于2004年建成的生平馆总建筑面积3800平方米，建筑风格带有典型的川东特色，形态上利用连续的斜坡屋顶和高高的片墙，寓意着小平同志起起落落的人生和建立不朽功绩的丰碑。

该馆2004年的布展和装修由我方完成，由于建筑采用铝合金、不锈钢和玻璃等耐久材料，虽已建成十余年，但整体效果和品质至今仍然被认同。因此，生平馆改造的原则是：保持原有风格、原装饰面层基本不变，全面提升整体品质。改陈工作着重改造了展柜系统、灯光系统、多媒体系统、部分展板系统、电影厅及局部的装修面层。

1. 展柜系统

本次改造优化了展柜的开启方式，先前受技术限制，展柜开启方式采用的是拆卸玻璃的方法。改造后，运用较为先进的无线蓝牙通信技术，通过统一的平板电脑将馆内所有展柜实现无线中控电动启闭，解决了原有展柜的密封性差、锁闭不牢、不具备恒湿功能等缺陷。

为了避免眩光问题的出现，设计中将斜面展柜的玻璃全部改成了进口超白低反射夹胶玻璃，提升参观者观看的舒适度，实现了以人为本的设计理念。

2. 照明系统

将原先卤素光源更换为 LED 光源，使得展示照明效果得到很大的改善，同时提升了展馆品质。

3. 多媒体系统

原有的多媒体系统已全部老化。因此，本次改造将所有多媒体硬件设备及软件进行更换升级，提升展示和播放效果。

4. 展板系统

展板改造内容分为两部分，一部分是由于工艺老化，面层脱胶的展板；另一部分是根据展示内容调整的需求，进行的部分形式和内容的调整和更换。对于第一部分，我们调整了展板制作工艺，将原来玻璃基层面层粘贴创意防火板的工艺，改为 10 毫米厚整体创意抗倍特板的工艺，这样便永久解决了展板脱胶的情况。至于另外的部分，则完全从展陈形式和内容的角度出发，做出相应调整。

5. 电影厅

电影厅进行了多方位改造，从装修到设备及至影片都进行了调整，以呈现最好的展陈效果。设备方面最主要的是将原来三机拼屏连放，改为高清单机放映，使画面质量得以较大提升。

上述是生平馆的改造方案，改造后展馆的品质得到全面提升，使生平馆和缅怀馆在硬件水准方面保持同样的品质。

三、邓小平故居陈列馆——缅怀馆

缅怀馆总建筑面积 4016.2 平方米，建筑概念以“回家”为主题，风格上按照川东民居的特色来建造。与生平馆的建筑风格一脉相承，只是在形态上更平实，更能给人一种亲切感。整个展馆分为上下两层，一层包括序厅、一展厅、三展厅、缅怀厅以及贵宾室、卫生间、办公室等空间，二层为手迹厅和二展厅。

该馆内容上作为生平馆的辅馆，两者的区别在于，生平馆展览主要讲述邓小平同志的生平和伟业，而缅怀馆侧重于展示邓小平同志的生活情趣。在展示形式上也有区别，生平馆以编年和叙事的形式展示，有明确的参观流线；而缅怀馆则是以散文式的形式展示，没有固定的流线，完全是一种自由式的参观模式。使观众感到更为放松，更为自由。

1. 序厅

走进展馆序厅，首先映入眼帘的是一组铜雕，铜雕的题目叫“老乡同根”，描写的是小平同志和普通百姓在一起的情景，由著名雕塑家李向群先生根据实景照片创作，雕塑生动形象，惟妙惟肖。

2. 一展厅

序厅的左侧为一展厅，这里分为“信仰坚定的共产党员”“智慧非凡的世纪伟人”“朴实坦荡的政治家”和“心系人民的领导者”四个方面展示小平同志的品格风范。这里采用的展陈形式为模数化的展墙系统，系统中集合了展板、展柜、展示标题以及多媒体等多种展示形式，是以独立展墙的形式呈现的展示单元，这些单元在展厅中排布成不同的角度，整体形式统一、现代、新颖且富有变化。

3. 手迹厅和二展厅

看完一展厅，沿楼梯，便来到二层。首先经过的是手迹厅，这里面积不大，但却珍藏了大量邓小平同志亲笔批示过的文件以及各类手稿，具有珍贵的历史价值。再向里走便是二展厅，这里从三个方面：“平民情怀”“兴趣爱好”“浓郁亲情”，展示邓小平同志的兴趣爱好和家庭生活。这里的展示风格和形式上同一展厅基本相同，统一采用了模数化的展墙系统。区别在于该展厅的展墙要低一些，排列形式更具亲和力。

1

3

2

1. 手迹厅
2. 二展厅
3. 三展厅

4. 三展厅

看完二展厅，下楼右转便进入三展厅，这里是邓小平同志北京米粮库胡同故居的部分复原，包括走廊、餐厅、会客室、书房等空间，向观众展示了邓小平同志生活真实的一面，这里所有的空间尺度装饰材料都和故居完全一样，而且面层也都进行了做旧处理，将场景高度还原，甚至连邓小平同志的家人在参观时都为这逼真的场景惊呼不已。

上海保利大剧院上演的“工匠故事”

文 | 宿利群 王 健 兰 海

【推荐语】

与国际著名建筑师配合完成建筑室内深化设计和施工工程，这对中国设计施工单位显然有更高的专业要求。清水混凝土特殊的施工工艺要求和质量控制标准，使这一过程愈发具有挑战性。公司团队迎难而上、精耕细作、逐一突破，不仅很好地达成了建筑师的高品质要求，更让中国室内设计和施工团队展现出超卓的工艺水平，精益求精的时代精神，值得学习也令人钦佩。

2014 年 6 月上海保利大剧院以其近乎完美的形态伫立于上海嘉定区的远香湖畔，这个项目是由著名建筑大师安藤忠雄领衔设计的，而我们作为这个项目的室内装饰深化设计及工程实施单位有幸参与了这个项目。时间过去两年多了，这期间它又荣获了中国建筑工程鲁班奖，并得到了国内外的一致好评和赞誉，为此我们也深感荣幸与自豪。现在回想起来，从设计到施工过程中的一幕幕依然记忆犹新，感慨万千，因此写下此文作为纪念。

上海保利大剧院总建筑面积 50794 平方米，地上 6 层，地下 1 层，两面邻湖，通过大面积景观水域使建筑与自然环境无间融合，实现了安藤大师的“建筑在自然中生长”的理念。建筑外墙为清水混凝土，其外又包裹了一层透明玻璃幕墙，由此产生光影变换的表情。建筑的

1

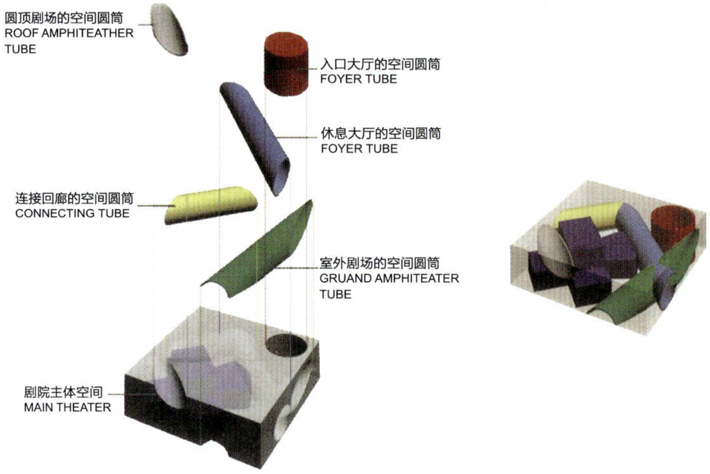

2

1. 建筑外景
2. 建筑空间分析

主形体是平面边长 100 米、高 34.4 米的立方体，在这个立方体中有五根“圆筒”贯穿，这些“圆筒”在空间中或垂直或水平或交叉或倾斜，进而构建出动态的室内公共空间，同时也使建筑与自然景观及水、光、风等自然元素交相融合，行走在“圆筒”中移步异景，变化万千，实现了“文化万花筒”的概念。

这个项目有着非常美妙的形态，同时从实施的角度也是个非常有难度的项目。从接触这个项目到工程完工历时 4 年，在这期间从清水混凝土结构到圆筒空间，再从观众厅到夜景照明，每一处都有其需要攻克的难关，同时也成就了该项目的亮点，具体表现在以下几个方面。

一、清水混凝土——冷峻的“挑战”

清水混凝土是安藤大师作品的标志，同时也是施工的难点，它的工艺特点是须一次性浇筑成型，具有不可逆性，其完成面就是装饰面，因此对于内装的深化设计而言，就需要将清水混凝土表面作为装饰面来考虑。实施中要求所有清水混凝土界面设计及需预埋的设备点位、预埋构造，以及与其他空间界面的衔接收口等必须事先一次性设计到位。由于这样的特殊性，我们突破通常的操作流程，从建筑深化设计阶段就进行了室内设计的深入配合，在整体建筑模数体系框架下，完成了清水混凝土的模板分割、螺栓孔定位；墙面嵌入灯具的节点构造设计、机电末端点位的布置；以及室内栏杆构造设计和预埋件的布置等，这些工作需要与其他专业的工程师、设计师密切配合。由于实施时要一次浇筑成活，没有修改的机会，因此需要非常周到而精细，不能有半点差错。上述内装设计工作必须在结构施工前就要完成，而且要与所有相关专业反复沟通、反复核对，以确保提交的图纸 100% 无差错，否则就会造成清水墙体返工，带来不必要的损失。最终经过多

清水混凝土墙体：一次浇筑成型

方努力，清水混凝土完成得相当成功，效果得到了安藤大师的高度认可。

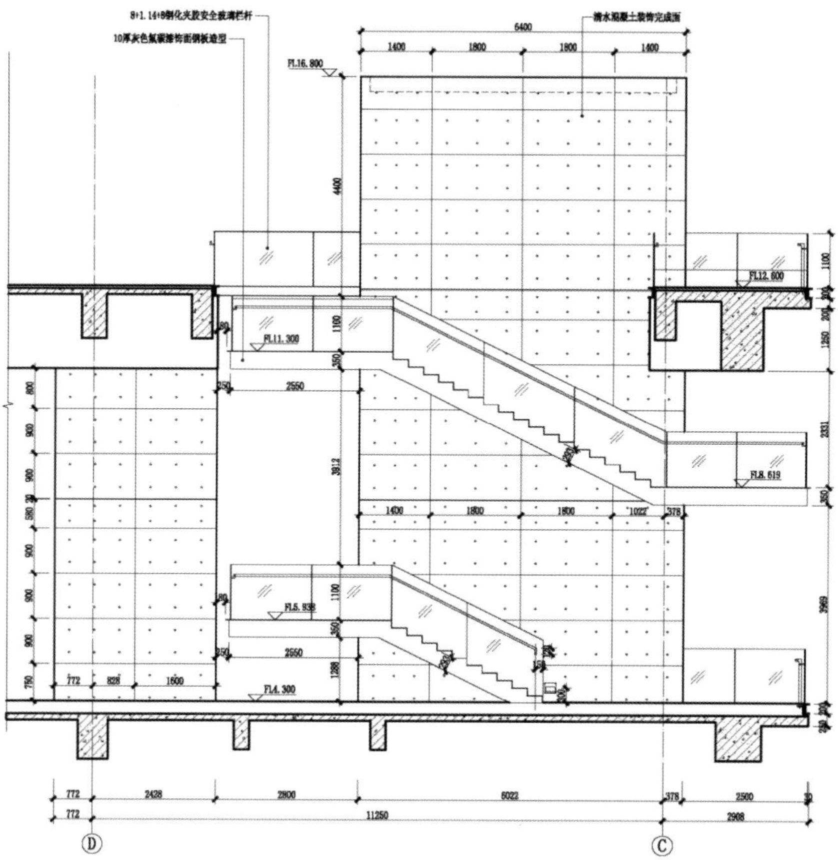

清水混凝土墙体设计图

“圆筒空间”

二、圆筒空间——惊艳的“文化万花筒”

“圆筒”空间是这个项目实施中最大的难点，同时也是重点和亮点。这是安藤大师设计概念的集中体现，是概念设计中最惊艳的一笔。因此，把这项工作实施好，将成为整个项目成功的关键要素。

概念设计中所有“圆筒”的饰面装饰全部为木质格栅，那么，这么大面积的木格栅装饰用什么工艺实现，这是在项目的设计阶段及施工前期，一直困扰我们及业主方的最大问题。天然木质是安藤大师想要采用的饰面材料，他一直对天然材料情有独钟。但按照国内现行防火规范要求，这种部位的材料必须用A级防火材料。后来经过反复的研究与探讨，同时也征求了安藤大师的意见，最终我们采用铝合金型材作为格栅本体，表面再用热转印技术模仿天然木纹效果的工艺方法来实现。就这样，“圆筒”装饰实施工艺的大方向就确定下来了，但后续的深化设计及实施工作还有很多难题。为了解决这些问题，我们与专业厂家组成了攻关小组，对上述问题深入研究，反复制作样板，多次与安藤所及业主方协商，并通过计算机三维建模软件对构造的细

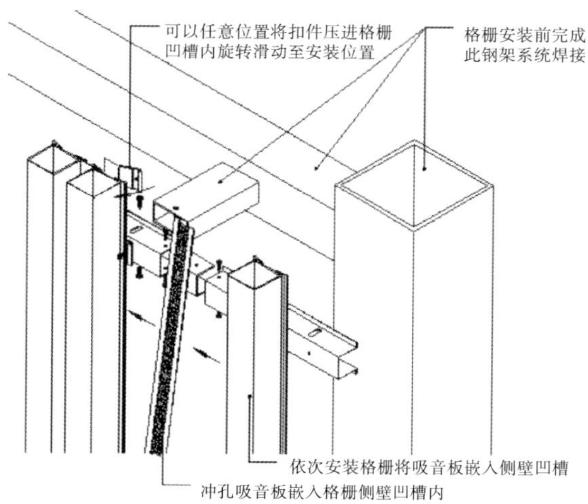

格栅预制件

1-2.“圆筒”的龙骨结构

节精雕细琢，在实施中不断改进，不断完善，最终较为完美地解决了上述技术问题，攻克了这一难关。

在这项工作的实施中，由于“圆筒”直径较大（大的 30 米，小的 18 米），精确定位圆筒轴心是实施的关键问题，要在毛坯的建筑空间中准确找到圆筒的轴线，这是非常困难的，因此我们借助于建筑的 BIM 模型，并结合现场实际情况找到了轴线的空间坐标点，然后以此为依据进行准确圆筒放线，进而保证了精准的下料和加工。另外，为了确保筒体格栅的施工质量，我们对格栅的构造细节也进行了深入的研究。考虑到筒体周边建筑构件存在施工误差，我们对格栅的安装龙骨系统进行了可调节设计，以消除径深、水平或垂直方向的尺寸误差。整个龙骨体系具有完善的主副龙骨结构，这样可以较方便地实现径深方向的调整。固定格栅的方式采用滑动式扣件，扣件与龙骨之间采用自攻钉连接，这样可以使安装更为稳定可靠，操作更为便捷，同时也可以实现水平或垂直方向调差。另外，考虑到更换格栅的需求，我们每隔 2 米设计有可拆格栅，拆除一根后再依次拆除其他格栅，这样就实现了局部更换格栅的可能。同时考虑到很多格栅处在室外或半室外，冬、夏季环境温差较大，因此，每段格栅间的拼接缝全部预留了合理的间隙。

除上述难点之外，项目实施中最大的难点是筒体与筒体、筒体与幕墙等交接部位的收口处理，这些位置的交线全部为空间曲线。为了使这一部位完美呈现，我们通过建立三维计算机立体模型的方式，研究推敲圆筒相交处收口节点，以及与清水混凝土、玻璃幕墙等周边界面的收口设计。针对这些部位的收口材料和工艺，经反复分析比较木材、GRG 等材料，同时综合考虑实施工艺等因素，最终确定采用与筒体格栅一致的铝质材料，并采用相同的饰面工艺手段。为了实现这一高难度的空间曲面造型，从设计到下料，再到加工制作，直至现场安装的全部过程，我们在整个实施的过程中全部采用了 BIM 系统作为辅助。这种收口铝板不是普通概念的双曲板，而是单曲的扭曲形式，而且不同部位铝板之间的角度与板面宽度均是不同的，产品设计与加工要求比较高，这种铝板在整个项目中数量不多，但确实难度很大。我们利用三维软件将扭曲铝板从整体模型中提取出来，然后根据设计要求进行分格，在铝板的三维图纸上等分若干的控制点，再依次测量各个控制点连接的剖面尺寸，得出不同位置上肋板的下料尺寸，再结合三维软件将面层铝板各个面进行展开从而得到实际的面层铝板下料图纸。加工时再按照计算机模拟出的肋板位置精确地将肋板在面板上定位，并与面板进行组合焊接，成型后即得到计算机模型的分段形状。安装时再利用模型中提供的空间坐标点作为控制点进行安装。就这样将这一高难度的异性铝板制作精确地完成了。即便如此，过程中还是经历过很多次返工，板面越宽就越难做精确，拼装完成后交接线相差一点儿现场都会看得很明显，一旦出现问题只能是拆掉重装。最终能够完美呈现，确实历尽艰辛，非常不易。

另外，为确保最佳的仿木纹效果，我们又对木纹转印饰面工艺进行了严格控制。表面粉末喷涂的涂层质量直接影响到成品表面的底色、光泽、耐候性等性能，因此，在涂料选择上我们选用了适用于户外的优质粉末材料；为了得到逼真的木纹效果，热转印膜是由专业设计公司采用模拟法设计出的仿真枫木纹理。另外，为了保证最终质量，还要选用可靠的转印设备，避免出现表面色差等其他质量缺陷。

三、观众厅——音乐的“容器”

观众厅的室内设计是非常复杂的，在这个空间中既要注重其装饰性，同时也要兼顾其功能性，在协调好通风、消防、灯光、音响、舞台机械等专业需求的同时，还要严格满足建筑声学设计的要求。而这一切的细节全部要通过室内深化设计体现出来，可见该空间深化设计的难度和重要性。在此仅就观众厅的墙面深化设计进行介绍。

在安藤大师的概念设计中，观众厅墙面是由凹凸相间的圆弧木造型构成的木装饰墙。在深化设计阶段，为控制好凹凸造型的尺度关系及立面形体效果，我们多次制作了 1∶1 的实体样板，与安藤事务所设计师及业主共同探讨研究，过程中造型尺度关系很顺利地得到了确认，但墙面装饰的实施材料和工艺一直都悬而未决，因为当时所能想到的施工做法都有些缺陷，不能满足项目的要求。就在百思不解的时候，业主方有了个大胆的提议——即采用 60 毫米厚的防火松木集成材作为墙面装饰材料。这种材料的装饰性、防火性及声学性能都可以满足要求，这一提议通过小型的样板制作，很快就被大家认同。但这一方案实施起来还是有很大的难度：首先整个观众厅共需要大约 3 万根上述实木造型材料，且材料规格繁多，形状各异。为了便于加工，我们将墙面木质造型进行了合理整合，就有效降低了加工难度。另外，由于声学面密度要求，墙面实木造型必须达到每平方米 45 千克以上，这样就造成墙体装饰重量过重，超出了楼板承载的极限，如何分散实木材料自重，成为深化设计的又一难点。对此，我们设计了墙面钢架承重结构，通过在部分较厚的实木料内部开槽，并使用特制连接件使其和钢龙骨连接，进而让实木材料自重传递到钢骨架上，再分散到建筑结构的梁和柱上，进而化解这一难题。

另外，造型墙面上很多搭接和收口的细节也同样是体现整体品质的地方，在深化设计过程中，我们对此进行了深入的研究和推敲，同时通过过程中的严格把控，最终使墙面造型达到了理想的装饰效果及声学效果。

1

2

1-2. 夜景照明

四、夜景照明——能量的“魔方”

“光”是安藤大师建筑作品的灵魂，本项目也是大师巧妙运用自然光塑造建筑形象的成功案例之一。因剧院演出活动通常安排在晚间，夜景及室内照明设计作为建筑光环境设计的重要组成部分，在本项目中显得尤为重要。为此我们在遵从建筑设计思想的前提下，提交了照明设计的提案，并与安藤建筑事务所进行了多轮交流和研讨。

对建筑外泛光照明，我们主要采用在建筑外玻璃幕墙和清水混凝土外墙之间，以层间格栅为单元设洗墙灯具的方式进行照明，将清水混凝土墙面整体均匀照亮，打亮后的建筑如同一个晶莹剔透的发光体。

“圆筒”空间的照明设计也是整栋建筑照明设计的难点。贯彻整体照明设计“见光不见灯”的原则，圆筒区域主照明暗藏于圆筒底部的钢质护栏内。为了达到最佳的照明效果，我们做了 20 余次的现场光效试验，反复对比。最终确定采用订制 2700 开尔文色温的条形 LED 光源偏光洗墙灯具。安装完成的照明效果，灯光覆盖了整个圆筒，同时形成从下至上由强到弱的渐变退晕光效，很好地突显了圆筒的形体特征。2700 开尔文色温的暖色调光源使得圆筒内壁木纹格栅温暖的质感得到了很好的表达，同时与外立面 5100 开尔文色温的冷白色调形成强烈的对比，进而营造出轻盈神秘，且细节丰富的夜景效果，赋予建筑崭新的视觉形象，同时也更好地契合其观演建筑的文化气质。

项目完工后，安藤先生评价这个项目是他在中国大陆所有的项目中完成度最好的项目，“而且即便在日本实现起来也是非常难的项目”。能够得到大师这样的评价，我们非常欣慰，这是对我们近四年工作的一种肯定。

多年以后，现在回想起来，最大的荣幸是我们能够通过这个项目与安藤大师近距离地接触和交流，也深深地被大师的那种执着信念所感动，他对方案的每一个细节精雕细琢、反复推敲，这样一种情怀我们通常称之为“工匠精神”。在他的感召下，我们也同样以这样一种精神投入到这个项目中，无论在深化设计还是施工的每一个阶段、每一个细节，我们都是以这样的精神鞭策自己。在项目进行的过程中，这种精神表现在我们的认真、坚定、踏实和对细节完美的不断追求……

“奇迹”在废墟中升起

芦山强烈地震纪念馆的诞生

文｜陈　丽

【推荐语】

中国展陈设计行业常遇到主题严肃、社会影响重大的政治性或政策性项目，本文中的地震纪念馆即是典型一例。此类项目不仅需要较高的设计施工水平，还需要准确的文化定位和政治判断能力，尤其需要对公众情感有极大关注并能进行适当引导和准确表达。无论是决策者、管理者，还是设计施工团队，面对此类项目必然全力以赴、全情投入。为此，本文列举了许多专业化的解决方案，非常值得学习和深入研究。

2016 年 4 月 20 日，一座造型庄重典雅、展陈面积达 4000 平方米的地震纪念馆在四川雅安芦山正式开馆。它的建立，是为了纪念三年前在这里发生的一场 7 级特大地震。雅安人民在抗震救灾和城市重建中体现出来的顽强意志被世界誉为“中国精神”，其在重建家园过程中的种种表现也成为世界抗震救灾历史上的典范。仅仅两年时间，一座新的城市就在废墟中重新建立起来。纪念馆的建立，就是要将这样一笔宝贵的精神财富流传给后人。

而谁能想到，这样一个近 4000 平方米纪念馆的落成，从方案的最终确认，进场施工，到最终完工，仅仅用了 45 天的时间，堪称在雅安这片创造过重建奇迹的土地上，崛起的一个新奇迹。

这一切还要从半年前的展览设计方案中标说起。2015 年 11 月，公司从雅安市政府手中接过了“4·20”芦山强烈地震纪念馆展览设计施工的中标通知。通常，这样一份中标通知对于展览公司来说，应当是件喜事，可对设计团队而言，在短暂的兴奋之后，感到的更是接过了一份沉甸甸的试卷。从那一刻起，团队就清楚自己走上了一条挑战之路。

一、挑战

按照一般的常规，4000 平方米左右的展览，从方案论证结束进入施工，到最终竣工，合理的工期为8~9个月，但中标已是2015年11月，到 2016 年 4 月开馆仅 5 个月有余，中间还要跨越 2016 年春节。这样，5 个月要完成 9 个月的工作量，这无疑是将本就困难重重的任务，又推向了不可完成的高度。尤其是这次展馆的意义非同一般，它是四川、雅安地区党政领导所系，民之众盼，无论是内容表现还是施工质量，都容不得半点马虎和拖延。

这次项目的设计方案经历了几次方向性的调整，实际上也是我们和业主方一起，从那起事件中不断地挖掘新东西的过程。

业主方的想法更多地关注挖掘这次地震的经验、启示，追求细节上的体现，提供了大量建设性的想法。了解了业主方的设计意图，我们就更有针对性地进行挖掘。

方案的不断修改，虽然对项目的进度有一些延误，但我们也在不断地告诉自己雅安这个项目的特殊性，也不断地问自己这个工作的价值。地震过去三年，我们的工作能留下些什么？为了后来人，这个馆能不能提炼出、呈现出一些真正值得留下的东西？还是说只是拿出一些现有的东西的一个简单展示？答案是显而易见的。

二、破题

1. 合力闯关

拿到这份特殊的试卷后，公司派出了最强的设计团队深入项目当中。而业主方面也给予了最大的支持和帮助。从四川省委宣传部，到雅安市委市政府、省社科院、省文物局、芦山县，抽调了各路专家和各方人才组成展馆项目专项组，建立了多元化的资讯渠道。他们对内容的想法和经验，对内容细节精益求精的追求，都对展览设计方案初稿的完成发挥了建设性的作用。在听取业主及领导各方专家意见的同时，展览项目从内容到形式，在不断反复中扎实推进。

在这个双方交流、沟通、融合的过程中，设计师们也在不断地学习，提高对展览的理解。

2. 峰回路转

2016 年 1 月底，距开馆截止日期还有不足 90 天，一切似乎都在按预定方案的行进中，业主方和公司也迎来了施工前的最后一次方案汇报会。

原本，汇报会后就将进入紧张的施工阶段。但是，事情突然发生了变化，正应了中国的一句古话："好事多磨。"汇报会上，一些专家针对已成形的方案提出：在展览设计的色彩及空间构成要更加忠于博物馆展览的同时，希望将展览中的"经验启示板块"采用以实际人物与事件相结合的表现方式呈现出来，这样可以将在抗震重建过程中，以智慧和汗水换取的"雅安经验"更生动地呈现给观众和社会。无疑，这一方案如得到实现，会对整个展览在表现形式上有明显的提升。但

1

2

1-2. 雅安地震纪念馆陈列方案

事情来得如此突然，对设计师而言，这就意味着，在仅剩近 90 天内，先要重新设计，再开始施工，这使原本 5 个月，在一般展览公司看来已经不可能完成的任务，变得“更不可能”。

我觉得从个人的角度上，心理上还是有些失落的。这次也是我做展陈设计这么多年，在项目推进的过程中头一次遇到这么严重的情况。但是会后大家也一致觉得，既然有更好的方案，不论多困难，我们也应该以更高的标准去把它做好。

3. 迎难而上

2016 年农历春节已经降临，窗外的鞭炮声此起彼伏，但在一些家庭的团圆宴上却缺少了设计师的身影。他们下定决心，要在最短时间内拿出一套最佳的设计和展陈方案，让参与展览的各方都能够满意。

这次我们的平面设计非常用心，在极短的时间里做了出来。在二次方案深化的时候，大家一起加班，一起彻夜想方案，从中我们也收获到，所有设计不是一个人完成的，大家需要相互配合。

最关键的是，我们对内容结构做了大的深化和调整，从地震发生到抗震救灾，再到科学重建，最后是幸福生活，变成这三大部分。

功夫不负有心人，在春节假期的最后一天，也就是正月初八当天的汇报会上，奋战了近 20 个日夜的设计师，又拿出了一套令人耳目一新的展览设计方案。方案以其前所未有的颠覆性和创造性，获得了与会所有领导和专家的一致认可，各方意见达到高度统一。这使整个展览设计施工，从“山穷水尽疑无路”终于走到了“柳暗花明又一村”。10 天后，方案深化设计完成，正式施工进场。而此时，仅距开馆不足 50 天。

三、解题

1. 答案一：让科学管理更加贴近实际，成为解题入门的金钥匙

在芦山强烈地震纪念馆展陈施工中，我们以切身体会得出：真正将科学管理与实际工作相结合，就能产生出加倍的工作效率这一结论。

以“换位思考”实现甲、乙、丙三方的平衡共进。在芦山项目中，由于时间紧标准高，设计师们“换位思考”，充分理解业主方和施工方的困难，把工作案头摆在了芦山一线。在方案设计过程中，不仅将业主方专家、学者请来共同商讨，应对每一个局部和细节，更深入到施工一线，与施工方技术人员落实每一个节点和工艺。这种管理的创新，不仅打开了设计师们的眼界和思路，还进一步融洽了参与项目各方的关系，从而大幅度提升了工作效率。它更如同一把解开芦山项目重重困难的金钥匙，在困难中让大家看到光明的前景。

2. 答案二：让创新施工流程成为破解难题的方程式

虽然工程结束已经很久了，但团队人员回忆起芦山强烈地震纪念馆这场硬仗，仿佛一切还都是昨天。

1）记忆一：火线上的工程技术论证

确保工程质量，是公司从未改变过的工作底线。而确保工程质量的前提是要有经得起考验的工程技术论证。这一次论证会挪到了现场

办理。别小看这一挪，这并不仅只是距离的缩短。在现场，工程技术环境一目了然，减少了误差和误判；技术工人的意见直接灌输到专业技术人员耳中；甲、乙、丙多方的诉求更加直接、清晰。这一挪，不仅节省了时间，创造了效益，更挪出了专业技术人员思想观念的更新和工作作风的转变。

2）记忆二：模块施工效益凸显

当今的世界工业，许多行业早已进入到集约生产。公司希望首先从自己内部掀起一场“展览制造业技术革命”，为此建立起自己的展览模块化生产基地。在芦山强烈地震纪念馆的合作项目中，这种战略性选择凸显出了它的优越性。45 天中，以集约模块化生产制作的展览半成品被迅速运到现场，快速组装，为布展赢得了时间；规范、条理清晰的现场使多工种交叉作业的实现成为可能。

3）记忆三：开通工程管理的“互联网”

由于实现了模块化施工的并联交叉滚动施工，工程管理方式也发生了较大变化。以往项目的管理，一般围绕一名项目经理来进行。而在芦山项目中，由于多头并进，项目经理增加到 2 名。项目的场内负责人与场外负责人之间则搭建开通了一条相互协作的“互联网”。由于有了这条“互联网”做基础，进而实现了工作职责的精细化。工序时间安排细化到小时，各级工作完工与验收实现了无缝衔接。在现场，施工管理双线并行，使团队忙而有序，每一个问题都会在当日得到解决。

高岩崩塌

有序

高岩崩塌
观察通行
2013年4月20日上午8点02分，
雅安市芦山县（北纬30.3度，东经103.0度）
发生7.0级强烈地震，震源深度约13千米。

3. 答案三：让大协作成为破解难题的加速器

芦山强烈地震纪念馆的展陈工程，并不是一个简单的展览，从接到任务的第一天起，公司就很清楚要解的是一个多元多次方程组。因为除展览主体内容外，与展览相符的如多媒体制作、安保、灯光等专业设备安装，各种展览工程技术材料的供给、采购等环节，都是这个方程组中的未知数。在与业主甲方大力协作的同时，与上述各团队之间，仍然要有打破常规的大协作。在工程的冲刺阶段，许多供应商也同样放弃了休息，加班加点保障展览工程物资的运送、安装和调试。

正是这样的一种空前大合作，2016 年 4 月 15 日，仅仅 45 天，比预定完工提前了整整 5 天，芦山强烈地震纪念馆展览施工制作工程顺利完工。当清理完纪念馆内最后一缕灰尘，在场的纪念馆领导和员工都舒出了自己憋在心头整整 45 个日夜的一口长气。

四、小结

4 月 20 日，展览如期开幕。在四川，在雅安，在芦山，三年前大地震后的又一个不可能成为了可能，奇迹再一次在这片神奇的土地上上演。

在这场考试中，团队向四川人民，雅安人民，芦山人民，交出了一份合格的答卷。对我们自己而言，也经受了一次前所未有的考验，这场考验，使我们变得更成熟。未来的中国博物馆事业发展，需要专业的博物馆人，也同样需要这样一支打不垮、高效率的设计和施工队伍，为博物馆行业的价值创造注入持续不断的动力！

不经风雨　怎见彩虹
《档案见证北京》展启示录

文 | 荆　超

【推荐语】

本文是对北京市档案馆展陈项目的实施总结，详细说明了通过整个展览施工流程中的生产工厂化、配件标准化、安装装配化与设计个性化的有机结合，在保障展览效果的前提下，最大限度地缩短了实施时间。通过变“建造”为“制造”，工作团队把智力、经验、生产、安装诸要素打散重组，最终效果令人惊艳。这种新型工作模式值得所有相关专业思考和借鉴。

一、简介

《档案见证北京》是北京市档案馆献礼国际档案馆日的重要展览，该展览以北京历史为主线，依托档案史料，展现了北京从营城之初，经过封建王朝，走向民主共和以及同筑伟大中国梦的历史过程。旨在通过展示古都沧桑，探寻历史文脉，传承哲匠精神，矢志筑梦前行。

展览共有七个部分，包括：先哲营城、图说北京、古都风韵、时代洪流、探索前行、改革新篇和匠心筑梦，以北京历史文化、城市发展、生态环境建设和民生为主线，讲述了北京 3000 多年建城史和 860 余年建都史。

项目总面积：约 1600 平方米。

进场日期：2019 年 5 月 13 日。

开展日期：2019 年 6 月 9 日（国际档案馆日）。

二、源起

北京市档案馆新馆位于朝阳区南磨房路，《档案见证北京》展览作为国际档案馆日的重头项目，必须在 6 月 9 日新馆启用当天正式开展。然而，受现场条件所限，进场时间不能早于 5 月 14 日。25 天的周期，对于一个 1600 平方米的展陈项目而言，好像是不可能完成的任务。

自接到项目任务伊始，我们的工作团队积极组织召开内部研讨会，探索破题方向及实施路径。经过多轮多方案反复推演，最终明确了建立于如下大原则的实施路径。

1. 方案标准化

标准化的方案设计是前提和基础。设计前期大幅提高设计精度，深化设计，使后续的生产工厂化及装配现场化成为可能。

2. 生产工厂化

通过生产的工厂化提高产品精度，通过集中加工、工业化产品运用、部品外包生产等，从传统的现场加工逐步过渡到供应商统筹组织，从“建造”到“制造”，大幅提高了生产效率，节约了场内时间。

3. 装配现场化

通过技术革新，取消非必要工序（如现场湿作业），减少了技术间歇时间；采用新材料、新技术（耐博斯通），降低了对工人技能的依赖，同时提高了效率及质量；采用标准化构件、工业化产品（图板、铝扣板等），降低了对木工、泥工等工种技术水平的要求。

4. 管理精细化

制订详细的场内、场外实施计划，场内外时间配合、工序配合、作业面配合，各方用空间换取时间，以场内进度为核心，各方按计划精准进场、离场，统筹管理，提高整体效率。

团队达成基本共识，只有严格按上述大原则实行，此项目才有可能确保质量并准时完成。

三、筹备

基本原则确立之后，即进入紧张有序的多方前期准备工作。

1. 设计

1）设计标准化

设计方案果断摒弃了“墙面刮腻子＋乳胶漆”等常规处理方式，因为湿作业工序多、工期长，且现场粉尘过多会影响多作业面的共同进程。设计方案采取了武汉基地加工标准化构件，按计划分批运达现场，直接组装的方案。

THE GOLDEN BUDDHA SHOP

山水卫城
时代洪流
TIDE
OF THE TIMES

2）现场复核

设计方案标准化对于设计的精准度要求严苛，构件生产之前，设计师及加工方对现场进行数次放线、测量，精准复核，杜绝错漏碰缺，力求把现场的每一个细节条件，都反映到设计图中，为后期标准化构件的顺利安装打下坚实基础。

2. 工厂

根据设计方案及现场精准图纸，工厂即开始备料及排期，结合现场组装计划及工厂产能制订生产及运输计划。全流程无缝衔接，生产、运输、安装流水化作业。在后期实施过程中，既没有发生无构件可安装，也没有发生构件堆积于现场影响作业面的现象，充分体现了设计-生产-实施有序的连贯性。

3. 材料

为兼顾效率与质量，材料的选择也是非常重要的一环。在档案馆项目中，大量运用了新型材料：耐博斯通（nalexible）。耐博斯通度厚度不到 2 毫米，1 平方米重量不到 2 千克，较大尺寸可达 2440 毫米 × 1220 毫米，多达 22 种天然石材纹理，有普通、透光、织布三大系列，是目前较薄可弯曲的天然石材。耐博斯通天然石作为新型建筑装饰材料，一经面世就在欧美引起巨大轰动。其具有超薄、超轻、防火、抗磨、有弹性、可弯曲、纯天然、不易碎、无辐射、用途广泛、运输安装成本低等特点。耐博斯通广泛适用于内外墙装饰，不仅可以替代现有的传统石材，较突出的是无须再做钢结构骨架基础，而且不用考虑石材的重量与脱落的问题，安装的材料与人工成本、施工周期均有大幅降低。

4. 设备

设计方案的标准化并不影响展览效果的精彩。《档案见证北京》展览内容翔实，设计表达方式也丰富多样。多媒体、场景、展柜、灯光、拉膜等展览语言的多维运用，在丰富完善了展览效果的同时，也给压缩到极限的实施周期带来了难度。为解决这一矛盾，我们采取了前期设计细致到位，后期多作业面有序推进的实施路径。

前期设计中，将所有点位、电路、开洞尺寸、位置均精准表达，在标准化构件工厂加工过程中，将可处理设备开洞部位加工完毕，既节约了现场开洞的操作时间，又实现了比现场开洞更高的精度。

四、实施

尽管前期预演已尽量对所有可能性进行分析，并规避风险，但进入实施阶段还是会遇到大大小小的实际问题。为高效实施，现场采取了以下措施。

1. 设计驻场

设计团队进驻现场，与实施团队实时沟通，极大地提高了反应速度，降低了沟通成本，为展览保证质量、如期开展提供了最大保障。

2. 现场统筹

各单元、各工序流水作业，模块化管理：大工作面按照基板组装——管线预留——设备安装——面层安装的工序有序进行，同时穿插场景制作及安装、拉膜制作及安装、照明安装及调试、展柜安装、升降平台安装等各个模块。统筹各合作方计划及目标，将其纳入统筹管理，制订详尽的工序计划，各工序重点控制各方前置条件的创造及各工序插入、完成节点，统一调度。实现设计图纸统一，现场基准统一，时间节点统一，质量标准统一。

3. 现场管理

现场安全管理为第一要义。

五、效果

在变“建造”为“制造”的大原则指导下，场外资源得以充分利用，场内实施可以精准配合，加之新材料、新工艺的有效利用，在经过各方 25 天的连续奋战后，2019 年 6 月 9 日《档案见证北京》项目得以顺利开展。展览截至 7 月，已接待参观人员 5 万余人次，北京市各媒体均给予报道，社会各界人士反响热烈，得到了业主的充分肯定，也取得了良好的社会效应。

六、结论

通过对此项目的总结与思考，我们提出如下结论。

（1）部品标准化、生产工厂化可以大幅降低场内实施周期，提高精度，保证质量。

（2）标准化与个性化并不冲突。基层的标准化并不妨碍面层的个性化，随着各种新材料、新工艺的发展，必将发现更多可能。

（3）设计标准化，是实施的基础。在设计方向、设计理念、设计深度上，将标准化、产品化的理念贯彻进行。展墙、展板、展柜、展架、展托的标准化都是可以探索深化的方向。

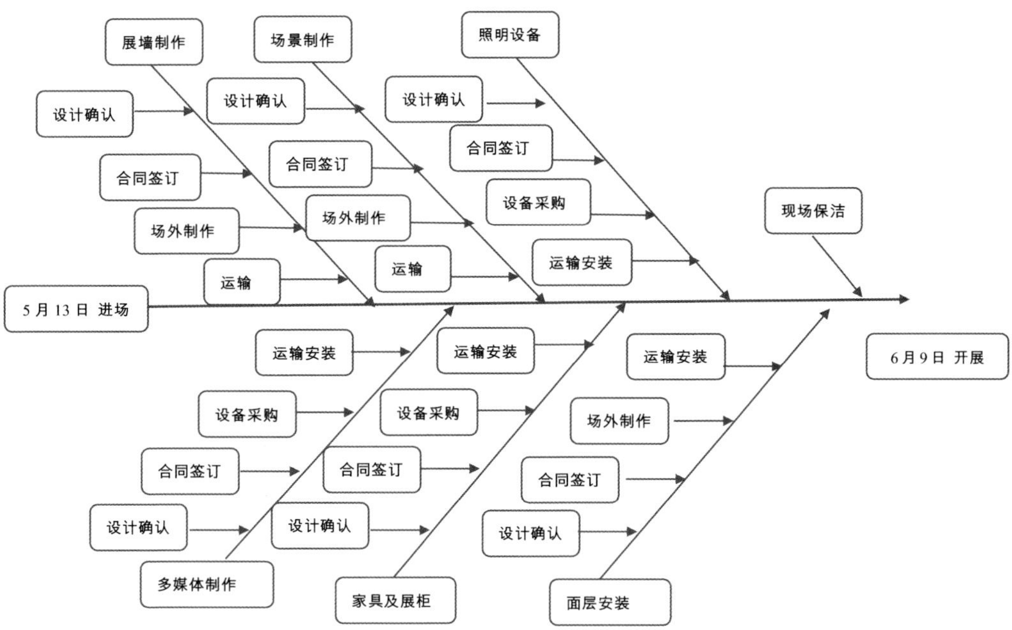

展厅入口

浅谈博物馆陈列展览工程的展示手段创新与研发

文 | 高永刚

【推荐语】

博物馆陈列展览工程的设计与施工不同于任何一种功能类工程，是集文化诉求、艺术表现、展品陈列、文物保护、科学解读、公众服务等于一体的综合性系统工程。博物馆陈列展览工程需要较高知识结构与较强创造能力的有机配合，并由专业的制作、施工实体和高水平的艺术创作协同完成展陈的完美呈现。本文结合作者负责的博物馆陈列展览工程，对展示手段的创新与研发进行了探讨。

一、展示手段的创新与研发对博物馆陈列展览工程的重要性

2015 年 2 月 15 日，习近平总书记在考察西安博物馆时强调："对历史文物要有敬畏之心，让历史说话，让文物说话。"要做到这点，必须要在展示的手段与方法上进行深刻的创新与研发，才能实现对文物的文化诉求、文物保护等方面的目的。

要将文物与展示内容全面细致地展示给观众，让观众有回归历史的感受与体验，同时又要保证文物的安全，就必须做好展示手段的创新与研发。

二、展示手段的内容

目前，展示手段的内容主要包括：多媒体互动展示、文物展具展示、场景艺术品展示、展览专业照明、视觉传达展示。

三、展示手段的创新与研发

作者从事博物馆建设工作多年，工作重点就是博物馆展陈手段的创新与研发。2010 年起，我们专门成立了展览展示技术创新部门，服务于本企业以及整个博物馆行业。在不断的创新过程中，研发了很多新颖的展示手段，下面结合三个项目案例进行详细阐述。

1. 纪念中国工农红军长征胜利 80 周年展

这个项目是 2016 年 9 月完成的。展览开幕当天，习近平总书记及各大常委、人大委员、军委主要领导都进行了参观，习总书记对展览效果给出了赞扬。其中，最具有创新的一项展示手段就是讲解与参观氛围系统的结合，在参观讲解以及领导讲话时，整个展厅的音效环境氛围会根据讲解员或者领导讲话的声音及时进行自动调节，实现参观氛围与讲解讲话不冲突而且即时性非常强。原先要达到这样的效果需要通过讲解员手动控制来实现，即时性较差。作者带领公司技术研发部连续编写程序 80 多次，调试 120 多次才完美实现。这个系统主要是把人脸识别系统、声效识别系统、体感互动装置用较复杂的程序做成一个整体系统，从而实现这样的展示效果。

2. 中国南海博物馆展陈项目

这个项目是 2017 年 2 月完成的，主要是满足博鳌论坛期间各国领导人的参观需求，馆址就设在距博鳌论坛会场 8 千米处（潭门镇）。博鳌论坛期间，国家领导人参观了该项目并给出了肯定。本项目还获得了有“博物馆界奥斯卡奖”之称的“全国博物馆十大陈列展览精品”称号。其中具有代表性的一项创新就是南海风光全景实时传输呈现：在南海赵述岛上设置 360° 全景摄像机，通过一系列压缩上传解压程序，实时把南海赵述岛的美丽风光传输到南海博物馆人文历史展厅内，呈现在展厅弧幕上，观众可以全方位观看赵述岛从早到晚的美丽景色。经过 3 个月的研发、测试、调试，当南海风光出现在大屏幕上时，大家热泪盈眶，这不仅是完成工作的喜悦，更是看到祖国大好河山后油然而生的自豪感。

3. 中国法院博物馆项目

在 2016 年 1 月完成的由最高人民法院组织的中国法院博物馆项目中，我们发明的多种文物支架得到了充分运用，在保护文物的同时保证了展示效果。

为了促进博物馆事业发展，发挥博物馆功能，满足人民群众的精神文化需求，提高公民思想道德和科学文化素质，《博物馆条例》由国中华人民共和国国务院于 2015 年 2 月 9 日发布。自 2015 年 3 月 20 日实施以来，团队更加努力地在博物馆建设与发展、展示手段及文物保护方面进行科研、探索与创新。

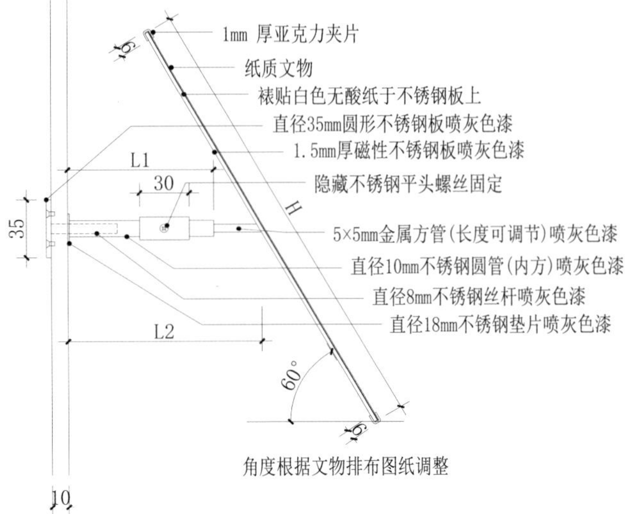

1

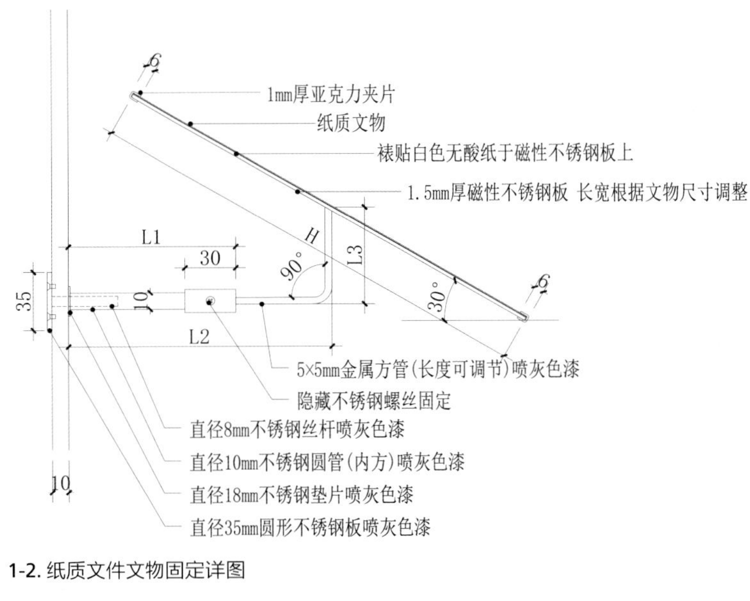

2

1-2. 纸质文件文物固定详图

【参考文献】

[1] 中华人民共和国国家文物局. 博物馆陈列展览形式设计与施工规范：WW/T 0089—2018 [S]. 北京：文物出版社，2019.

博物馆展陈路
创新无止境　探索不停步

文｜张振华

【推荐语】

本文根据作者近20年切实的工作经验，总结出博物馆展陈设计成为独立设计门类的发展过程及其特殊性。发展至今，博物馆展陈设计的基础工业制造已非常完善，产业链条复杂、多样，但其核心本质始终围绕内容与形式的和谐统一，这也是博物馆展陈设计与其他设计门类最主要的区别之一。

自1905年我国建成第一个公共博物馆——南通博物苑以来，至新中国成立，尤其是改革开放之后，中国博物馆以前所未有的速度，在数量和质量方面不断进步和发展。

到今天，围绕在博物馆行业周边的产业链条已悄然形成并初具规模。这条产业链涵盖了建筑设计、室内设计、平面设计、艺术品设计、纪念品设计、展陈施工、展项制作、展陈专用设备制造、文物保护设施研发等诸多专业领域，而展陈设计更是由于展览对于博物馆的重要性，以及其自身的特殊性而迅速成为了一门新兴的、独立的设计门类。

一、博物馆展陈设计的发展

博物馆展陈设计最初是以博物馆内部工作人员为主导组织并实施

1

2

1-2. 河北省博物馆满城汉墓主题陈列方案

的，展陈设计以文物为核心，特别注意对于文物的展示与说明，展览图版与模型的使用也多是为了配合文物的展示。随着博物馆事业伴随社会的发展，博物馆展陈设计逐步走向社会化和专业化，发展成为一门独立的设计门类。同时，随着观众对于博物馆展示需求、要求的提高，展陈新技术的诞生应用，也使得博物馆展陈设计越来越复杂，成为一门包罗万象的综合性工作。

二、博物馆展陈设计与其他设计门类的区别

博物馆展陈设计之所以能够成为独立的设计门类，与其自身的两大属性以及博物馆对于展陈设计的特殊要求是密不可分的。

1. 内容与形式的和谐性

展陈是通过展示形式对展示信息内容的传递，内容与形式的高度和谐统一、浑然一体决定了它与其他设计门类根本上的差异。

展陈设计从表面上来看非常容易雷同于室内设计的范畴，空间布局、流线设置、材质、灯光等诸多设计要素与室内设计是相通的，无论是商业空间、办公空间还是酒店空间，都要求空间科学、流线顺畅、材质美观、光线舒适，满足空间功能的使用要求。但博物馆展陈设计有别于室内设计的特殊性，就在于其内容与形式的和谐统一性。博物馆展陈设计必须以内容为核心，以展陈大纲为设计蓝本、设计依据，要在内容与形式和谐统一的基础上表达出大纲内容所描绘的主题与意境，所有设计元素的选择与空间氛围的营造既是从展陈内容中提升而来，同时通过展陈形式的设计组织，又对展陈内容的提升起到二次拔高的作用。展陈内容是设计的源头，形式设计同时也是对内容的二次创

甘肃酒泉博物馆数字沙盘展区方案

作，既不能唯形式，也不能唯内容，必须是形式与内容的高度统一。

2. 设计综合性

展陈设计内容的多样性决定了这必然是一个多行业、多工种的整合工作。

随着博物馆事业的发展，博物馆已经成为一个门类庞杂的群体，有历史类的、艺术类的、自然科学类的、综合类的，等等。与博物馆相对应的展览也涉及历史、人文、社会、自然、科技等各个学科。

任何一个展陈设计，无论是通史类型还是主题类型，无论是历史题材还是规划题材，都需要通过大量的实物、图片、图表向观众传达出相应的信息，甚至是文物精品陈列，也都需要通过展陈内容向观众表达出展览组织者的某种观点和主张，而通过这些素材对展陈内容进行表达往往需要多材料的组合与多技术的表现，才能使展览视觉更加丰富，展示内容更加易于观众接受。因此，展陈设计的另一个属性是其综合性。它既涵盖了与展览内容表现直接相关的展示立面设计，与展览重点表现相关的艺术品，包括雕塑、油画、国画、装置、灯光、多媒体技术等诸多艺术门类的创作，又包括了基础装饰和水、暖、电、风等设备的设计以及与展示、文保相关的专业技术设计。展陈设计工作需要的是理性与激情的结合，是多种的技术设计与艺术创作的高度结合，这就是展陈设计工作表现技法综合性的体现。

3. 博物馆对于展陈设计的特殊要求是博物馆展陈设计与其他设计的最大区别

其一，博物馆“征集、保护、研究、传播并展出人类及人类环境的物质及非物质遗产”，实物展品是博物馆展陈的核心部分，不同的展品对于展陈设计有不同的要求。在文物展陈过程中，为了更好地展示文物的精美，突出文物的特点，减少对文物的损害，需要有针对性地对每一件文物的展柜、展架、展台、展具进行设计，在达到最好的展示效果的同时，又能够最大限度地保护文物。在展陈照明设计中，既需要考虑展示气氛的烘托，又需要注意避免光照对文物带来的伤害。总之，在博物馆展陈设计的每一个环节，从空间到流线，从灯光到展柜，从施工到布展，都需要始终将文物安全放在首位，任何危及文物安全的设计都是不被允许的。

其二，教育是博物馆的重要功能，博物馆的展示最终要达到宣传教育的目的。展陈设计是为观众服务的，要贯彻“以人为本”的理念，充分关注观众的体验和感受，成为展陈内容和观众之间沟通的桥梁和纽带。博物馆展陈设计，大到一个大型多媒体场景，小到一个说明牌，都需要时刻关注观众的感受，声音、颜色、光照、图片文字大小等都会对观众的参观体验产生影响。好的展陈设计不仅能够激发观众对展览内容的兴趣，将一些专业性较强的知识用更加生动、形象、通俗易懂的方式表达出来，同时也能使观众有一个十分舒适的参观体验。

其三，博物馆展陈设计还要考虑到综合效益，在有限的预算内，应用多种材料、手段及技术，达到最佳的展示效果。同时要考虑节能环保的需求，做到展陈材料、设备的重复利用，这也是非常困难的。盲目追求声光电而忽视展陈内容真正需求的“炫技”，或一味反对声光电不接受新事物和新的展示手段的做法，都是不可取的。

三、博物馆展陈设计的实践和总结

在我国博物馆行业高度发展，博物馆展陈设计以一门新兴的、独立的设计门类存在的今天，作为一个从事博物馆展陈设计十余年的团队的一员，我倍感自豪。

我们这支团队真正开始接触博物馆展陈设计工作是从 2003 年开始的。团队创建之初，组织成员中有建设工程背景的设计师，有美术工作经验的创作者，有多年与文物直接接触的博物馆技术人员。从人员结构来看，各方面都具备了相当的基础条件，所以大家也对工作的开展充满了信心。然而，随着工作的不断深入，接触的项目越多，题材越广，对展陈设计专业性、综合性的体会就越深。到底什么是展陈设计？怎样才是个合格的展陈设计师？随着时间的推移、经验的累积，这些问题的看法逐步成型。

就展陈设计自身而言，工作的本质就是做到内容策划与形式设计的和谐统一，而展陈设计师本身既不能是单纯的文史学家，也不能是单纯的艺术家，而更应该是一个集合者，是一个具有相当的文学修养、审美能力与资源整合能力的集合者。他的工作应该是充分理解展览大纲脚本的需求，提取展陈的精神本质与环境氛围，明确展陈意图，树立主题形象，并在此基础之上依据自身的审美标准将不同门类的优秀创作思路进行有针对性的整合并予以恰当的呈现。

多年来，这样的整合工作几乎天天都在进行，而团队的设计能力也随着这样的整合不断地进步与完善，不断地趋于合理。

至现在，我们的团队大致经历了两个递进的设计阶段。

1. 第一阶段——内容与形式的拼接磨合

博物馆展览的工作流程大体分为内容策划、展陈设计、施工制作及布展等几个环节。展陈设计在内容策划之后，在展陈施工布展之前，它在展览中起着承上启下的关键作用。展陈设计在充分理解和把握内容策划人员展陈意图的基础上，将文字或展陈脚本转化为立体空间和

1

2

1. 浙江安吉生态博物馆展厅陈列方案
2. 内蒙古博物馆通史陈列方案

效果，并将其传达给施工人员，指导展陈工程的实施。

对于展陈设计而言，展陈大纲是设计师的设计前提与依据，脱离大纲的设计是完全不成立的。虽然展陈大纲通常都是条理清晰、层次分明的，然而想真正读懂却并不容易，能够充分理解大纲并从中提取、整合出精确的展陈线索则更非易事。所以，刚开始接触展陈设计时，面对洋洋洒洒的展陈大纲，想快速领会展览精神、准确体现展览氛围并予以高度的提升是有很大难度的。在这一阶段，我们着重关注了展览段落的分配、展示流线的梳理、空间色彩的选择与典型时代符号的提炼等决定展示效果的设计方向的把握，同时，也充分关注了展示材料的使用、辅助展示手段的运用、文物的安装与保护等展览细节的设计，这些都是展陈设计的基础，其实认真做好这些功课，也就为展陈设计奠定了良好的基础。在这一阶段，我们完成了海淀博物馆基本陈列、大英博物馆馆藏精品展等作品，由于设计中充分重视了上述要素，所以展览取得了很好的视觉效果，迈出了展陈设计的第一步，也为下一阶段的设计提升积累了素材、寻找了方向。

这一阶段，我们的设计尽管得到了不少好评，但总觉得有点底气不足。造型是有创意了，选取的符号也符合展览的时代要求了，但在把握形式与内容的关系上，尤其是如何使设计形式对内容的传递起到更好的提升方面显得有些一筹莫展。即出现了片面强调形式，多在呈现出的视觉效果、采用的高科技手段、令人目眩的造型样式上下功夫。

2. 第二阶段——内容与形式的渐进统一

随着时间的推移、作品的逐渐累积、与国内外其他展陈设计师接触的逐渐增多、对博物馆展陈理解的逐步深入，创作的思路和手法也

Walls ramming technique
宝墩文化古城址群分布
郫县古城村遗址古城复原
鱼凫村遗址古城复原
Ruins of the ancient city of Yufu Village Recovery

1

2

3

1-3. 四川成都博物馆通史陈列方案

渐渐产生了变化。在这一阶段，我们有幸全程接触了首都博物馆新馆通史陈列方案的设计过程，并且配合新首博通史陈列的主创设计师完成了内蒙古博物馆新馆历史陈列的创作，这是我们第一次与国外设计师合作，也正是这两个方案，为我们的设计找到了一个全新的视角。

在北京通史的设计过程中，创作者通过对展览大纲的充分理解与高度整合，在方案设计中形成了文物与场景两条既可以相对独立又可以相互交融的参观流线，在同一展示空间中非常巧妙地为参观者创造出了多种参观模式，完全颠覆了传统的串糖葫芦式的展陈方式。同时，基于对展览内容的深入研读，在形式设计中创造性地加入了世界简史作为展馆外圈的辅助展线，与北京通史的展示主线相互参照，彼此印证，这是对展陈大纲创造性的补充，多重展示空间的创作设定，打破了传统的通史展模式，变单线为多线，变平面为立体。也正是这个方案让我们真正地体会到：内容解读可以对形式设计产生深刻影响，而形式设计同时也可以对内容的深化起到补充与提升的作用。

在内蒙古博物馆新馆通史陈列的方案创作中，设计师再次打破了传统历史陈列的按时间事件分段方式，整个展厅呈完全开放的状态，形式设计以散落在草原的珍宝为创作的核心理念：天苍苍，野茫茫，风吹草低见牛羊。“牛羊”即是“珍宝”，是从中国草原民族诗歌中概括出来的生态形象，辽阔而静谧。开放的空间与四周象征草原天际线的折线形的展墙表达了辽阔无垠的草原意向，箱式展柜零散地分布在展厅之中，整个展示空间以一条蜿蜒在草原上的栈道进行空间分割，并且有机串联起了所有的参观流线。这些看似不经意的设计方式，不仅完整表达了大纲要求的展示内容，更是准确地体现了展览的意向之美，创作过程更是直观地反映了内容解读与形式设计之间相互推动对展览效果产生的积极影响，为我们的设计拓宽了视野，开阔了思路。

在这一期间，我们先后完成了卢浮宫文物特展、朝阳规划馆等一批项目，这些项目的形式设计开始尝试空间布局、流线设置、意向氛围的统一塑造，展陈效果也开始发生了比较显著的变化，空间组合的方式逐渐丰富，表现手法也变得多样起来。同时，这一时期我们的设计工作也开始尝试增加内容解读的环节，组织内容解读人员与形式设计人员沟通，互相碰撞，在沟通的过程中激发设计人员的想象与灵感，开始了一种展览设计的新实践，为下一步的设计发展确定了方向。

在设计过程中，我们发现展陈大纲直接交到形式设计人员手中，受到工作经验、专业素养、知识结构等诸多客观因素的制约，往往难以得到深入的解读与提升，导致形式设计人员不能准确表达出内容策划者构思的意图与设定的氛围。同时，从嘉峪关城市博物馆开始，我们发现国内存在着一批这样的博物馆，它们有着迫切的建馆意愿，然而由于条件限制，尚不具备完整的专业人员设置，因而在内容策划上有着比较强烈的需求。鉴于此，从这一阶段开始，我们开始尝试增加了内容策划、解读部门，其任务主要有两个：第一，内容策划，为不具备大纲撰写能力的业主提供大纲编写服务；第二，内容解读，在形式设计人员创作之前先对业主提供的展陈大纲做内容解读，在内容策划与形式设计之间搭建起一座桥梁。

内容策划等同于博物馆展陈部门所开展的展陈大纲编制工作。相比博物馆展陈部门或者某研究领域的专家，我们自身开展内容策划的优势在于展览实践更丰富，对于展览的认识和理解更深入，对形式设计人员更了解，因而能够与展陈设计工作更加紧密地结合，提高工作效率的同时，弥补了形式设计人员在知识结构上的不足，还能够将展陈意图最大限度地传达给形式人员，确保展陈形式与设计的和谐统一。

内容解读人员从浩繁的大纲中提取出最精炼的展陈线索，选择最适合的叙述方式，用文字描绘出大纲编写者所要表达的重点内容与期望达到的展示氛围，为形式设计者描绘出一个既有想象空间又确定了相对范围的设计方向。在内容解读人员进行文字解读的同时，形式设计师也从自身的视角对大纲进行自己的解读、提炼，深入推敲空间、意象，考虑色彩、符号，选择材料、设备，并充分调动形象思维与艺术想象，将展示的重点、亮点、核心、氛围在文字基础之上形象化、立体化，将文字的意境之美形象为空间的意境之美。设计过程中不断保持两者之间的充分沟通，相互推动，相互启发，力求使展览的文学空间与物理空间高度吻合。

通过上一阶段的设计实践，最终寻找并形成了我们这个团队特有的一种全新的设计模式，即内容解读与形式设计并举，实现内容与形式的和谐统一。

在每一个个案设计之前，我们都要经历相当长时间的内容策划或解读、资料收集与整理、现场采风，与业主、内容策划或解读人员反复沟通，使所有展示氛围的确定、设计元素的选择都有据可依，都能从展示内容中还原出出处。

这一时期完成的安吉博物馆生态展厅的设计与无锡阖闾城遗址博物馆展陈的设计，都经历了内容策划、解读与形式设计之间无数的相互碰撞与启发，方案逐渐成型，也正是这两者之间的推动力，使得展陈的形式与内容真正统一起来。

3. 博物馆展陈设计的展望

在经历了上述两个阶段之后，我们的设计团队愈趋成熟，对博物馆展陈设计的关键——内容与形式的结合已经能够做到驾轻就熟。那这样是不是就够了呢？我们的设计水平能否在此基础上更进一步呢？

随着设计经验的丰富，结合正式开展之后馆方、专家、观众对于展陈设计的综合反馈，我们逐渐认识到展陈的细节设计对于展出效果有着非常关键的影响，在展陈设计的过程中，要时刻关注展品与观众的需求，从而更大程度地保护文物安全，带给观众一个舒适、愉悦的参观感受。

四、永不止步的探索之路

十年来，设计团队所经历的博物馆展陈设计工作阶段历程使我们清晰地认识到：博物馆展陈设计必须摒弃重形式轻内容，或重内容轻形式的片面，只有摆脱了谁决定谁的逻辑，建立相互决定的逻辑，才能使内容与形式达到更高的和谐，同时设计也才有可能达到一个更高的境界。与此同时，站在博物馆的宏观角度上，在设计过程中始终坚持贯彻“以人为本”的设计理念，充分考虑博物馆的展示特点和需求，关注观众的参观体验和感受，实现展示效益的最大化。

虽然我们的设计经验在不断地积累、更新、完善，但整个博物馆行业以及与之伴生的产业链上的每个环节也都在不断地变化，不断地前进。每天都会有新的技术、新的产品、新的工作方法在产生或被淘汰，变化或许永远不会停止。对于博物馆展陈设计本身和从业人员来说，任何展陈设计的个案都是不可克隆的，正如《大学》里所说：苟日新，日日新，又日新。每个博物馆展陈设计项目都是一个新的开始。

后　　记
展陈——生活本质的回归与再现

从提出想法到付诸实施，历时近三年的《博悟空间：博物馆展陈设计与实践》一书的编审工作终于到了收官阶段。作为本书的“编委会主任”，我颇为感慨！

说到创作初衷，纵览全书，细心的读者可能会发现，展陈业务板块的撰稿人大多是企业一线的策展人和设计师，文中所列举和所分析的案例也大多是历年我们所完成的博物馆展陈成果。事实也确是如此。2003 年，我们这支脱胎于博物馆的“展陈新军”在新世纪中国博物馆建设大潮的涌动中，迈出了走向社会化展陈市场的步伐。十七年过去，在公司全体员工的智慧、勇气、团结和拼搏下，我们顽强地生存下来；在各级领导和博物馆业内专家、学者、师长们的关爱与支持下，我们茁壮地成长起来。十七年中，我们不仅完成了数以百计的各类博物馆展陈工作，更多次摘取了博物馆业内“全国十大精品”展览奖项，所完成的展览在国家文物局推介的全国博物馆“社会主义核心价值观”展览评选中，也屡屡现身。更重要的是，十七年的磨砺，一支由年轻策展人、设计师组成的业务骨干队伍逐渐成长、成熟起来，摸索出一套属于自己的工作方法。这是一个企业不可多得的最宝贵的财富，它的价值远远超出了所获得的经济价值。然而，真实、客观地讲，我们过往的成绩和经验，现阶段的理论水平与技术能力，仍远不能跟上和适应进入社会主义新时期后，中国文博事业飞速发展的步伐与要求。面对内容日趋丰富、多元的博物馆展陈，面对新思维、新方法、新科技引领下的日趋激烈的市场竞争，企业要进一步发展，没有捷径可走，只能在不断的探索与实践中前行，在不断的思考与学习中提升。就是基于这样一种简单的认识，我们希望能够搭建起一个让企业员工相互交流、相互理解、相互学习、教学相长的平台，让过往的经验与教训、前沿的思维与技术能为大家共同分享。而这样的一种想法一经提出，也得到了许多长期关注、指导我们工作的博物馆业内专家、学者和师长们的认同与支持，这就是这本书的由来。书中种种不成熟或者可商榷、可争论之处在所难免，希望读者们给予最大的理解与包容。

其实本书稿件的编阅过程，对我个人而言，也是对当下博物馆展陈一个再思考与再认识的过程。全面审视、重新认识新时期博物馆展陈的新发展与新要求，对每一位展陈从业者和企业而言，都是极其重要的。党的十八大以来，进入中国特色社会主义新时期的中国博物馆事业，也处在一个前所未有的、最好的发展时期。博物馆的存在，很大程度上反映了社会形态和社会需求，展览陈列是博物馆的主要业务工作和成果，然而它并非只是一个由展品、知识、空间加设计构成的文化产品，它更多地体现出主导者的信念、态度、价值取向和观念。以往我们对展览的解读，很少关注这些更重要的信息和特点，其实对这些内容进行更深层次、更多方面的解读，才能更有力地保障展览设计的成功乃至展览的成功。同时，我们还应该充分认识到，随着社会的发展与科技的进步，现今的展陈组织过程本质上已成为其属性、特点、目的、手段、样态的综合体现，成为一个系统工程。任何展陈事业的组织者、从业者只从自身的、局部的、熟悉的或个人专业的角度出发，都已不再可能做出为当代社会认同的展览精品。同样还是从展陈是一个系统工程的认识基础上出发，展陈举办的目的是力求取得最广泛的社会效益，效益的获得途径是多方面的，很长时间以来展陈的效益，特别是社会效益似乎不在我们展陈设计制作的工作范围之内。表面上看，作为文化产品的展陈完成后，效益的获得、推广都应由业主方来完成。但是，如果我们正视在当下中国博物馆事业快速发展的过程中，展陈已成为博物馆工作者和社会专业工作者交互融合、共同创作的文化产品这一现实，从博物馆文化传播手段日趋多样化的现实来看，将目的、效益与传播前置于展陈设计制作的策划和整个实施的过程中，是一个十分必要与现实的要求。这无疑对我们展陈策划、设计与实施人员提出了更高的业务素质要求、业务技能要求，而更根本的是思想观念的转变和思维模式的创新。截至 2020 年，中国博物馆数量已增至 5788 座，每年所办展览近 3 万个。这其中不仅是数量的增加，更有着内容的丰富，而且业务工作的边界也在向更广阔的范围拓展，向着文旅融合、文创产品开发乃至博物馆和展览运营等领域延伸，这是一个由博物馆展陈的表象内容延伸至人们生活的方方面面的渐变过程。文化的产生，源于生活，本源是生活实践的积累。通过展陈，以更丰富的内容表现文化的多元，以更广阔的视角和理解，追本溯源其背后的知识、信仰、艺术、道德、法律、习俗等特征的本质，并由此带给人们对新的生活秩序和有历史感的精致生活方式的追求与认知，当是我们对展陈效益的一个更高的追求目标，也由此带给我们新的挑战和机遇。如果说，现今的展陈是一个系统工程，那么未来的展陈，可能会是一个更高层次的系统谋划与管理。抓住机遇，在改革中创新，在创新中发展，繁荣中国博物馆展陈事业，应是我们更长远的发展目标。

最后，我还想借此机会，再次表达一下我的谢意。感谢诸多为本书撰稿的、我们年轻而充满活力的同事们，感谢那些长期关注我们并为我们撰稿的博物馆业内专家、学者和师长，他们所贡献的真知灼见，真正起到传道、授业、解惑之功效。当然，还要感谢“博悟空间”这个新媒体宣传平台，是他们联系了清华大学出版社帮助我们成书。而他们所抱定的“博万物以求一悟”的发展宗旨，恰与我们的追求甚为贴合！书名定为《博悟空间：博物馆展陈设计与实践》，既凝结了我们对以往工作的回顾感悟，也预示着我们对未来征程的想象空间，更期望各界朋友继续关注我们，加入我们，一起来“博物”与“求悟”！

曹静杰

2021 年 8 月